ビギン・ザ・ビギン

—日本ショウビジネス楽屋口—

和田 誠

中央公論新社

ビギン・ザ・ビギン　目次

ビギン・ザ・ビギン

日本ショウビジネス楽屋口

第一章　まず終りから始まる

SHIBA
NICHIGEKI
日劇
サヨナラ
FESTIVAL
サヨナラ日劇
フエスティバル
4

有楽町が変わろうとしている。旧朝日新聞社ビルと日劇が取り壊され、あとに高層ビルが建つという。高層ビルのプランはまだ明らかにされていないようだが、とにかく街の様子はガラリと変わるだろう。

朝日新聞社はすでに引越しをすませている。新社屋は旧社屋より便利な機能を備えているに違いない。しかし日劇は引越しはしない。日劇は消えてしまうのである。

日劇の建物には二つの劇場と二つの映画館がある。大劇場である「日劇」は消えるが、小劇場である「日劇ミュージックホール」（事実、日劇ミュージックホールは一九五二年まで日劇小劇場という名であった）は引越しをする。東宝演芸場に行くのである。東宝演芸場での常打ちであった東宝名人会は不入りのため打ち切られ、現在、他の劇場で不定期に開かれている。いろんなドラマがあるわけだ。映画館「丸の内東宝」はなくなるが、後に建つビルの中には映画館が作られる予定で、そこで丸の内東宝は再開されるかも知れない。ATG映画の拠点であった「日劇文化」は消える。再開の予定は今のところないそうだ。

「日本劇場」が建てられたのは一九三三年。日本映画劇場株式会社という名前の会社が建主であった。十二月二十日が開場式で、三十日からアメリカ映画の「ゴールド・ディガース」と「カヴアルケード」を封切った。映画館として発足したわけである。次の年の一月にはチャップリンの名作「街の灯」を封切っている。そのあとのことを、一九六三年発行の「東宝三十年史」から引用すると、

「……その後の興行は不振で、昭和九年（一九三四年）七月に日活と合併仮契約を結ぶにいたりました。しかし、この合併が不調に終るや、株式会社東京宝塚劇場は日本劇場の賃借の交渉を進め、昭和九年十二月三十日にいたり、日本映画劇場株式会社との間に、昭和十年一月一日以降三ヵ年間日本劇場の経営を管掌する契約が成立しました。」

ということで、さらに次のようになる。

「昭和十年十二月一日、日本映画劇場株式会社が東宝に吸収合併されるに及んで、日本劇場は名実ともに東宝傘下の大劇場として、有楽町にその偉容を誇ることになりました。」

秦豊吉のお声がかりで日劇ダンシングチームが作られたのは一九三五年、つまり昭和十年。数カ月の訓練の後、翌年の一月にお披露目をやっている。「ジャズとダンス」というのがその公演のタイトルだった。その時はまだ「東宝ダンシングチーム」という名だったらしい。演目のリストを調べると、その年の六月から「日劇ダンシングチーム」を名乗っている。

余談になるが、日劇ダンシングチームを名乗った最初の公演は「六月のジャズダンス」というもので、アメリカから「マーカス・ショウ」というチームをゲストに招いている。このショウのメンバーに、若き日のダニー・ケイがいた。たまたま停電で舞台がまっ暗になったことがあり、ダニー・ケイがとっさにローソクを使ってアドリブで踊り、時間を稼いだというエピソードが残

っている。

また、その年の九月には「日劇秋のおどり」というタイトルが使われている。「春のおどり」「夏のおどり」「秋のおどり」は戦後は関係者の間では「大おどり」と呼ばれ、日劇黄金時代の名物となったのだった。ダンシングチームの踊りに、ゲストの歌手、コメディアンなどを加えたレヴューである。

戦時色が濃くなった一九四〇年には、「日劇ダンシングチーム」は「東宝舞踊隊」と改名している。改名したと言うより改名させられたのだろう。

一九四四年三月から、国の命令で日劇は閉鎖。終戦の年一九四五年の十一月に再開場した。

ぼくが日劇のいわゆる「大おどり」に通ったのは学生時代、一九五五年前後だったと思う。その頃の日劇ダンシングチームのスターに、根岸明美がいた。彼女は今は踊っていない。女優である。しかし一九八一年一月の彼女は、日劇がなくなることについて、

「悲しいですねえ。それを聞いた時点で、何もかもつまらなくなりました」

と言った。

彼女が踊りをやめたのは、踊る最中に膝がはずれるからなのだそうだ。ダンサーとしての現役時代、両膝がはずれてしまう。振付の、その動き、その脚の向きの個所に来るとはずれる。片方なら踊っていられる。踊りながらはめることもできる。両脚となると恐怖だ。それでも頑張ってはいたが、踊りのその個所では必ずはずれるとわかっているので、その恐怖に耐えるのがだんだんおっくうになってきた。「見かけによらず華奢《きゃしゃ》なんです」と、ご当人は言うが、舞台と映画の

かけもちの、ハードスケジュールがたたったということもあるかも知れない。

　彼女が映画に出るようになったきっかけは、「アナタハン」（一九五三年封切）である。一九五二年、ジョセフ・フォン・スタンバーグ（かつてマレーネ・ディートリッヒの映画を何本も撮り、名匠と謳われた監督である）がこの映画を作りに来て、日本で主役を捜していたところ、日劇を見て、踊っていた根岸明美に白羽の矢を立てたのだった。孤島に暮らす十五人の男と一人の女、という物語である。野性的な娘を監督は求めていた。踊る彼女の肢体が監督のイメージに合ったのだろう。同じ舞台で踊っていた中山昭治（のちに昭二）を、男優として同時に起用した。「巴里の唄」というのがその時の演《だ》し物だった。

　映画には、日劇ダンシングチームから派遣された形だった。彼女はその時点で、映画になど出たくはなかった。踊っている方がよほど楽しかった。撮影中、間食に甘いものを買い込んで食べていたら、監督に食うなと言われた。太るからである。それでも隠れて食べているのを監督に見つかり、目の前で飴玉を踏みつけられた。それを見て彼女は泣き叫んだ。つまり、その位の年頃、食べたい盛り、育ち盛りだったのである。脚本もさっぱりわからなかった、と彼女は言う。一人の女をめぐる男たちの物語を、まだ理解できなかったのだ。十七歳だったそうだ。十七ならかなり理解できそうなもんだという意見もあるかも知れないが、今の十七歳と三十年ほど前の十七歳とでは大分違うし、その上彼女は踊りしか頭になかったのである。

　根岸明美は中学生の時から踊っていた。年齢を上にごまかして、ダンシングチームに入ったのである。十四歳だった。初めは当然チビで、踊っているうちに身体も成長していった。稽古場には朝早く行き、拭き掃除をした。時間が余ると事務室の掃除までしたそうだ。

今でも踊っている頃の夢をしょっちゅう見ると言う。

「踊りを忘れちゃうんです。衣裳をつけてるのに振付を忘れてる。出なきゃならないんで、パーッととび出すと、ちゃんと踊れるわけです。その恐怖感て言うんですか、いまだに、まだ夢見ます。何度も」

――現実にもそういうことがあったんですか。

「ありました。全部踊りを忘れるわけですよ。背筋が凍る思いですね。花道に出てってシン（中心）で踊ってるでしょ。花道ではみんな同じ動きなんです。その時忘れるわけですね。忘れた！って思うでしょ。でも脚はちゃんと動いてるんですね。横目で隣の人を見ると、揃ってる」

――身体で憶えてるわけ。

「ソロの時は、忘れても自己流で踊っちゃうんです。脚が床に吸いついちゃったようなこともありました。疲れて。脚が動かないんです。音楽は続いてるでしょ。そういう時はうしろにすぽん！って倒れちゃうんです。倒れて、目から水玉が出ても、そこですっと片脚上げて立ち上がって、最初からそういう振付になってたように見せちゃうんです。踊りの世界は棒立ちしちゃいけないですから。常に恰好よくリズムに合わせて動いてなきゃいけない。芝居の世界に入ってもそうですね。本番はやり通さなきゃいけない。それは踊りをやってたことが役に立ってると思います」

――踊りよりも、もう芝居の世界の方が長くなったでしょう？

「そうですね。でももう一度生まれ変わったら、また踊りの世界に入りたいと思いますねえ」

――根岸さんが踊ってらした頃の日劇は、お客さんの入りもすごくよかった時代ですね。

「最高ですねー。レヴューの最高の時ですねえ。身体にばーんと伝わってくるお客さんの……何て言うんでしょう……熱みたいなもの、それをライト浴びたとたんに全身に感じる感激っていうのか、興奮ていうのか、気分のよさは、もう味わえないでしょうね」

――お芝居でも満員のお客さんの熱気ってあるでしょう。

「踊りとは違います。ぜんぜん違います。今度の日劇の最後の舞台も、出てみたいなあ、と思いましたよ。でも、脚がはずれちゃったらなあ、と思うし」

――やっぱりこれで最後だと思うともう一度日劇の舞台を踏みたくなりますか。

「なります。センターから客席を見てみたいと思いますね。でも耐えられないでしょうね、悲しくて。……この間『徹子の部屋』を見たら山本紫朗さんが出てらして……嬉しかったですねえ。懐しくて。ずいぶんお世話になりましたから」

山本紫朗。ショウの構成演出家。日劇のショウを無数に手がけた。

テレビ朝日「徹子の部屋」は、もちろん黒柳徹子の対談番組。週に五日、ゲストを招いて約四十分黒柳徹子が話をきく。その番組に一九八〇年の十二月二十五日、山本紫朗がゲストとして出演した。日劇最後の公演「サヨナラ日劇」シリーズの切符が発売される日であった。

「徹子の部屋」は安定した視聴率で、七パーセントから十パーセントを稼いでいるという。しかし視聴率というのも漠然としたもので、実体はよくわからない。七パーセントというのは一体何人の人が見ているということなのだろう。「オール讀物」編集部に頼んで、しかるべきところに問い合わせて貰ったのだが、明確な返答は得られなかった。世帯数は出るがはっきりした人数は出ないのだという。首都圏に一千万世帯分のテレビがあるとして、その七パーセントで七十万世帯。テレビを見てわかる人間（つまり、赤ん坊を除く）が一世帯三人いるとすれば、その三倍で二百十万人、大ざっぱにこんな計算も成り立ちますよ、と、この程度なのであった。しかしまあいい。視聴率の話は関係ないのである。その日の「徹子の部屋」を見た人たちの中で、山本紫朗の名を知っていた人が、どのくらいいただろうか、と思っただけなのであって、どっちみち答はわからない。仮に二百十万人が見たとして、そのうちの何人だろう。いくらでもあるまい。けれども、ショウビジネスに少しでも関心のある人だと、はて、この名前の字づらに何となく見覚えがあるぞ、ということになるだろう。まったく知らない人でも、この日の対話の中に、美空ひばり、京マチ子、フランキー堺、宮城まり子、長谷川一夫、山田五十鈴、越路吹雪、などなど、有名な芸能人の名前が次から次へと飛び出すので驚かされたんじゃないだろうか。

山本紫朗はショウビジネスの裏方である。ほとんど表には出てこない。テレビに登場するのは珍しいことなのだ。したがって一般の人はあまり知らない。逆にショウビジネスにたずさわる人は知っている。「徹子の部屋」に登場する有名芸能人たちのほとんどが知っていると言ってもいいだろうし、一緒に仕事をした人も多いに違いない。

山本紫朗を日劇に訪ねる。日劇最後の公演「サヨナラ日劇」シリーズはドリフターズのショウに始まって、小柳ルミ子ショウ、「ウェスタン・カーニバル」、そしておしまいに「サヨナラ日劇フェスティバル・ああ栄光の半世紀」。このショウで日劇は幕を閉じるわけだが、その日、山本紫朗は最後のショウの振付を演出家として点検するために、劇場に来ていたのである。

最後のショウの構成・演出は、
山本紫朗
塚田茂
松尾准光
原田博行
広田康男
狩野健司
平林敏彦
という人たちが名を連ねている。ひとつのショウの構成・演出としては、異例の人数だろう。日劇ゆかりの演出家たちが勢ぞろいしたということらしい。そのチーフ格が山本紫朗である。

山本紫朗の日劇との関係は終戦の翌年、一九四六年に始まっている。中野実作「銀座千一夜」にプロデューサーとして参加した。

山本紫朗の話。

「旗照夫っているね。ジャズシンガーの。そのお姉さんがこれに出たんだよ。宝塚にいてね、宝塚をやめて、女優として旗まり子って役で出た。役名だよ。それを自分の名前、芸名にしたんだ。そしたら弟がその苗字をとって旗照夫にしちゃった。もとは役の名前なんだよ。

この時は臨時に頼まれてやっただけで、ぼくは当時はロッパ一座のプロデュースを主にやってたんだ。有楽座の。ロッパ一座は戦前から戦後にかけて有楽座でやってたからね。だけど、『銀座千一夜』で日劇をやったんで、今度は正式に手伝えよ、ってんで、だんだん日劇をやるようになったわけだ。

で、最初に作って演出したのが『浦島再び龍宮へ行く』（一九四七年）。笠置シヅ子と川路龍子と黒川弥太郎が出た。面白いのはね、漫画集団が出てるんだ。横山隆一、横山泰三、清水崑、秋好馨……そんな連中が出て、芝居したり歌ったりした。『東京ブギ』なんか歌ったよ。舞台装置も漫画集団がやったっけ。

その次の年に『世界のクリスマス』、これに京マチ子が出た。川路、小月も出た」

——川路龍子、小月冴子って言ったらSKD（松竹歌劇団）でしょう？

「その時分は割合に平気で貸してくれたんだよ。レヴューの方は映画と違って、なんとか協定なんてなかったんだ。その頃は日劇ダンシングチームはまだよくととのってなかったんだよ。

「世界のクリスマス」のプログラム

東宝舞踊隊ってのが戦争で解散しちゃって、ダンシングチームはまだ人が揃ってなかった。この時は踊り子も二十四人くらい松竹から借りたの。その中で一番前にいた磯野千鳥っていう子が、小さくてポッポちゃんて言われてたけど、その子はまだ踊ってんじゃないかな。

　京マチ子はOSK（大阪松竹歌劇団）だった。OSKからは秋月恵美子、芦原千津子を借りたこともある。この二人はうまかったよ」

　京マチ子については「徹子の部屋」で次のように語っている。

山本　大阪の大劇に行ったら、どれでも貸すよって言うんでね、見たら五、六番目に踊ってる子がとてもいいから……

「七面鳥ブギ」を踊る京マチ子

黒柳　ならんでる五、六番？
山本　そうです。フィーリングがいいから、あれ貸してよって言って。名前もわかんないんですよ。いいよ、すぐ東京へやらすよって言う。東京の本社へ京マチ子でございます、って来たのが、ぼくがいいいって言った五、六番目の子なんです。
黒柳　へえー。
山本　中幹部くらいだったんですね。
黒柳　ずらっと並んでた時に、京さんは目につきましたか。
山本　やっぱりよかったですね。
黒柳　日劇ではどんなでいらしたんですか。
山本　「世界のクリスマス」っていうショウだから、「七面鳥ブギ」ってのを踊らせようってんで、さっそく京ちゃんを七面鳥にしてね、大きな銀盆にのっけて、男の連中がかついで出てくるんですよ。で、ずーっとおろして、それからブギを踊るんです。これが絶品なんですよね。

当時、東宝の社員だった。社員は作ったり演出したりしてはいけないということになっており、作演出をする時は名前を変えていた。

「いろんなことやっちゃいけないって言うんで、白井鐵造やなんかに頼んでこしらえて貰ってたわけ。そういう中の『ラヴ・パレード』（一九四九年）、これはぼくがプロデュースしてた。で、誰かいないかって言われて、美空ひばりを連れて来たわけだ」

美空ひばりについての「徹子の部屋」での語り。

山本　横浜に六つくらいの子でうまいのがいるよって言うんで、横浜へ行ってきたんです。そしたらとてもうまいんですよね。
黒柳　何してらしたんですか。
山本　笠置さんの「東京ブギ」なんか歌ってんです。これが断然うまいんですよ。これはいいからって、どうですか、日劇へ出ませんかって言ったら、日劇？　ほんとに出してくれんの、じゃすぐ行きますってことになって、それから二、三日たってから、お母さんにおぶさって、リボンの子が来たの。それが今の美空ひばりですよ。
黒柳　お上手でしたか。
山本　うまかったですね。みんな食われちゃってね。
黒柳　大人の方《かた》が？
山本　ええ。笠置さんも灰田さんも出てたんですよ。大スターですよね。ひばりがぽーんと出てきて歌ったら、みんな食われちゃって。お前、変なもん連れてくるなよ、って言われちゃった。

「その時分は笠置シヅ子の『東京ブギ』がヒットしてた。笠置シヅ子には親衛隊がいてね、ラク町《ちょう》お時っていうパンちゃんがいただろ、あれが親分になって、あの連中は昼間は用ないんだね、花束持って前に並んで、花束投げたりしてたんだ。あの連中がタレントの親衛隊の始まりじゃないかな」

「それから『踊る京マチ子と冗談音楽』(一九四九年)ってのがあった。その時は京マチ子は映画へ行っちゃってたんだ。大映に。『世界のクリスマス』で日劇へ出てとてもよかったからね、こっちへ抜いたらいいじゃないかって言ったんだけど、その頃は東宝は大ストライキやってたからね、この先どうなるかわかんないわけだ。だから会社じゃいらないって言う。大阪の人だからね、東京じゃ誰も知らなかったのが一夜にして大スターになったんだからね。全紙に写真入りで出たくらい。で、大映がそっちが使わないんならこっちへくれって言うんだ。もともとこっちの人じゃないんだから、松竹へ交渉すりゃいいでしょうって言って、それで大映が貰ったわけだ。映画じゃ海のものとも山のものともつかなかったんだけど、そのうちグランプリ女優になっちゃった。『京マチ子と冗談音楽』の時は、京マチ子を使いたいって大映に言ったら、そちらが見つけたんだから、いやとは言えない義理があるってんで貸してくれたわけ。それと冗談音楽の三木鶏郎。その頃はラジオの『日曜娯楽版』で大変な人気だった。NHKへ行って、日劇へ出ないかって言って引っぱってきたのがぼくなんだ。舞台に出たのはこれが最初だろうね。この時は鶏郎のほかに、のり平、千葉信男、小野田勇、河井坊茶がいた。弟の鮎郎もいたけど自分は出ないで裏で手伝いしてたと思うよ。このショウもよく客が入った」

「それから『有頂天時代』、この時に宮城まり子が初めて出た。浅草で歌ったりドラム叩いたりしてる器用な子がいるってんで連れてきたわけだ。ぼくが宮城まり子って名をつけた。そのショウに中川三郎が出て、そのすぐあとに『リズム・ファンタジイ』というのをやってるけど、これに加藤礼子っていうのも出てね。フィギュア・スケートの選手。これを舞台へ出したんだ。アイスケートじゃ具合が悪いからローラースケートはかせて。ローラースケートは勝手が違うって、ずいぶん稽古してたけどね。銀橋（オーケストラ・ボックスの前の客席に張り出した花道）を通らせたから」

「『ラッキー・サンデー』（一九五〇年）っていうのはね、横山隆一の漫画で流行ってた『ペ子ちゃんとデン助』っていうのがあった。これを、ペ子ちゃんを笠置シヅ子、デン助を堺駿二でやったわけだ。音楽は服部良一でね。笠置シヅ子の歌でヒットしたのは日劇からずいぶん出たんだ。荻窪の服部良一のうちへ行ってね、台本《ほん》をこしらえて、ここに歌がほしいんだ、ここに歌がほしいんだ、って言う。そこで服部良一は書くんだ、徹夜で。こっちは起きて待ってるわけだ。泊り込みで台本《ほん》を作って、できたら写して笠置のところへ持ってく、笠置はすぐ稽古する、っていうふうに、まあアメリカのミュージカルの作り方みたいなことをやってたわけ。その時分の方が今よりもそんなやり方をよくやってた。大きな筋立てをこしらえてね、歌と一緒に台本《ほん》を書いていく。服部良一の歌でも、日劇のショウからヒットしたものも多い筈だよ」

「服部良一と笠置シヅ子がアメリカへ行ってね。ふた月か三月行ってたのかな、それで『ヴギ海を渡る』とか『服部・笠置　渡米歓送ショウ』とか『ホノルル・ハリウッド・ニューヨーク』とか、歓送・歓迎をやってるんだ。『ラッキー・カムカム』とか。

笠置シヅ子って言えば必ず客が入るんだから。それで『ジャングルの女王』（一九五一年）ってのをやって、これが日劇の記録を作ったわけだ。一週間毎日一万人以上入った。一万人入ることはあるけど、一週間続けて一万人入ったことはないんだ。この記録は今も破れない。今ったって、今はもうだめだけど。このショウでは『ジャングル・ブギ』っていうのをやって、歌詞は黒沢明が書いたんだ。『酔いどれ天使』に笠置を出したんで、それのために書いたんだね」

根岸明美に、山本紫朗ってどんな演出家ですか、ときいてみた。

「外から呼んできた人、外のタレントをたいへんうまく使う方ですね。歌手にしても踊り手にしても」

と、いうことは逆に言えば、日劇専属の人たちにとっては有難くない存在ではないのか、とぼくは言った。

「それはぜんぜん違います。日劇ダンシングチームの踊りは日本のレヴュー界ではハイクラスです。外から来た人をうまく使うということは、バックのダンシングチームを信頼しているということですよ。前の人が生きるにはバックの力量が必要だと思います。外から呼んで来た人をスターに出来るというのも、バックを信頼しているからなんです」

興行成績の記録の上では「ジャングルの女王」がベストだが、日劇の黄金時代はさらに続く。笠置シヅ子の「ラッキー・カムカム」は一九五〇年の大晦日に幕を開けた。山本紫朗は元旦も立ち合っている。一九五一年の元旦ショウから十九年間、日劇の元旦ショウは山本紫朗演出が恒例となった。一九五二年はエノケン・ロッパの「笑う宝船」。五三年、金語楼、笠置シヅ子らの「初笑いスピード人生」。五四年、久慈あさみ、池部良らの「新春スタアパレード」。東宝専属の舞台と映画のスターを集めたショウである。以降「新春スタアパレード」が正月恒例になり、五五年からは越路吹雪が出るようになって、それが六五年まで続いた。十一年間、楽屋でコーちゃんと雑煮を祝ったもんだ、と言う。山本紫朗は六九年の加山雄三のショウまで、元旦ショウを手がけている。

その間一九五八年には「ウェスタン・カーニバル」が大ヒットし、日劇はもう一つの名物路線を加えることになる。「ウェスタン・カーニバル」は約二十年続いた。

しかし日劇にも斜陽の時代が訪れる。日劇に限ったことではない。世界的にレヴューは客を集められなくなってきた。

テレビ開局は一九五三年。テレビ人口の増加と反比例するように、レヴュー人口は減ってゆく。「四十五年（一九七〇年）頃まではずっと七千、八千は入ってたんだ。入らなくなったのは四十六、七年あたりからかな。目に見えて減ってってたんじゃないんだね。入るものはよく入ってた。そのうち八千入ったのが、六千になり、二千五百になりしていったんだね」

一九七七年で、日劇におけるNDT（日劇ダンシングチーム）の活動はピリオドを打った。その時のダンシングチームのメンバーは五十八人。そのうち四十一人が女性、十七人が男性。

五十八人のその後の状況は、朝日新聞（一九八一年一月十日・夕刊）によれば、女性でダンシングチームに残っている人が現在十九人。チームはやめたがダンサーをしている人が十四人（そのうち一人はヌードダンサー）。モデルになった人が一人。結婚して主婦となった人、七人。男性でダンシングチームに残っているのは十人。チーム以外のダンサー、二人。ダンス教師一人。会社員になった人、二人。自分で商売を始めた人、一人。変り種で、ラスヴェガスの賭博場のディーラーになった人が一人いる。

（なお、ディーラーには大先輩がいる。六〇年代の日劇で、スターダンサーだった奈加英夫である。日劇時代は同じくNDTの向井十九とコンビを組んで、アクロバティックな、コミカルな踊りを見せて、人気が高かった。日劇を辞めてラスヴェガスに渡り、三人のコミック・ダンスのチームを作って活躍していたが、チームを解散してからはディーラーに転向。現在はシーザーズ・パレスで働いている。）

現日劇ダンシングチームは日劇でのレヴューはないが、ミュージカルなどのバックに使われている。それぞれのショウの作り方によるので、チームではあってもいつも全員一緒とは限らない。「サヨナラ日劇フェスティバル」では現チーム二十九人に、もとチームだった十八人を加えて編成される。

全盛期の頃にはダンシングチームは二百八十人いた。

「それだけいるとフィナーレの大階段にも乗らないんだ。五、六十人、お前たちは出なくていいってフィナーレに出さなかった。出したくても出られないんだ、いっぱいで」

客が来なくなったのはテレビの影響だと思うかときく。

「それもあるだろう。例えば井原のター坊なんていたんだ」

――井原高忠さん。日本テレビの。

「もうやめちゃったけど。彼なんか学生時代、慶応の帰りに、日劇に寄っちゃ、見せてくださいなんて言って見に来てたんだ。裏を。教えてやったりしてたもんだよ。それから彼が日本テレビに入って『光子の窓』とか、やり始めたわけだよ。今度は知らないやつがそれを見て真似する。というふうにだんだん舞台のショウがテレビに移ってきた。見る方も金出すよりもガチャンとやればうちで見られる。規模は小っちゃいけどとにかく見られる。ということだね。

もう一つはね、日劇が場所がよすぎた。『ウェスタン・カーニバル』なんかやり始めた頃は若い子はまだ自動車なんか持ってなかったんだよ。電車に乗って有楽町から歩いて来た。このごろの子は自動車持ってる。自動車置くとこないんだ。あそこへ行ってもいいけど、自動車置けねえやっていうことになっちゃう。出演者だって、日劇もいいけど自動車停められないから不便だなんて言うようになった。昔は出演者だって電車で来たもんだよ。よっぽど上のもんじゃなくちゃ自動車なんか持ってないやね。近頃は舞台監督もみんな自動車だからね」

山本紫朗は最後のショウの構想をぼくに詳しく話してくれた。序の景はパネルに日劇全景が映写され、日劇の歴史に関するナレーションがかぶさる。第一景は金屏風前、清水秀男と重山規子による素踊りの舞い納め。第二景はビートルズ・ナンバー。第三景が「ビギン・ザ・ビギン」。第四景は日替りゲストによるコント。第五景が「ピーナッツ・ベンダー」。

「ビギン・ザ・ビギン」と「ピーナッツ・ベンダー」は全盛期のショウナンバーの再現である。前述の構成者たち全員がこれをもう一度やろうと言ったナンバーだという。日劇の古典的名作なのである。

第六景が「シャンソン・ド・パリ」という景で、鹿島とも子が出るが、本来なら越路吹雪が出るところだったそうだ。生前の越路吹雪は日劇の最後の舞台に出ると約束していた。そして彼女が用意していた新しいシャンソン、ついに歌わなかった「ショー・ビジネス」という歌を、岩谷時子の訳詞で鹿島とも子が歌う。音楽監督の一人に内藤法美の名がある。第七景は今ふうのレーザー光線を使う景。第八景はフィナーレ。大階段の場である。

懐しい景もあれば、新しい感覚で見せる景もあるようで、必ずしも過去を振り返るだけのようには作られていないように思える。

山本紫朗は消えゆく日劇に対して、それほどセンチメンタルになってはいない。「時代の流れでしょうがない」という言い方をする。それに日劇に骨を埋めるというわけではない。確かに日劇をフランチャイズとして活動してきた人だが、一九八〇年にはどんな仕事をしたかきいてみた。

北村英治ジャズマシーン80	博品館劇場
鶴田浩二ショウ	日劇
高英男の会	博品館劇場
吉村雄輝の会（地唄舞）	博品館劇場
〃あゆみの箱〃東京大会のためのショウ	日比谷公会堂
朝丘雪路ショウ	名鉄ホール
中村梅之助と三浦布美子のショウ	中日ホールを皮切りの旅
七夕の宴	クラブ大和屋（大阪）

菊の宴　　　　　　　　　　　クラブ大和屋
クリスマスの宴　　　　　　　クラブ大和屋

メモがないからとっさに答えられない、いくつか忘れてるものがある、と言いながら答えてくれたのだが、それでもこれだけある。七十二歳。現役である。

その日、山本紫朗は、手に小型カメラを持っていた。これから日劇の正面に行って、写真を写すんだ、と言う。自分の記念のためかと思ったら、そうではなかった。「サヨナラ日劇フェスティバル」の序の景でパネルに映写する写真を撮るのだそうだ。手作りなんだなあ、と思った。

（一九八一年一月）

第二章　二月十五日

ピーナッツ・ベンダー

一九八一年二月十五日、立川《たてかわ》真理は朝から落ちつかなかった。普通にしていたのだが、ついそわそわしてしまう。理由はわかっていた。日劇最後の日だからである。正確に言うなら「サヨナラ日劇フェスティバル・ああ栄光の半世紀」の千秋楽。有楽町で行われるレヴューの最終回なのだ。

立川真理は一九五八年から六六年まで、日劇で踊っていた。日劇ダンシングチームのスターであった。今も現役で踊っている。踊るチャンスは少いが、振付の仕事は多い。しかし振付師になってしまいたくはない。踊っていたいのである。振付をしている最中は、自分も踊る。しかし本番になると、舞台の袖や客席にひっ込まなければならない。それがつらいし、自分の思うようにダンサー達が踊ってくれないとイライラする。根っから踊りが好きだ。

それなのに、日劇最後のレヴューに呼んでくれなかった。だから彼女は面白くない。NDT（日劇ダンシングチーム）に未練はないが、日劇の建物がなくなるのは何としても寂しい。彼女は銀座の生まれである。泰明小学校。写生の時間というと、日劇の丸いビルを描いていた。父親（九代目柏戸。年寄時代に立川《たてかわ》を名乗った）に連れられて日劇に行った。最前列でレヴューを観た。やがて日劇のトップダンサーに。その日劇がなくなるのだ。

腹が立って仕方がない。最後の日劇のステージを踏みたかった。フェスティバルじゃないの、お祭じゃないの、どうして私たちを呼んでくれないんだ。十六小節でもいい。踊りたかった、と彼女は思う。

スタッフ側にも事情があった。現NDTの二十九人ではレヴューは華やかにならない。もとNDT十八人を加えた。それでも往年の豪華さは望めない。辛うじてレヴューとしての恰好がつく、というところだ。だから、さらに立川真理のような人を加えたかった。レヴューはより華やかになるし、かつてのファンも喜ぶに決まっている。ところが現NDTにも女性三人、男性二人のトップダンサーがいる。立川真理のクラスになると、その人たちより上にランクされる。キャリアから言っても実力から言っても上になってしまう。当人がお祭だから十六小節踊ればいいと言ったとしても、それはできない。せっかく来てくれたのならもっと踊って欲しいし、一つの景さえ作りたいということになる。NDT出身者としては重山規子が清水秀男と踊る景がすでに用意されている。その上に立川真理クラスのダンサーが数人加わったとしたら、どうしても現役が影うすくなってしまうだろう。

スタッフ側としては、よりいいショウを作りたいのは言うまでもないが、現役を大事にしたいという気持も強かった。最後まで日劇に踏みとどまった連中に、最後のステージで思いきり踊らせてやりたい。悩んだ末に、現役を立てるということになったのだった。

立川真理としても、そのへんの事情はよくわかるのだ。わかった上で、やはり腹を立てている。日劇最後の日には仲間も大勢観に行くだろう。行くのが当り前、というムードが、卒業生たちの横の連絡で、何となく盛り上がっていた。でも彼女は行かないことに決めていたのだった。腹が立つから行かないと。

だが千秋楽の前の十四日に、実は彼女はショウを覗いたのだ。その日は袖で「ピーナッツ・ベンダー」の景を見た。

日劇におけるショウの古典となったシーン「ピーナッツ・ベンダー」は、一九六三年の「夏のおどり」で初演されている。その時、主要な三人の踊り子の中の一人が立川真理だった。「ピーナッツ・ベンダー」がどんな景なのか、台本から引用してみよう。

○ピンクカーテンひらく——

○舞台、キューバの街。上手、下手に家屋があり、上手の家屋には二階ベランダから下に通ずる階段あり

○キューバの祭の明け方、薄明の陽光が街路に流れ射す
宵祭に踊り、飲み疲れた男女が、軒下にいぎたなく寝込んでいる
その街路を南京豆売りが頭にピーナッツの籠をのせて踊りながら街の男女にピーナッツを売り歩く
祭の日を待機している街の男女は嵐の前の静けさだ。ピーナッツ売りの声のみ街に響いている
突然、街が騒がしくなる
二人の女が男を取り合って街路で激しく争う

○太陽は次第に高く昇った。いよいよ祭の当日だ
祭に浮かれ出す前の男女はエネルギーを発散して、男を取り合う女達の争いをまわりからはやし立てる
中心の二人の女は、なおも激しく踊り、争う
その間に男もからみ、祭の街はたけなわである

○街の一角から声あり
祭の女王のお出ましだ
男たちは女の争いをよそに、その女王に従う
祭の音楽も盛り上がるし、人々も陽気に浮かれ出す
街には浮かれて踊る男女の輪ができる
争う二人の女も、仕方なく自分たちの争いを止めて踊りの輪に加わる
しかし、男の気ままな性質に怒って、最後は浮かれ男をしめあげる
その取り合わせの妙に街の男女は踊りながらはやし立てる
キューバの祭は夜まで続く
街の男女は疲れも知らず踊り狂っている
街の男女の踊りのうちに

○カーテンが上、下から静かに閉まる

台本はあくまで下描きだから、これだけで舞台を想像するのはむずかしいだろう。これに音楽と振付が加わって初めて肉付けされるのだし、主要な三人はもちろん、登場するすべての人たちのダンサーとしての技術、肢体、華やかさ、激しさが要求されるわけだ。舞台装置、照明も、もちろん物を言う。

男を争う二人の女のうち、下手から出る女を立川真理がやった。上手から出るのは当時彼女と人気を二分した英《はなぶさ》由美であった。祭の女王をやったのはさらにお姉さん格の福田富子である。

ここでちょっと、舞台というものに詳しくない人のために蛇足を加えておく。上手、下手という言葉が出てくる。余計なおせっかいだがちょっと心配なのであえて言うけれど、これは「じょうず」「へた」とは読まないでいただきたい。「かみて」「しもて」である。「上手」は観客の方から見て舞台の右側、「下手」は舞台の左側である。「カーテンが上、下から閉まる」と言うのは、天井と足元から閉まるのではもちろんない。右、左から閉まるということである。

二月十四日、立川真理は下手の袖にいた（袖という言葉も説明の要があるかもしれない。舞台の脇であり、出演者がスタンバイして出を待つところである。カーテンの陰になって、客席からは見えない）。十数年前に、このシーンでここから出たのだった。今回、ここから出るのは近江ツヤ子である。上手からは新倉まり子、中央の祭の女王は西川純代だ。

思い出深い景である。かつて初日にここで出を待っていたら、演出の山本紫朗が立川真理を肘でつついて「ツン子、嬉しいだろう」と言った（ツン子というのは立川真理のニックネームである)。彼女は答えた。「そうよ。私はこれを踊るために日劇にいるみたいね」

踊っていて楽しい景だった。しかし福田富子が登場すると、観客の目が全部彼女に行ってしまうような気がした。負けじと踊った。英由美も同様だった。その上福田富子だけにスポットが当たってほかは暗くなるところがある。今はみんなに明りが当たる演出になっているが、当時は暗くなったのだ。暗闇で、それでも何とか目立とうと、英由美と二人、激しく踊ったものだった。

この日は袖にいる立川真理に近江ツヤ子が声をかけた。

「お姉さん、明日踊ります?」

この世界では、上級生をお姉さんと呼ぶ。明日踊るか、というのは、自分の役をやるか、つまり、かつては立川真理のものだったパートを、最後にやってみるか、ということである。振付は昔の通りだ。振付をすべて憶えていた。やろうと思えばやれるのである。やってみようかな、とふと思った。近江ツヤ子も最後の舞台を先輩に踏ませてあげようかな、と考えたのだろう。

「やめとくわ」

と立川真理は言った。自分がやれば近江ツヤ子の出番、それも特にいいシーンを減らすことになる。最後の日に、それでは可哀そうだ。

そのあと下級生の楽屋に行ってお弁当を食べた。下級生が「明日来て下さいね」と言う。「いやよ。何で来るのよ」と彼女は答えた。絶対に来ないつもりだった。

二月十五日。彼女は部屋の中をうろうろしている。十二時になった。気がつくとその日は朝から一度も坐っていないのだった。引出しをあけて、洋服を出した。それを抱えて、またうろうろする。洋服を出すという意思は彼女にはなかった。それでも出している。意思と関係なく身体が動いていることを、自分で不思議に思った。出かける気持がないのに洋服を抱えてうろうろしているのだ。

ご亭主が「お前何してるんだ」と言う。「今日、日劇が最後なのよ」と答える。「そりゃ行くべきだ」と夫は言う。「行きたくないのよ」と彼女は言う。言いながら洋服を着始めた。

その日の四時半には、立川真理は日劇にいた。


最後の日劇のショウは、レヴューと歌謡ショウの二本立の形をとっている。「サヨナラ日劇フェスティバル」は、第一部が「日劇ダンシングチーム・グランドレヴュー」、第二部が「華麗なる歌声」だ。レヴューだけでは客を呼べないという、日劇側の判断があった。逆に言えば、レヴューで客が呼べるなら、日劇が消滅することはないということにもなる。したがって、最後の舞台で本当にやりたいのはレヴューだが、歌手で客を呼ぶ方針がとられた。歌手は日替りである。三橋美智也もいれば桜田淳子もいる。淡谷のり子もいれば研ナオコもいる。

かつての日劇のレヴューでも、ゲスト歌手は招いていた。そういう時、歌手がレヴューの中に嚙み合わされる構成になる。今回は日替りなので、そういう構成はむずかしい。歌手はそれぞれ自分が歌いやすい楽団を指名する。途中で楽団をステージに乗せるのは時間がかかり、流れを中断するから、テンポを必要とするレヴューには向かない。しかも日替りで歌手も楽団も変わるとなると、同じレヴューの中で嚙み合わせるのは不可能である。そこで二部構成となるわけだ。華やかなレヴューを第二部にもってきたいのは誰もが考えることであろう。しかし歌手はこの場合ゲストでもある。第一部に据えるとなると、レヴューの前座という印象を与えかねない。お客様を招いて前座というのはまずい。そこで第二部にお願いするということになる。最後の日の夜の部だけは別であった。第一部と第二部が入れ替えられた。有楽町からレヴューが消える瞬間、これはやはりレヴューのフィナーレに幕が降りる時でなければならない。

二月十五日のゲスト歌手は、内山田洋とクールファイブ、それに水前寺清子。それぞれが約四十分ずつ受け持ち、十分の休憩ののちにレヴューとなる。

序の景。パネルにスライドが映写される。日劇の建物の写真や、かつてのステージの写真である。ナレーションはテープが使われていた筈だが、この日は司会の玉置宏がナマで語った。

続いて金屛風が現われる。ここは清水秀男と重山規子が踊る景であるが、その前に、玉置宏はゲストを呼び出した。日劇ゆかりの人たちである。

まず、トニー谷。彼は、

「ありがとう日劇、さようなら」

と言ってから膝をつき、舞台の床に唇をつけた。もう少し何か話せとうながす玉置に、もういい、という身ぶりを見せて、金屛風の端に立った。キザを売り物にしたトニー谷、ここでもキザなポーズを示したようにも思えたが、彼は屛風の陰でうしろを向き、眼鏡をはずした。涙を拭っているように見えた。

次に灰田勝彦が登場。戦時中から日劇の舞台を踏んでいた人である。終戦の年の十一月、二十カ月ぶりで再開場した日劇でも歌った。彼はGIで満員だった頃の日劇の思い出を語った。

続いて笠置シヅ子である。彼女も終戦後の再開場に立ち合っている。それから一九五一年の

「ジャングルの女王」を頂点として約九年、日劇で大活躍をした。今は歌っていないが、生涯のいちばんいい時期をここで過ごしたと彼女は語り、玉置宏の質問に答えて、当時の彼女の舞台から袖へ引っ込む時の様子を話した。袖へ駆け込む。袖にいる男性に抱き止めて貰う。そうしなければ、朝日新聞社まで駆けて行ってしまう、そのくらいの勢いだった。途中で止まるつもりで駆けては迫力が出ない。歌だけの人と違って、自分は踊っていたから、そのへんのことがわかっていたのだ、と言う。

笠置シヅ子のヒットの多くは日劇から生まれた。それらのヒットソングすべてを作曲したのが服部良一だった。ここで服部良一の登場となる。続いて山口淑子が呼び出された。今は大鷹淑子議員だが、この日は李香蘭として舞台に上がった。日劇の伝説の一つを作ったのが李香蘭だった。

一九四一年二月十一日、「歌ふ李香蘭」の初日であった。入場するための観客の列が日劇を七回り半したというのは有名なエピソードである。七回り半というのが正確なデータであるかどうかわからない。一種の言い回しではないかとぼくは思うのだが、しかし伝説の中でこの数字は定着している。その日は紀元節であった。宮城に参拝した人がたくさん日劇に流れたのではないかと言われている。彼女は日本人であるが、中国人として売り出され、満映（満州映画協会）のスターであった。大陸から来た親日家の美人歌姫に人気が集まるのは、当時の国策に沿ったものであったのだろう。その日彼女は帝国ホテルを出て日劇に来た。しかし行列の渦でなかなか入ることができない。必死の思いで楽屋入りをした。警察がやって来て、群衆に解散を命令した。警察署長が高いところから「この非常時に」と演説をしたが、立ち去る人はいない。警察は消防車を呼び、ホースで行列に水をかけさせた。それでも群衆は解散しなかったという。一九八一年の山口淑子は日劇の舞台でその日の思い出を語り、水をかけられた人がもしここにいらっしゃるなら、お詫びしますと言った。

今年の二月十一日、日劇で歌ったのは田原俊彦、野村義男、近藤真彦の、いわゆる「たのきんトリオ」であった。第二部の「華麗なる歌声」として彼らは出演したのだが、この日のみ第一部はレヴューではなく、彼らの主演する映画「スニーカーぶるーす」の封切上映だった。彼らはそれまで日劇に出たことはなかった。最初にして最後の出演である。しかも皮肉なことに、この日の前売券だけが、売り出すとすぐに売り切れた。彼らが現在人気抜群だから当然、と言えばそれまでだが、日劇を愛した人にとっては寂しい話だろう。しかし考え方を変えて、日劇が存続するとしたら、当然彼らは出演者として迎えられただろう。かつてのタイガースやテンプターズのように。

一つ裏ばなしがある。彼らのプロダクションは、日劇に出演するのにこの日を指定したのだという。何故なら、李香蘭が観客を七回り半させたのも二月十一日だからであった。

話は戻って、司会者は山口淑子に歌うことをうながした。三十年も歌っていないからと、山口淑子は拒んだが、服部良一は舞台の上からオーケストラボックスに向かって指揮をし、音楽が流れた。山口淑子は服部良一作曲の「蘇州夜曲」を歌った。二番を歌い始めた時、上手から長谷川一夫が現われた。長谷川一夫は李香蘭と一緒に歌の後半を歌った。

こういう顔ぶれが揃うことは、事前に観客には知らされていない。特にオールドファンは感動したことだろう。長谷川一夫と李香蘭のコンビは、日劇のものではない。日劇でも顔を合わせたことはあったが、オールスターの顔見世のような時である。このコンビは映画が生んだ名コンビであって、一九三九年の「白蘭の歌」、四〇年の「支那の夜」、「熱砂の誓ひ」。いずれも李香蘭の人気をいやが上にも盛り上げたヒット映画である。黄金の共演が、僅かな時間ではあるが再現されたことになる。

ここで金屏風前に並んだトニー谷、灰田勝彦、笠置シヅ子、服部良一、山口淑子、長谷川一夫の歓談になる。玉置宏の巧みな進行で、冗長にならずにまとめられた。特に長谷川一夫が語った戦時中の話で、笠置シヅ子を含む巡業の一行が青函連絡船に乗ろうとした時に、笠置シヅ子が遅刻をしたため、一行全員がその船を見送り、ところがその船は爆撃を受けて沈められたので、彼女の遅刻が一行の命を救ったのだ、というエピソードは興味深かった。

こうして、彼らはいったん引き揚げる。そのあと、日劇が契約した舞台監督第一号として紹介され、登場したのが森繁久弥である。森繁久弥が現在のような役者になる前にヴォードヴィリアンの経験があり、その前、戦時中はNHKのアナウンサーだったことは知られている。しかし、さらに以前に日劇の舞台監督をやったことがあるとは、ぼくは知らなかった。森繁久弥は当時のことを淡々と、しかもユーモラスに語った。

森繁久弥がいなくなってから、登場したのは森進一である。手に花束を持っている。「大勢の人の血と涙と汗を吸い込んだ舞台に」と言って花束を足元に置き、「襟裳岬」を歌った。

予期せぬゲストはここまでである。このあと、構成された通り第一景が金屏風前で展開する。

清水秀男と重山規子の日舞デュエット。重山規子は九年前に強盗に刺されて今でも両足が不自由であることを、ぼくは次の日の新聞で知った。

　第二景はNDTによるビートルズ・メドレー。ラインダンスで客席から拍手が湧く。この日客席の様子は明らかにいつもと違っていた。ぼくはこの「サヨナラ日劇」のショウに来たのは二度目である。拍手の鳴り方が前に来た時と違うのだ。これで最後、ということもあるだろうし、客席にいる人たちが、身内である日劇卒業生、ないし身内と同じ心情を持つファンが大多数であったということだろう。

　ぼくは前売を買っていなかった。この日は大入りである。指定席はとっくに売り切れていた。日劇の座席は、一階が千六十、二階が五百四十四、三階が四百六十三。その上三百人ほどの立見がいた。たのきんト

日劇最後の夜

リオは満員になったが、日劇がレヴューでこれほどの入りを見せたのは久しぶりである。しかしこれが最後なのだ。立見客の一人として観ていたら、白石冬美に会った。現在はディスクジョッキー、声優として知られる彼女も、NDT卒業生なのだ。彼女は指定券を持っていた。でも私はうろうろしているからと言って、席を譲ってくれた。卒業生としてはうろうろしていたい気分であったらしい。

景は進み、第六景。シャンソン・ド・パリ。歌手は高英男と鹿島とも子。鹿島とも子はNDT出身だ。もう母親になっているが齢は若い。生きていれば越路吹雪がやる筈だったパートを受け持ったわけで、思わぬ抜擢《ばってき》ということになる。鹿島とも子が「ラストダンスは私に」を歌う時、ホリゾントにスライドでにこやかな越路吹雪が浮かび上がる。それも一瞬現われて消える、というほどよいタイミングが効果的であった。歌う鹿島を越路が暖く見守る、というイメージがあった。ここでも拍手が湧き上がる。

第八景はフィナーレである。曲は「マイ・ウェイ」と「ダンシング・クイーン」。舞台に大階段が現われ、出演者全員が登場すると、客席から大勢のファンが花束を持って舞台に駆け寄った。それぞれお目当ての踊り手に花束を渡している。あまりに大勢なので、なかなか幕が閉められない。指揮者はフィナーレの音楽を何度もリピートさせる。花を持って泣いている踊り手も多い。客席を見回すと、こっち側も涙を浮かべている人が大勢いた。ぼくもかなり感傷的な気分になる。

やっと幕が下り、幕前に玉置宏が現われる。「このまま日劇の緞帳《どんちょう》は上がらないのでしょうか。もう一度上げましょうよ」と叫ぶ調子で客席に呼びかけた。拍手と共に幕が上がる。玉置宏は、客席にいるNDT卒業生を舞台に呼び上げた。席から立ち上がって、大勢の人が舞台に上がった。

舞台がふくれ上がった。根岸明美がいる。立川真理がいる。英由美がいる。松永てるほがいる。藤井輝子がいる。数百人と思われる人たちが舞台に上がった。舞台にはフィナーレで使われた大階段がある。階段を登る人たち、何度もここで鈴を振った人たちばかりである。客席にSKDの春日宏美がいた。玉置宏は「レヴューの灯を消すな」と言いながら、彼女も舞台に呼び上げた。

蛍の光。揺れるペンライト。

かくして日劇は本当に幕を閉じた。

客は帰り始める。いつものように、さっさと出口に向かう人は多くない。名残り惜しそうに振り向きつつ帰る客たち。閉められた幕の中から、山本紫朗の三本〆めの発声が聞こえる。「ありがとう、おつかれさま」。

このあと、客席を使って関係者によるお別れパーティだ。板を打ちつけただけの即席のテーブルが客席に運び込まれる。ぼくは関係者ではないが、白石冬美に誘われる形で、会場の隅の方に残っていた。

もと踊り子たちが、また舞台に上がる。大階段にたくさんの人が登った時は、危いからあまり大勢登らないで、というアナウンスがあった。

三木のり平が姿を見せ、舞台で少ししゃべった。ここの楽屋にいたら、ダニー・ケイが訪ねて来た。世界的なコメディアンが自分を訪ねたのかと思って喜んだら、彼はかつて使ったことがある楽屋を見たかったのだった、という話をして笑わせた（戦前にダニー・ケイが日劇に出たことは前章に記した)。

テレビの取材も多かった。日劇がなくなることについて、有名な人たちがコメントを求められている。寂しい、懐しい、という答が多い中で、高英男が怒った口調で「歌舞伎座がなくなるなんてことが考えられますか。ここは私たちの歌舞伎座ですよ」と言ったのが印象に残る。

四時半に始まったショウが終ったのは、だいたい八時。そのあとのパーティは真夜中まで続いたらしい。パーティはまさに踊り子たちの同窓会で、何期生集まれ、何期生集まれ、とマイクで呼びかけては舞台で写真を撮っていた。部外者がいつまでもいても仕方がないので、ぼくは適当に切り上げたが、もと踊り子たち、スタッフたちは、なかなか離れられなかったのだろう。

この日のゲストのコーナーやフィナーレの盛り上がりなど、ほとんどハプニングとして、自然の成り行きがたまたまうまくいったように客席からは見えた。だが実際に裏側はどうだったのだろう。ゲストの人たちだって、自発的に駆けつけたようにも見えるが、踊り子たちとは事情が違うだろう。

山本紫朗にきいた。

「裏は大変だったんだ。あれだけ集めて、あれだけこしらえるのはね。今の舞台監督や演出家は、あの連中を知らないんだ。結局ぼくが集めるしかしょうがない。議員会館へ行って山口淑子に頼む、長谷川一夫のうちへ行って頼む、っていうふうに。

長谷川一夫は面白いアイデアを出したんだ。何十年前の『支那の夜』の時の恰好で——セイラーだね——あの恰好で出るから、ジャンクを切り出しでいいから作ってくれって言う。それに乗ってあの時の恰好の李香蘭と一緒に出る、李香蘭はジャンクをおりて歌い出す、とこういうわけだ。それを山口淑子んとこ行って話したら、そう言うと思った、と。ところが自分は今は支那服は着られないって言う。彼女は外務なんとか委員てのをやってて中国の担当なんだ。李香蘭時代の中国と日本の関係を考えるとまずいし、今は支那って言っちゃいけないいんだ。だから『支那の夜』も歌えないし、支那服も困るってわけだ。それで普通のドレスになった。それでもあの日のために高いお金でドレスを作ってくれたんだけどね。

それから『蘇州夜曲』歌うったって、簡単にはいかないやね。何とか考えようってんで、服部良一に頼んだ。日劇から服部良一の歌がたくさん出てるし、千秋楽なら来てくれるだろう。頼んだら、いいよって言ってくれた。ところがその日、結婚式の仲人になっちゃったんだ。そうなると来られない。段取りが変わっちゃう。仲人は何時かきいたら七時だって言う。そいじゃ先に来てくれって頼んだ。無理に連れて来ちゃった。早くすませて向うへ帰さなきゃいけない。それで一人三分、ということにした。玉置宏とよーく打ち合わせして、ああいう段取りにして、まあ、うまい絵柄になったわけだ。

今度は森繁がなかなか来ない。森繁は北野中学の同窓会があったんだ、その日に。終ったら来るよって言うんだけど、何時に終るかわかんない。最初は森繁を先に出そうと思ってたんだ。幕を上げたら、舞台監督第一号、ってことで森繁が出る。それからあの段取りにしようと思った。ところが森繁は来られない。しょうがない、順序を逆にしようってことにした。それから服部良一を帰さなきゃいけない。いったん全員引き揚げさせて服部良一を送った。舞台をからにしたところで森繁を出す。そうしないと第一号の感じが出ない。

その次は森進一。どこかで仕事をしてたんだ。駆けつけて来たということで出した。そうでないとあそこで一人歌うんだから、ほかの連中が前座みたいになっちゃう。ゲストにいやな思いをさせて帰すわけにはいかない。それにみんな一国一城の主だからね。そういうふうに、みんなの絵柄を作ったんだ。次の日にみんなにお礼の電話をしたら、みんな、よかったよかったって言ってくれた。

あの連中をどこで出すか、前の日まではっきり決まってなかった。初めは、フィナーレの前にしようということにしてたんだ。だけどそうするとショウがそこでストップしちゃう。頭に出そうとぼくが言った。ほかのスタッフは、え、頭ですかって言ったけど、頭は金屏風があるじゃないか。ちょうどいい。そこでみんなに電話して、頼んであった時間より四、五十分早く来てくれって頼んだ。それで服部良一は出ることができた。その代り、森繁は頭に間に合わなかった。幕が開くといきなり森繁にしたかったんだけどね。

見てる人はわかんないだろうけど裏は大騒ぎ。だいいち舞台監督がゲストを知らない。みんな雲の上の人だからね。顔もわからない。だから全部ぼくが楽屋から舞台に連れてって、舞台の袖でここにいなきゃいけない、ここにいてくれって言ったんだ。みんなも、君にまかせるから君がそばにいてくれって言う。ぼくは舞台監督やってたわけだよ。

それから、もとNDTが二百人くらい来てるっていうんで、フィナーレに舞台に上げようってことにした。で、いったん幕を閉めて、玉置と打ち合わせしてもう一回幕を上げた。そうしたら二百人どころか四百五十人くらい上がって来たんだ。それが大階段に上がって来た。大階段は上の方で吊ってあるんだ。あんまり重さがかかるとワイヤーが切れるかも知れない。下には車がついているんだ。切れたらダーッとすべる。客席まで行ったりしたらえらいことだ。大惨事だよ。だから上へ行くな、下にいろって言って、人を整理するのが大変だった。

大階段は去年の三月から使ってなかったから、一年近く間があいてるわけだ。今度は使わないでくれって言う。レヴューなんだから大階段使わなきゃだめだって言ったら、直すのに二千万円かかるって言うわけだ。構わないからやってくれって頼んでやってもらった。その大階段に登って来ちゃった。大丈夫だとは思ったけどね、普通七十人か八十人なんだよ、乗るのは。そこへ百人も二百人も乗ったし、その前に乗ってる子たちがいるんだから、万が一切れると怖い。これだけは心配したね。無事にすんだけど。

裏は大騒ぎだよ。表と裏とではこれだけ違うんだ。こっちはショウを見るどこじゃない。最後の日で感動したでしょうなんて言われたって、感動なんてしてるひまもないわけよ」

一方、この日、春日宏美が泣いたと言うので、彼女に話をきいてみた。一九七七年、日劇からこれでレヴューがなくなると言われた「ボンジュール・パリ」を観て、その時も泣いたのだという。SKDの人でもNDTがなくなるのは悲しいのかときいたら、やはりそうですと答えた。チームがばらばらになるのは、自分のところでなくても悲しい、と言う。SKDには男性はいないし、近ごろはお芝居ふうのものをやる傾向になってきて日劇とは性格が違うけど、お友だちも多くて、お互いに公演を観ているし、なによりも踊りが好きなことが共通しているから、ということだった。

白石冬美も泣いた。舞台に上がって三階席を見たら、いちばんうしろの映写窓の中でペンライトがゆれている。それを見て涙が出た。本当に寂しいのはああいうスタッフの人たちなんだろうな、と思ったそうだ。

立川真理も三階の客席を見た時にキュッときたと話してくれた。三階が満員になるとお客が落ちてくるように見える。

「初舞台から一年目くらいの時にね、三階に修学旅行の子がいっぱいいて、スプリッツって言って脚を開いて床につけるの、あれを私たちがやったら、上から見てきれいなんでしょうね、ワーッと声を上げた。その声がまだ耳に残ってるの」

パーティも更け、立川真理が見上げると、大階段で「日劇さよなら」と怒鳴っている人がいた。よく見ると大道具の人だった。彼女は、大道具の人がいちばん寂しいんじゃないかな、と思った。大道具さんこそ日劇を隅から隅まで知っているのだから、と。

この日、立川真理は、踊り子の中では最後に日劇を出た。

（一九八一年二月）

第三章　ショウと劇場と

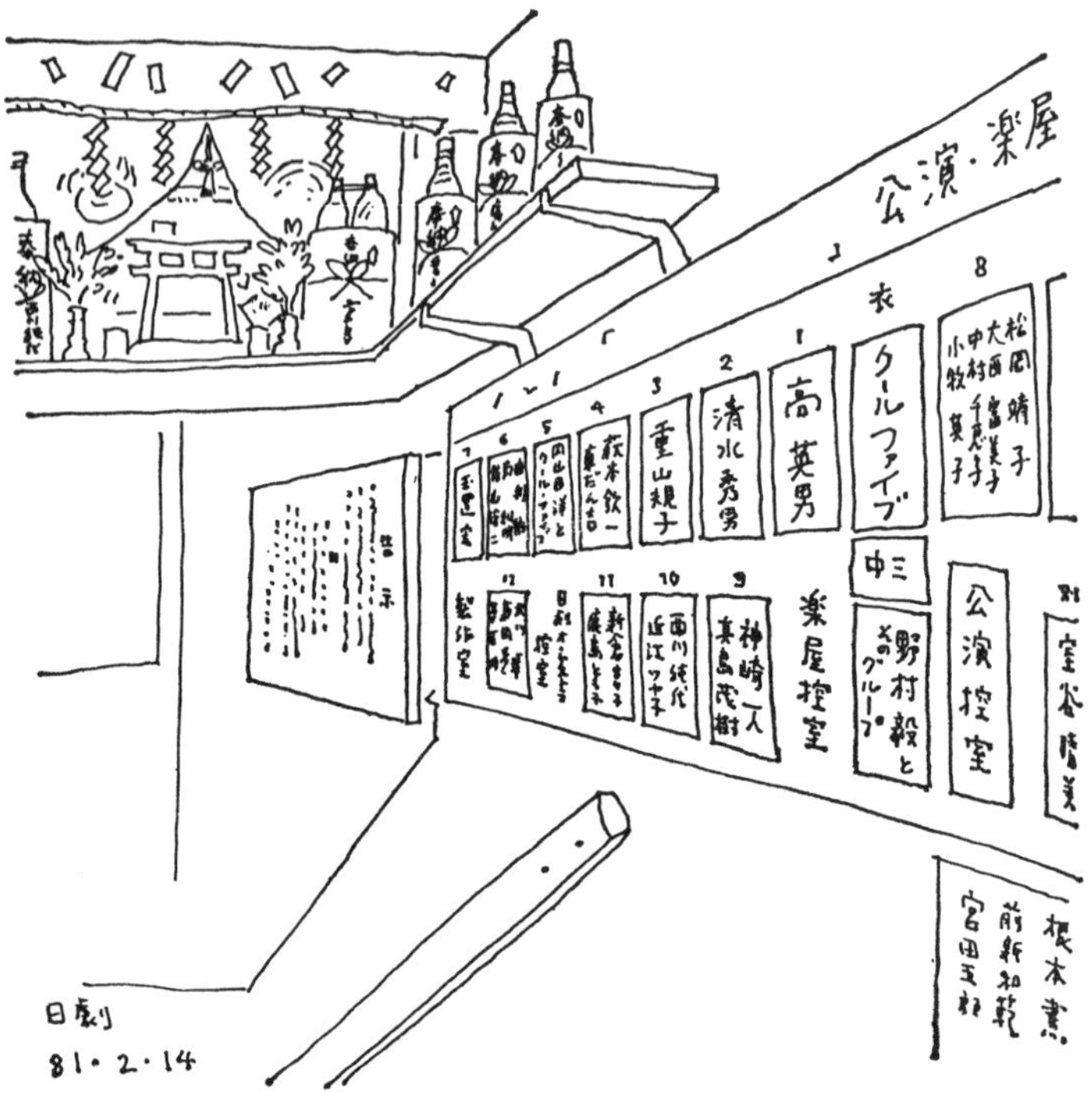
公演・楽屋
表
松岡靖子
大西富美子
中村千恵子
小牧真子
クールファイブ
高英男
清水秀男
重山規子
萩本欽一
中三
野村毅とそのグループ
公演控室
楽屋控室
神崎一人
真島茂樹
西川純代
近江ツヤ子
根本憲
日劇
81・2・14

白石冬美に踊り子時代の話をきいた。彼女は二年ほどＮＤＴにいたのだが、踊り子としては芽が出なかった。

「妹があとから入ってきてねえ、妹の方が才能があったのよ。いつのまにか妹が前の方で踊ってるの。私はいつまでもうしろなの。それにねえ、私がヘマばっかりするもんだから、妹が私に気を使うのよ。それで妹に悪くなって、やめちゃったの」

と彼女は言う。踊り子をあきらめたから今日の彼女があるわけで、人間の運命なんてわからないものだ。姉さんより上手だった妹は、今は家庭の主婦、二人の子どものお母さんだ。

「舞台でトチると、上級生の楽屋にあやまりに行くの。トチるっていうのはねえ、振付を間違えるとかね、出が遅れたとか、持って出なきゃいけない道具を持たないで出ちゃったとか。私は袖でうっとりきれいだなあって思いながら見てたら、そこは私が出てなきゃいけない景だった、なんてこともあったわ。そういう時、自分より上の人全員にあやまるのよ。楽屋の前でトントンて言うの。楽屋はのれんが下がってて、ノックはできないから、口でトントンて言う。どうぞって言われると入って、〝何期生の何々です。今日の第何景のどこそこで間違えました。すみません〟て言うの。〝今度から気をつけてね〟なんて言われて、次の部屋へ行くの。だんだん上級生の方へ行くわけ。だから下の方にいると大変なのよ。あやまらなきゃなんない人がいっぱいいるから。

遅刻や早退の時もそう。代役の時も全部挨拶に行くの。誰かが病気とかで代わるでしょ。その時も、〝トントン、何期生の何々です。今日の何景の誰々お姉さんの役を代わります。よろしく〟って言うわけ。〝はい、頑張ってね〟とか言われて次へ行くの。その時に意地悪されることもあるのよね。挨拶しても返事してくれないと次へ行けないの。じっと待ってるの。私はあんまり意地悪されなかったけど、ずいぶんいじめられた人もいたみたいね。お正月とか、初日とラク（千秋楽）も挨拶に行くの。〝初日おめでとうございます〟って言って回る。こういう時は同期生が一緒に行くから楽しいの。雰囲気のあるしきたりだったわね」

あやまりに回る話は、根岸明美からもきいた。その時代は上級生だけでなく、事務の人にまであやまらなければならなかったのだという。白石冬美の時代にはいくらか厳しさがやわらいだというべきか。

立川真理によれば、最近のNDT（と言っても日劇はすでにないが）の子が数人集まっても、誰が上級生か下級生か、よくわからないのだそうだ。私たちの頃は、言葉づかいだけで誰が上か下か、すぐわかったものだ、と言う。そういう厳しさが、芸の厳しさにもつながる、というのが立川真理の説であった。

毎回、新しい演《だ》し物が決まるたびに、稽古場に、誰がどの景に出るという「香盤」と呼ばれる一覧表が発表される。「試験の発表みたいだった」と白石冬美は言う。

「ゲスト・スターがいちばん上で、上級生から下級生へずーっと名前が書いてあるの。横には第何景第何景って書いてあってね、自分の名前のところをたどると印がついてるの。○とか△とか×とかね。その時によっていろんな印がつくんだけど、例えば、○のついてる人が何十人もいれば、それは群舞ね。その景で△が三人なら、前で三人踊るわけ。そういうのはたいてい上級生だけど、時には下級生に印がついてるの。抜擢《ばってき》なわけよ。英由美さんや立川真理さんは、そんなふうにして抜擢されてったの。私はいつまでも○印だったわけ」

上級生下級生ということ以外に、実力の上で自分がどのランクに位置づけられているかがいやでも思い知らされるのだという。いずれにしろ、厳しい世界である。

白石冬美はNDTを辞めても日劇が好きで、よく楽屋に遊びに行っていた。通いなれた日劇は自分のうちのようなもので、ショウを見て同級生の楽屋に行き楽屋の風呂にも入った。華やかな時代は、踊り子たちの衣裳が衣裳部屋をはみだして、楽屋の廊下にぎっしり吊られていた。廊下を通りにくいほどだった。それが遊びに行くたびに少しずつ通りやすくなり、そのうち廊下からは消えて行ったのだそうだ。「寂しいな」と彼女は思った。

彼女は一九七九年、踊り子でなく声優として日劇の舞台を久しぶりに踏んだ。アニメーション・ブームで声優たちが人気者になった頃の「声優フェスティバル」である。ブームに乗って、そのショウは満員だったが、その時彼女は「劇場が齢をとった」という感じを受けたそうだ。彼女が初めて日劇にやって来た時も、すでに古い劇場だった。だが華やいでいた。その華やぎが失われているように感じた。それからまもなく、日劇がなくなるというニュースを彼女は聞いた。

一九八一年三月十七日、読売新聞。

「ベニヤ壁の下から秀麗なモザイク壁画――。来月にも解体作業がはじまる東京・有楽町の日劇ビルで、一階正面ホールのベニヤ壁をはがしたところ、その後ろに隠れていた芸術院会員、故川島理一郎画伯作の大モザイク壁画（高さ三メートル、幅十五メートル）が現われた。ホールで提携商品を売ろうとした日劇が、さる三十三年、売り場にそぐわないと、壁画全体をベニヤで覆って以来、そのまま忘れさられ、二十三年が経過したらしい。日劇関係者は十六日、壁画を川島画伯の遺族や弟子たちに見せる一方、保存方法を検討しはじめた」

ぼくもこの壁画は憶えていない。三十三年（一九五八年）まであったとすれば、当然見ているのだが。写真で見るかぎり、なかなかいいモザイクである。これを売り場のために覆ってしまう神経がわからないし、しかもベニヤを張るために平気で穴まであけられているという。これは本当に営業政策上必要なことだったのか。シロウトにはよくわからないけれど、美しいものをないがしろにする営業政策と、華やかなショウが衰退していったこととは、無縁ではないような気がするのだ。

山本紫朗は語る。

「劇場がなくなるってことは客が入んないことだからね。入んないのは何か欠点があるわけだ。欠点を誰かが作ってるわけだ。会社の方針で舞台装置とか衣裳が簡素になる。それでもしょうがないってやってることも、自分が自分を殺してく一つの原因になるね。

これだけしか予算がないよって言われて、それじゃできません、これだけなきゃできない、って言う戦争がなかなかない。衣裳は新しいもん作れないよ、ありものだよって言われると、あ、そう、って言って倉庫を捜す。

　近頃は音楽でもテープを使うね。ナマ演奏が高いからってテープにする。そのテープだって作曲家頼んでアレンジして、スタジオ代、ミキサー代、オーケストラだって高い。一つのショウには何曲もいる。そうすると百万二百万にすぐなっちゃうんだ。今度はありものでやってくれって言われる。テープ屋に行ってテープ聴いて、これとこれ使おう、なんてことになる。これだとテープ屋に五万か十万払えばいいわけだ。ところがその金がアレンジャーのところへなんか行ってない。一種の不法行為だね。今やそういうことが多くなってきた。

　ぼくはありものじゃやれないって言ってるんだ。それじゃ新しいものを作ることにならない。いやだって言う。そしたら仕事がなくなるよ。仕事が欲しいやつは、それでどんどんやっちゃう。そうなると、お客様は、あれ、こないだ聴いた曲だな、それをまたこっちで使ってるな、ってわかる。今現在、金が足りないからってそんなことやってると、ショウそのものがお客を馬鹿にしてるって思われるだろう。だんだんショウなんてつまんないってことでお客が離れる。その場はお茶を濁したかもわかんないけど、二、三年先になると、ショウをやる場もなくなっちゃう。自分の首をしめることになる。場がなくなれば一緒に仕事をしてた者も仕事がなくなる。

　それから、舞台までタレントについて回るテレビのディレクターがいる。テレビの連中が舞台の演出をやることが多くなったね。よく日劇なんかに来るんで、あれ誰だいってきくと、タレントについて来たディレクターで、一緒に買ったようなもんだ、なんて言われてたよ。テレビというものと舞台というものはぜんぜん違うんだよ。ブラウン管の大きさの中でやるのと舞台のスケールでやるのとは違う。そういう人たちにまかせて、レヴューをつまらなくする。見てる方でもどこかが違うんだろうなあ。

日劇がだめになった時に、ショウビジネスにたずさわる者が一歩しりぞいて、ここはひとつ考えなきゃいけない、と思うべきなんだ。テレビができたからショウがだめになった、じゃすまされない。

これからは大きな劇場はなかなかできないだろうね。これからショウを勉強するんだったら、千五百人くらいの小屋（劇場。ショウビジネスにたずさわる人は劇場のことを小屋という。小屋掛け芝居から来ている言葉だろうが、どんな大劇場でも「小屋」である）で合うようなものをこしらえていかなきゃいけない。そのくらいの小屋を作らなきゃいけないと思う。それでソロバンが合うように。四百人くらいの小屋じゃソロバンがとれないから、バンドとかどっかで値切ったりしなきゃなんない。せめて八百だね。この頃パルコ（西武劇場・定員四七八）じゃ踊りなんかもやるようになった。いい傾向だね。ああいうところにお客がどんどんついてくるといいんだ。ぼくもこれからちょっとひまになったら、ああいう小さな劇場でできるショウを研究しようと思ってる。

ショウをやりたいっていう者はたくさんいるんだよね。ショウを見たいっていうお客様もいるんだ。それがうまく結びつかない。それをみんなで協力して、自分たちの将来のために研究しないといけないんだ。これからショウビジネスをやってくという連中はたくさんいるんだからね。これから先の自分たちのことを考えなきゃいけないんじゃないかな」

山田卓。フリーの振付師。ダンサーでもあった。振付師として大活躍をしているが、ダンスが重要なショウでは、構成・演出も手がける。ＮＤＴに在籍していたこともあるので話をきいた。

「ぼくは昔から体操がよかったんです。体育の先生になろうじゃないか、みたいなことでバレエを習いだしたんです。好きでもないのに、床運動のためにバレエを習っておくといいであろう、ということでね。それからこの世界に入ったわけです。クラシック・バレエを二、三年やりました。当時クラシック・バレエは一年に一回か二回発表会があったくらいで、食えなかったもんですから、自分でチームを組んで、キャバレーとかクラブを回り出したんです。十七歳の時からですかね、二、三年やりました。それから日劇に入ったんです。日劇では経験者が途中で入るのは異例のことだったんですけど、その前に仕事で知り合ってた何人かの先生方に推薦していただきまして。そのかわり先輩からはいびられましたけどね。

当時そうそうたるメンバーがいました。今考えると、あの頃が日劇の全盛になりつつある上向きの時だったんですね。越路吹雪さんなんかが出て、ぼくも脇で踊りましたよ。日劇の初舞台は昭和二十八年でしたかねえ。お正月でね、小堀明男さんという役者さんの舞台、時代劇でね、ボテヅラ（はりぼてのかつら）かぶらされて、踏んづけられるような役でしたよ。ぼくは日劇で踊ったのは七カ月くらいでね、フランキー堺さんの奥さんになった谷さゆりさん、あの人と金須宏と三人で踊ってる時に、猫と鼠の踊りだったかなあ、タップマットに足つっこんじゃって、右足の拇指脱臼で、しばらくギブスはめてたわけです。市村ブーちゃん（俊幸）なんかもよく出てましたね。亡くなった千葉信男さんとか。ナンシー梅木もまだ現役でね。うまかったねえ。振付は岡正躬先生、野口善春先生、県《あがた》洋二先生が多かったですね。演出は紫朗先生が多かった。踊りの多いものはほとんど紫朗先生じゃなかったですかねえ。

振付というと、飛鳥亮先生、矢田茂先生、それにさっき言った岡先生、野口先生、県先生、その人たちから十二、三年たってぼくですね。ぼくの回りを見わたすと、同じ世代の人はあまりいませんね。舞台の振付というと、ぼくが最後くらい。それから十年くらいしてテレビの出現で、テレビの振付師が出てきたみたいですね」

――今、振付と言うと、可愛子ちゃん歌手に歌の振りを教える人みたいになっちゃって。

「そうそう。いわゆるアクションですね。一般の人が振付という言葉を知るようになったのは、テレビの影響が大でしょう。それまで振付という言葉になじみがないし、どういうことをするのかも知らない。いわゆる踊り子さんが踊りを持ってるもんだと昔はみんな思ってました。第一、テレビ開局のころは、スタジオへ行っても、踊り子が来るとそれで踊りはできるもんだと思ってましたよ。ディレクターもプロデューサーも。振付はどうするんですか、って言うと、振付って何ですか、って言うんですから。当時はね。

その頃ぼくは現役で、踊りながら振付もしてたわけです。ぼくは振付師になろうとは思わなかったんですけど、チームを持ったもんですから、なかなか予算がないので、衣裳とかなにもかも一人でやらなきゃなんない。それが振付をやるようになったきっかけですね。日劇やめてから一人でやってると、苦労もしましたねえ。まあ、一人でやってたから生き残れたのかも知れませんけど。日劇やめたあとで契約がまだ残ってたらしくて、こっちは踊ってるだけですから契約のことなんか知らない。そんなことでずいぶんいじめられたりね。仕事がとれなかったり。そんな時でも紫朗先生はちょっと手伝ってみないかって、声かけてくれましたよ。気さくな先生でね。

ぼくがやめて五、六年たって、日劇で振付をちょこちょこやってた頃は、日劇はまだよく入ってましたね。それからだんだん下向きになってきた。踊りでは商売にならなくなってきた。テレビの出現で客がそっちへ動いた。新幹線ができて客が散らばったということもありますかね。テレビと同時にほかにも見るものが割に多くなったですね。

しかし日劇はもったいないですね。少々赤字でもああいうものは残しておかなくちゃいけないと思いますけどねえ。しかし経営者としては相当辛抱したんでしょう。大阪の北野劇場なんかも、ダンサーズが解散しました。どんどんそういうものがなくなっていくのは寂しいですね。宝塚も頑張ってますけどねえ、必ずしも楽とは言えない。国際劇場も寂しいですねえ。お客さんより出演者の方が多いことがある。みんな一所懸命やってるんですよ。ああいうのを見ると制作と営業のバランスが悪いように思えてね。もっとお客さんを入れるように営業

日劇の稽古場・最後のショウの稽古

部が盛り上げてあげなくちゃいけない。作る側ってのは苦しい中でも何とかして作っていくもんですよ。営業面でついていけないのか、この時代だから仕方がないのか。

　それと客足というのも勝手なもので、ちょっと劇場に客がつかなくなると、どんどんつかない方向へ行く。一つ当たるとばーっとつく。むずかしいですね。世界的な傾向だということも聞きますけどね。アメリカではミュージカルはよく入ってますね。だけども、われわれヒットしたミュージカルのことしか聞かないから、ついついミュージカルはみんないいように思うけど、没になったものもいっぱいあるでしょう。アメリカのシステムはだめなものはすぐやめちゃうでしょう。オフブロードウェイから這い上がって来たりね。それだけ劇場の数もある。日本の場合はいったん決めちゃうと良くても悪くてもやらなきゃならない。駄目なものでも一カ月小屋を借りるとどうしても一カ月やる。逆に大ヒットしたものも一カ月でやめなきゃならない。このシステムもおかしいですね」

――しかし現在山田さんはたいへん忙しく働いていらっしゃいますねえ。それだけ日本のショウビジネスの世界は活気があるっていうことじゃないですか。

「どうなんでしょうねえ。いろんな種類のことを手広くやっているだけなんです。ぼくの場合は、劇団四季という役者を中心にしたものをやり、そうかと思うと、少年少女合唱団のステージング（ステージングというのも広い意味では振付であるが、踊りではない。ステージの上をこう動く、こう並ぶ、ここでマイクを持つ、などの動きを決めることを言う）をやってみたり。それから宝塚をやり、五木ひろしのコンサートをやり……彼の場合は挑戦するのが好きだから、いろんなことをやってみたいと。踊りももちろんやってみたいと言う。そういうわけで五、六年前から彼の構成・演出・振付をやってるんですが、結局間口を広くやってるから忙しいんでしょうね。本当に専門家を使ってショウビジネスにたずさわる、ショウタイムということで言えば、そんなに数はないですね。それ専門の小屋もないし。

ダンサーズってのは弱いもので、ダンサーズだけでは商売にならない。で、例えば小柳ルミ子とか木の実ナナとか五木ひろしとか、そういうタレントについて、そのコンサートの中の一部分のショウタイムを、みんなが必死で盛り上げようとしている、というのが現状ですね。

それと並行して、パルコでやる『ショウガール』みたいなものとか、小ミュージカルがぼつぼつとくすぶり出した。みんなやりたいという気持はあるんだけども、営業とバランスをとっていかなきゃなんない。小さなスケールのものしかできない。ということで、それでもあちこちで燃え上がり出した。

しかし、レヴューは、華やかで、スケールがあり、夢があるものでなきゃならない。それにはお金をかけるものじゃないとね。そうなるとこれが時代的に、今はいちばんむずかしい時でしょう。そういう意味で宝塚もスタッフは苦労してますね。ゴージャスに見せなきゃならない。豪華でなくなったら宝塚は意味ないでしょう。それにひと公演に八十名九十名も出るわけですからね。それだけの数でやれるところは今ないですもん。

今、ぼくが関係しているミュージカルなんかでも、まず旅に行かなきゃペイしない。旅に行くということを想定して、内容も人間も道具もみな考えて行くわけね。道具は運びやすいように作る。人数もアゴアシ（顎と足、つまり食事代と旅費、宿泊費）が大変だから、ウラ（裏方さん）も最小限にする。そうするとどうしても無理がくる。役者も一人何役もやる。今少年をやってたかと思うと次の景で大人になって出てくる。多いのは一人で九役もやってますよ。役者も大変ですね。すべてノリウチ(旅先から現地に乗り込んですぐ興行をする)ですから。十一トン車ギリギリに満載して行って、シコミ(道具や照明をセットする)の時間も少いし、小屋の条件が全部違うわけだから、やりにくいですよねえ。その中でやっぱり地方の人たちに満足してもらえるものを作らなきゃならない。ちょうど日本のショウビジネスの現状みたいですな、それが。

逆に日劇みたいに自分の小屋を持ってて、自分のカンパニーを持ってて、それでもやっていけない。いい時にふくらんだものを、省略しよう、合理化しようと思っても、うまくいかない、ということでしょう」

——時代から言うと大劇場はなりたちにくくなっていますか。

「そんなことはないと思いますよ。ものによっては武道館だって満パイになるんですから。逆にキャパ(キャパシティ・収容人員)が五百ぐらいでは商売にならない、千以上でないと無理だと言われてますね。しかしちょうど手頃な小屋があまりないんですね。特に東京にない。バカでかいか、小さいかどっちかで。日生劇場ぐらいが手頃でいいですね。いろいろありますけど、われわれショウビジネスにいい小屋というのはあまりない。

いい建築であっても小屋のムードと設備がわれわれの望み通りなのはなかなかありませんね。市民会館なんかでもそうですね。なじまないと言うかね。建築家の勇み足で、劇場として使いにくいものがあるんです。楽屋と舞台がすごく離れてるとか、大道具が入らない入口を作るとか、劇場本来の目的からはずれたものを建てちゃう。お客さんも席に坐って舞台を見ても、何となく落ちつかないなんていうことがあるわけですよね」

――これからも劇場は建つんでしょうけど、山田さんのような専門家が設計の段階から参加するということはないんですか。

「使う立場ではいくらでも言えますね。そうなるといいんだけど。最近建った劇場で専門家の意見をきいたんですって。でもその時点ではもう青写真ができてたんです。参考意見を入れた形を取っていながら、実は違う。まったく白紙の状態でのミーティングはないですね。そこは舞台が石なんですよ。よくぼくらは昔から、板に乗ったら云々と言うでしょ。そこは板じゃないんですよ。だから疲れてしょうがない。舞台稽古を一日やるでしょ。その日は足の裏が痛くてしょうがない。普段の数倍疲れます。そういうことがまかり通ってるのがおかしいですよ。舞台とはその上で何がなされるのか、それから発想すれば何でもないことなのにねえ。舞台は命ですからね。

テレビ局のスタジオもそうですね。コンクリートの上にアクリルでしょ。三時間いたらヘトヘトになっちゃいます。木の自然のバネがない。踊る連中が足を怪我することが多いです。それに踊ってて気持が悪いですね。

その点、日劇はうまくできた小屋でしたよ。楽屋と舞台が近いしね。ぼくらああいう雰囲気で育ったせいか、ああ小屋だなって感じがしますね。そりゃ古いですよ。古い不便さはあります。でももっと新しい立派な劇場は小屋って感じじゃないですね。楽屋も楽屋じゃない。その日その日で終ったら自分のものをまとめて帰る。日劇の場合は自分の化粧前（楽屋の鏡台）があって、自分の匂いがしみついてて、寝泊りもできる雰囲気。仕事場って感じでしたね。

おそらく日劇の舞台を踏まないスターはいなかったでしょう。踏んでない人はテレビの世界だけの人だったでしょう」

――テレビから生まれたダンサーもいますけど、舞台の人と違いますか。

「テレビの場合はカメラの眼だけでしょ。そのフレームからはずれると神経が死んじゃう。その中だけは全神経を集中してる。彼らの前にお客さんがいないですね。ところが舞台の人間っていうのは稽古場で踊ってても、目の前に客を連想させる。テレビの連中ってのはよく揃うんです。上下《かみしも》シンメトリーできちっといく。ただ客を連想させない。動きが小さい。小手先の踊りが多くて基本的なテクニックがない。必要としないからですね。ダンスを見せるテレビ番組がないから。必ずバックでしょ。あるいは構成上の色変りとして使われる。ただ揃ってることが一つの売り物。それと照明とのバランスとか。本当のダンスを見せようとしたら、そんなことじゃだめだ。その点、舞台の連中はナマでお客さんの反応を感じながら見せていかなきゃなんない。どっちがいいか悪いかじゃないんですよ。それだけ種類が違うんです。

でも最近はちょっと舞台指向になってきたですね。テレビでは制約が多くて神経使うでしょ。限られた位置から出ちゃいかんとか。楽しくないみたい。彼らがたまたま舞台で五木ひろしや小柳ルミ子のバックをやった、木の実ナナと一緒に踊ったとか、そういうことがあると、舞台では客との交流があるでしょ。その味をしめるとね、やっぱり舞台は楽しいと、安くてもいいから舞台に出たいと、こう言い出す。やっぱりナマの拍手を肌で受けるのとそうでないのではえらい違いですもんね。スタジオに多少お客さん入れても、あれウソですもん。ウソのないお客さんの反応ってのは、悪きゃ絶対に手（拍手）が来ない、そのかわり良かった時の手ってのは、ふくらみが違うでしょ。あれは一ぺん味わうとやめられないですね。ぼくらでも涙出ますよ。袖にいて、自分の作ったものをその連中が演じて、拍手が厚いと、ジーンと来ます。そのために長い間苦労してんだな、ということを感じますね。

テレビに行くといろんな人が細工しちゃう。撮ってほしいとこ撮らないで余計なとこばかり撮ったりする。テレビのカメラはすぐ寄るでしょ。踊りの場合は動いてるものだから、カメラは動かさないでいいんです。歌手のようにじっとしてるものを撮る場合に動いてやればいい。ところがどうしてもカメラも踊りの気持になるのか、一緒に動いちゃう。それも主役と一緒にしか動かない。踊りは一人一人が主役に反応してるのに。みんなで主役を高く持ち上げる、するとワーッと主役の顔のアップになっちゃう。アップで撮るなら持ち上げる必要はないんだ。その時は引かなきゃ。われわれがいちいち言ってられないし、テレビ側もそれを感じて、努力してもらわないとしょうがないですね」

——テレビと舞台の両方が盛んだとお互いに勉強し合えるんだけど、華やかな舞台がなくなっていくと、テレビのスタッフが勉強するチャンスもなくなっていくでしょう。

「そう。テレビという魔物ができて、そっちに波が寄せていった。そうすると舞台で生きている人たちが辛抱できなくなって大半はやめちゃった。一割ぐらいの人たちが根強く頑張って今残っている。それがやっと、また舞台の方に動き出した、ということで、これからひょっとしたらまたテレビと舞台、お互いに感じ出して、お互いを尊重し合いながら、いいところを伸ばしていけるんじゃないか、という気はするんですけど」

——ダンスだけのショウをやりたいと思いませんか。

「昔はそう思ってたんです。ぼくらの教えた子たちがいっぱいいたわけです。テレビ時代で仲間が減った。テレビは若い子ばっかり使うようになる。自分たちがせっかく築き上げたものが認められない。結局職場が少くなったりして、食えなくなって職を変える。やっと世の中少し落ちついてきて、テレビ一辺倒からまた舞台指向の芽が出てきた。そこで考えてみると、山田卓のダンスをこなせる者がほとんどいなくなってる。やっと考えてたことができるようになったと思ったら、現実はこうだ、と。これが実感ですね。

時代も変わってきた。それにもわれわれは対処していかなきゃならない。しかし自分らがやってきたことが正しければ、これも全うせんといかん、自分の世界も伸ばしていこう、と。そうだからと言ってそればっかりに固執していたら食えない。やりたいのは事実なんだけど、今、現実にある程度のダンサーを集めても数は知れてますから。

最近の子ってのは早く商売しちゃう。ダンスだけはそんな早く商売できる筈がないです。筋肉が何も憶えていないのに、出りゃ商売になると思ってる。踊りってのは先天的なものじゃない。コツコツと積み重ねていかないと、筋肉なんて簡単に育つもんじゃない。まず十年いりますね。本当にお客さんの前で板の上に乗っかってお金をとれるダンサーになるには、最小限十年かかります。もしそれまでに売れるとすれば、お前の若さが欲しいんだ、とか、お前のプロポーションを買うんだ、とか、ダンス以外のことで求められるのであってね。十代で始めて二十代で花が咲く。二十五、六から三十の間でばしっと出来る。その間に身につけたものが三十代になって味が出てくる。磨かれていく。だから四十代でばりばりできる人が向うには多いんです。日本だと四十になるとオジジでしょ。向うは四十で新人なんてざらですもの。

昔は簡単に舞台に乗れなかったですよ。今はそういう厳しさがない。これもテレビの影響でしょうね。だって歌手のうしろで楽に動いてて、それで商売になっちゃうんです。それでまたいいわけね。十年選手なんていううるさい人を使う必要ないってことですね。昔テレビのディレクターと喧嘩したことがあるんです。三分間の踊りを徹夜して作ったんですよ。それをディレクターは見にも来ない。スタジオに入っていきなり撮るというんですね。専門家が徹夜して作ったものをシロウトがその場で一回見て、何が撮れますか。それでぼくは腹が立った。やめて帰っちゃった。昔はそういうことがよくありました。ケツまくるというやつね。今はそういうことすると使ってもらえないとかで、みんなおとなしいけど。

ダンサーに憧れてダンサーになる、ということが昔はよくあったでしょ。そういう憧れのダンスがなくなった。テレビでは魅力的なダンスがない。あってもうまく取り扱わない。結局ダンスは恵まれてなかった。陽の目を見てなかった。ちょっといい人は忙しすぎて稽古の時間もないという悪循環は、ギャランティが安いからです。それでも多少良くなった方です。きいてみると、われわれが現役で踊ってる頃に比べたらはるかに良くなってます。それでも一般の収入から言うと決して良くない。歌い手と比べるとダンチでしょ。

ぼくは昔いやなこと言われましたよ。ある劇場の偉い人に、あなたでどれだけお客さんが呼べますか、なんてね。スターもいれば脇もいるんです。脇をつかまえてあんたで何人客が呼べるかというのはお門違いですよ。そういう観念で商売されるとダンサーも浮かばれない。ダンサーで大スターが生まれればいいんでしょうけど。向うにはアステアとかジーン・ケリイとかいますけど、特殊な例でしょう。彼らもちょうどうまい時代に生まれてるんで、その後は向うでもあれほどのスターは出てないですね。

でもまたステージのショウに出る連中が一所懸命われわれの要望に応えようという、そういう姿勢は感じられます。やっとそういう人たちが出てきた。上向き出したことは事実です。この勢いで需要があると、それに応えようと育っていくんですよね。そういう連中が育てば、それを見て憧れる人が後に続く、ということになるでしょう」

（一九八一年三月）

第四章　ショウの構成について

1963年 夏のおどり

第六回菊田一夫演劇賞が決まった。演劇大賞に長谷川一夫、演劇賞に草笛光子、倍賞千恵子、三津田健、児玉利和。それに特別賞として佐谷功と山本紫朗。佐谷功は日劇ダンシングチームへの貢献、山本紫朗は日劇ステージショウへの貢献、というのが授賞理由である。

佐谷功はＮＤＴの前身である東宝ダンシングチームの第一回公演（一九三六年）から演出を手がけた人だ。一九四四年、戦争で日劇が閉鎖される最後の「春のおどり」も、戦後再開されてから初めての大おどりである一九四六年の「秋のおどり」も佐谷功の構成・演出。日劇の公演リストを見ると一九五四年まで構成・演出者として佐谷功の名前がある。その後は一九六三年定年退職するまで日劇ダンシングチーム支配人であった。

山本紫朗が日劇を演出するのは戦後からだが、佐谷功とオーヴァラップする形で、手がけるショウの数も多くなり、日劇の黄金時代を築く一人となった。

しかし日劇は今はない。誰がどの賞を受けようと、めでたい話には違いないが、特別賞の二人に関しては、遅すぎるんじゃないか、という気がぼくにはする。

山本紫朗にショウの構成・演出とは具体的にどういうものかをきいた。

「いつ、どこで、何を、っていうことをまず頭の中に入れる。いつ……季節だね。何月にやるかっていうこと。どこで……劇場ね。何を……越路吹雪ショウをやるのか、夏のおどりをやるのか、ということだね。まずその三つが決まる。それからその一つ一つを分析していく。

ほかの人はどうか知らないけど、ぼくは第一景ってのがいちばんむずかしいんだよ。第一景を考えるのに三月《みつき》も四月《よつき》もかかることがあるんだ。第一景の考えがまとまるとだだだっとすぐできちゃう。お客様を摑むことだね。どういうふうにして第一景で客を摑むか。奇抜なことをするのか。客だけでなく、出演者に、今度は洒落たことやるな、って思わせなきゃいけない。それが第一景なんだ。今度はこういうものをやるってことを出演者全員に説明する。その時に第一景から変わったものがあると、あ、今度は変わってるな、って思う。いつも同じことやってると、また同じじゃねえかってことになる。だから第一景は大事なんだ。そのあとはどんどん出てくる引出しを持ってるんだけどね、幕あけをどうするかっていうのはむずかしい。途中はこうしてケツはこうしようっていうのはすぐできるんだけどね。幕あけに比べりゃフィナーレは楽なんだ」

ここでかつての「大おどり」の台本をいくつか見せてもらう。

一九六七年「春のおどり」。

「これはミニで踊ったんだ。ミニがはやる初めの頃ね。六十人くらいミニで出したんだ。この時は初めてオーケストラ・ボックスをつぶした。そこまで使って踊り子を出したんだ。これは受けた。新聞にもずいぶん書かれたよ。

時代と衣裳も関係があるんだ。ずいぶん前におヘソが出るような衣裳を作った。そしたら踊り子がワーワー泣いてね、おヘソ出すんならやめさせて下さいって言ってきたことがある。近頃は黙ってたっておヘソ出すよ。ひっこめろよって言ったって、この方がいいわよ、って言うくらいでね。だんだん衣裳がなくなってきて、いまにトップレスになるね。どこが先におっぱい出すかで勝負が決まるって言ってたこともあるんだけどね、そこまで行かないうちに日劇は終っちゃったわけだ。とにかくその時はミニで開けた。これで行こうと大きなものを摑むと、あとは早いんだ」

一九五七年「秋のおどり」。「この時は日本もので開けた。秋だからもみじで行こうと。もみじで日光。日光なら華厳の滝がある、赤い橋がある、赤い橋で始めよう、そこで装置も浮かんでくる。日光で開けて、日光の和楽踊り。それからすぐ天龍になってもみじでダブっていって、民謡でつないでいく。四景ぐらいまで民謡で通そう。伊那節になる。五木まで行っちゃって、阿

1957年「秋のおどり」のプログラム

蘇山が見える秋の景色。それから会津磐梯山でにぎやかに四景を終る。これも、いつ、どこで、何を、ということなんだよ。

五景ではがらっと変えてチャイナ・ドール。ぜんぜん違うことをやる。それから秋のスポーツってことで体育館の鉄棒だの鞍馬《あんば》だのというのを使う。これがロケット・ビューティ。それがダブってラインダンスになるわけだ。次がシャンソンになる。シャンソン・ド・パリ。コーちゃんだね。ここで初めて越路吹雪が出る。コーちゃんと高英男でやって、ここまで来たから次はちょっと息抜きにコントになる。お笑いを入れるわけだ。それから上条美佐保が出てきて『シーシー・ノーノー』。この時初めてこの歌を歌って、これで上条美佐保は有名になったんだ。そのあとコーちゃんの『群衆』。これがよかった。それで高さんの『私の小父さん』っていう歌があって、今度はパリからニューヨークへ来て、ブルックリン。『都会のジャングル』っていう踊り。それから脱線トリオの唐手道場っていうのをやって、ここらあたりからフィナーレへ持ってく。秋っていうことで初めはもみじをやってるから、ここでは葡萄を出した。葡萄の踊り。秋の収穫祭から葡萄のラインダンス。フィナーレは葡萄棚にした。葡萄棚をすかして大階段が出てくる。ということで寸法が合うわけだ」

一九七一年「秋のおどり」。

「これはディスカバー・ジャパンで行こうと、初め映画で東北の山を写して、タイトルを出す。宮城まり子が出たね、この時は。かまくらをやったり、鬼剣舞をやったり、剣竜会を出して『忠治旅姿』。斎太郎節。ここまで来て、今度は奇術になる。それからコーラスになってシャンソン。

その時は〝銀座まつり〟の時期で、銀座とシャンゼリゼは兄弟都市であるという理屈がついているんだ。何か捜してひっかけてある。次は宮城まり子の『スコットランドの鐘』、まり子のモノローグやなんかあって、最後に鐘につかまって上に上がって行く。それから『アルルの女』を使ってバレエ。それからサンバ。これはリオのカーニバルだ。原始的なサンバからモダン・サンバになってカーニバルに入っていく。ちょうどぼくがリオのカーニバルを見てきたんで、それをやろうとしたわけだ。ぼくが街の装飾に使ってる図案を写真に撮ってきた。それをのばしてセットにした。

この時面白かったのは、五人の振付師が一つの景をやったんだよ。県洋二、清水秀男、八木沼陸郎、関直人、浦辺日佐夫、これが一群ずつ振付を担当して一つの景を構成したの。一つの景に五人がそれぞれ振付したグループが次から次へと出てきた。衣裳も一組ずつ違うデザイナーが担当した。大競演だよ。県が神崎一人を使う、浦辺が近江ツヤ子を使う、関が西川純代、八木沼が新倉まり子と鹿島とも子、清水が宮城まり子と金須宏を使う。それぞれのグループのトップにそいつらがいるようにした。それで盛り上げておしまいになるんだけど、全部が一緒になる時は誰が振付するのか、なんてことがあって、なかなか面白かった。

こういうふうに、最後はリオのカーニバルでいこうってことになる、ただカーニバルじゃつまんないから、何をしようか、と。出てくるやつ出てくるやつみんな振付を変えようと言った。そんなのやったことないよ。みんなびっくりしちゃって、え、一つの景に五人も振付師使うんですかって言ってたよ。そんなふうに一つのショウで何か一つ変わったことやってたんだよね」

最近、ＮＨＫホールでは、ぶらんこを使うことが禁止になった。危険だというのである。ぶらんこで出演者を空間に浮かばせることも、ショウの面白い要素の一つなのだが。

木の実ナナの「ダンシング・ナナ・リサイタル」（演出・振付・山田卓）が四月にＮＨＫホールで行われた。「星に踊ろう」という景では星空のセットを背景に、ナナがぶらんこに乗って空間を浮遊する演出であった。すでに他の劇場では何度も演じられ、きれいな景になっている。ところが突然のぶらんこ禁止令で演出プランが狂ってしまった。高いところで歌わないと面白くないので、急遽ぶらんこを階段に変更した。ぶらんこには慣れているが、階段演出は稽古の時間がなく、本番で足許が狂って、ナナは捻挫してしまった。彼女は痛みをこらえて最後までやり通したが、幕が降りるとすぐ入院した。危険だと言ってぶらんこを禁止したことが、かえって出演者に怪我をさせる結果になったのだ。その話を山本紫朗にした。

「へえ、そんなことがあったのか。ぶらんこなんか日劇ではしょっちゅう使ってたよ。怪我したもんなんかいやしない。今は消防法でナマの火を舞台で使っちゃいけない。昔はそんな法律もなかった。でも火は危いからね、カーテンについたりしたら燃え上がっちゃう。劇場は嫌がったね。だからほとんど使ったことはないよね。でもぶらんこはきちんと作ってあれば危いことなんかないんだ。日劇で、よく踊り子や歌い手をぶらんこで降ろしたことがあったよ。緞帳が上がってすぐぶらんこが降りてきたんじゃ面白くない。十分くらいたってから降りてくる。それにはぶらんこに乗ったまま上に隠しとく。下では踊ってる。いい時に降ろす。今までどこにいたんだろう、と見てる人は思うね。実は上でじっと待ってるんだ。

舞台の出入りっていうのは普通は上《かみ》と下《しも》しかないよね。セリで下《した》からあがるという手もある。客席から出るっていうのもある。ほかにないかって考えると上《うえ》が残ってる。それでぶらんこが使いたくなるわけだ。だけど十分もぶらんこに乗ってるとこわいよね。雪村いづみも歌いながら降りてくるっていうのをやったけど、上で待ってるのがこわいこわいって言う。それでスライドを考えた。上にレールを敷いて、ぶらんこをスライドさせるようにする。そうすれば袖でぶらんこを上げて、まん中までスライドさせて降ろすことができる。それからは上で待ってることもなくなったわけ。『スコットランドの鐘』では宮城まり子が鐘からさがったロープにつかまって上がっていく。この場合はぶらんこじゃない。自分の力でぶらさがるんだからね。まり子はああいう子だから、ちょっとくらい上げたんじゃかえって機嫌が悪い。もっと上げろもっと上げろって言うんだ。ずいぶん高く上がった。上で身体を振って、カンコンて鐘を鳴らしたんだよ」

一九六三年の「夏のおどり」について。

「いきなり引田天功の鳩から行ったんだ。初め、中でクルクルクルクルって啼いてる

1963年「夏のおどり」のプログラム

鳩の声が聞こえる、それから緞帳があくの。それから燕尾服の天功がいて、鳩を次から次へと出すわけ。最後に鳩かと思うと白い布が落ちる。次にまた布を出すとね、その布がパーッとひろがるの。それがカーテンになってずーっと上がると、電飾がついて隠してあった大階段が見える。鳩から大階段まで奇術でつないであるわけ。それから奇術にひっかけて、ピエロなんかを出してサーカス・バリエーション。これはサーカスをテーマにしたモダンバレエ。続けて向井十九、奈加英夫コンビのピエロに金子薫子がからむコミック・ダンス。それからテントが吊り上がると南米の家が並んでて、〝ピーナッツ・ベンダー〟になる。この時が最初の〝ピーナッツ・ベンダー〟で、福田富子、英《はなぶさ》由美、立川《たてかわ》真理がやった。それから〝ハンガリヤ舞曲〟。バレエだね。それから由利徹と佐山俊二のお笑い。海水浴のコントで、水着の子を見せる。今度はパリになってコート・ダジュールになって、地中海からスペイン、闘牛士の踊りがあって、キューバ。そのあと、天功の〝世紀の脱出〟。水槽の中に入って消える。すると客席から出てくるの。それから南国の景。夏だからね。その頃タムレが流行ってたんだ。フラ蓑《みの》つけたタムレ。

この時かな、お米をやったんだ。舞台に滝があるの。この滝をね、お米で作った。お米をいっぱい買ってきてね、滝の上からザーッと落とす。音がして下へ落ちる。これが水に見えるんだ。これをまた下でしゃくって上へ上げる。また落とす。これをひっきりなしにやった。こんな仕掛も初めてだった。普通はドライアイスでやるんだ。ドライアイスだとばーっと流れちゃう。これは次から次へとやってるからザーッと音がして本物の滝に見えてとてもよかった。結局アイデアの勝負だよね。でも裏が大変だよ。大道具小道具全部出てきて、リレーでお米を上げてまた下へ落とす。みんな参ったらしいね。その代り、その時はみんなお弁当持ってこない。お米を缶ですくって自分で炊いてるんだ。だからお米三俵ぐらい買ったのが、しまいに一俵になっちゃった。その月は鼠がいっぱい出て困ったんだよ。お米がぱあぱあ散るもんだからね」

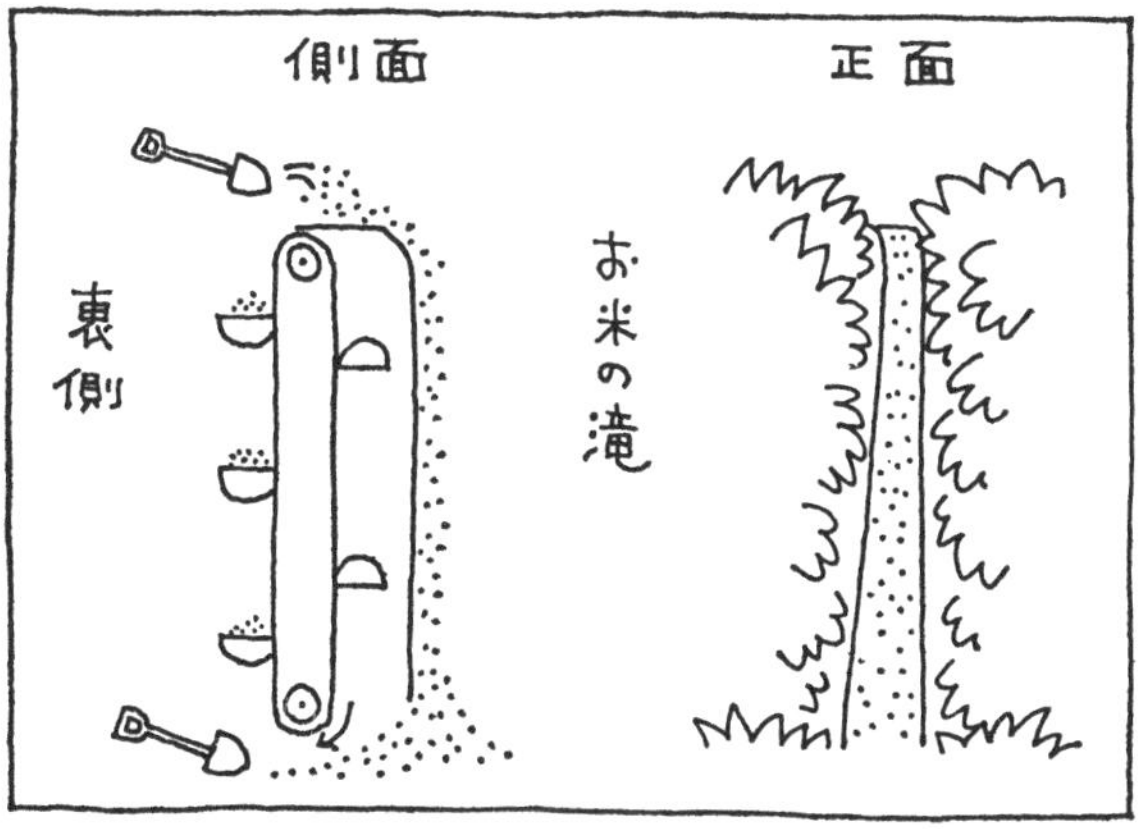

一九六四年「秋のおどり」。

「フランス、スイス、アメリカ、日本とやった。オリンピックの年だね。だいたい日劇でも国際でも、世界のものをやる。この時はオリンピックで、すぐ世界と結びついた。世界から来て、最後に東京に持ってくる。引田天功が出てね、天功以外はみんな女性でフィナーレ。緞帳がおりると、天功だけ緞帳の前に残るんだ。すぐ天功がピストルをバーンと撃つと緞帳が上がる。うしろにいるのが全部衣裳が変わって、メキシコの衣裳になってる。緞帳はおりたと思うとすぐ上がる。おりて上がるまでの間に衣裳が全部変わるんだ。衣裳引き抜きでね（引き抜きというのは、糸を引く等の仕掛によって上に着ている物を取り、下にあらかじめ着込んだ衣裳を見せて、素早く着替えたように見せること）。舞台全体も仕掛で変化して、アスタ・ラ・ビスタ（また会う日まで）って書いてある。次のオリンピックがメキシコだったから。そんなふうに仕掛を考えるんだけどね、その中にも起承転結はあるんだ」

「日本ものを向うの曲でやったこともあるよ。傾城の踊りをね、『ラヴ・フォー・セール』とか『スカボロ・フェア』とか、『アイ・クッド・ハヴ・ダンスド・オール・ナイト』とか。それで開けてカンツォーネで終った。その頃はカンツォーネが流行ってってね、サンレモ音楽会の入賞曲をよく使ったもんだよ。『アルディラ』、『ヴォラーレ』、『チャオチャオ・バンビーナ』、『花咲く丘に涙して』、『恋する気持』。カンツォーネはこういうショウにぴったりだった。盛り上がるしね。

構成ができると振付と編曲に見せる。こっちはこしらえてるうちに、これは誰にやらせようと決めてある。それぞれ得意のものがあるからね。これやってくれって言うと、振付師は前の景はどんなんだってきくよ。こういうところからこういうように転換するんだと、カーテンを割るから、その中から出てくれとかね、セリから出てくれとか、段取りをこしらえていくからね。振付はそれに合わせてくれる。暗転にしたら、次はこうなるとか。

ぼくは割合、暗転するのが嫌いなんだ。明転で次から次へと行く、テンポの早いものが好きで、そういうのをずっとやってた。その方がむずかしい。明るいままでスライド（舞台の一部がスライドする仕掛。ダンサーや楽団が乗ったまま舞台に出たり袖に引っ込んだりすることができる）に乗って次の景の踊り子が入ってくる。それがもう次の景になってるとか。そういう段取りはむずかしいね。

今度は衣裳と振付が会う。同時に舞台装置の打ち合わせをする。これは瞬間に変わらないかって言ったりする。装置家も考える。

それから時間。一景六分、二景十二分とか。これが流れになる。あんまり長くてもいけない、短くてもいけない。アイデアを固めてって、全部でだいたい一時間四十分くらいにする。どんな一時間四十分になるかを考えるわけだ。

映画観に行ったりいろんなことやって、いいものがあるとつかまえる。ニューヨーク・シティ・バレエの一人が、座間《ざま》で勤務してたことがあったんだ。アメリカ兵だね。そういう人がいるってことを聞いたから、すぐ座間へ行って、モダンバレエの振付をやんないかって言った。向うの兵隊はそういうの平気なんだよね。軍隊も割合平気で、芸術を尊重する。すぐ貸してくれた。それで振付をやってもらった。これも話題になったね。ちょっと変わったことをやれば話題になるよね。そういうものを、いつも一つ二つ入れとかないといけない。

椅子を十二脚出して、椅子でバレエをやる、なんてのもあった。面白かったけどね。趣味になって、一般的ではなかったかも知れない。

秋のモード、百人のモデ

「世紀の祭典」のプログラム

ルによるファッション・ショウ、なんていうのもやったことがある。

日劇に大劇と宝塚と新宿コマと梅田コマを呼んで合同でやったこともあった。『世紀の祭典』っていう題で、六三年にやったんだ。その前にはそんなこと誰もやらなかったね。これからもできないだろう。やろうたって日劇はないし。よかったんだ、これが。それぞれ三十人から四十人来た。日劇を合わせると三百五十人くらいになった。それぞれ自分たちの演《だ》し物をやる。そん中のスターだけが集まって一つの景を作った。その頃それを〝忠臣蔵〟って言ったんだけど、オールスターキャストだね。そのテーマに『ビギン・ザ・ビギン』をやった。これはすごかったね。

音楽も具体的にこれ使おう、これ使おうって構成してる時から頭にあるし、演出も自分が演出するんだからわかるよね。書いてる時にすでに演出なんだから。

次の景はカーテンが舞台を横切るようにしようかな、って考える。こうずーっとカーテンを引いていく。一たんカーテンが舞台いっぱいになるけどそのまま止まらないで横切っちゃう。カーテンの陰ではセットをどんどんどんどん変えていく。カーテンが横切っただけで、中がすっかり変わってるっていうやり方。こんなのもずいぶんやった。

それから、ラインダンスが踊りながらこう来る。まん中に柱があって、その柱の裏を通ると、ぜんぜん違う衣裳で出てくるんだ。タイツで入って支那服で出てくる。ということは、こっちと同じ人数がここで待機してるわけだ。二十四人入ってくる。こっちに二十四人いる。一人入ると一人出ていくわけだね。だから一列そのまんまずーっと動いているように見える。知らない人は、え？と思うよ。これも舞台転換のためだね。支那服になってラインダンスやるところから中国の景になっていく。次の景に行くチェンジのテンポを早くするためにいろいろ工夫するんだ。

ずいぶん前の〝夏のおどり〟で舞台にプールを作ったこともあった。後楽園に交渉してあそこのプールで踊り子たちを練習させてね。昼間踊りの稽古があるから、夜、泳ぎに行く。舞台でジャンプをするんで、ジャンプを教えてもらったんだ。スライドを開けた下にプールをこしらえて、ジャブジャブ跳び込んでね、そのあとスライドでふた閉めちゃうんだ。またすぐ上で踊る。中へ入ったやつはどこへ行っちゃったんだろうと見てる人は思う。プールは袖の奥の方までこしらえてあって、床をめくって、そん中から一人ずつ引き上げたんだ。ジャブジャブ引き上げるとそこに細い階段がある。階段を降りてって、みんな衣裳着替えて、また出てくる。水入れるためにプールは鋼鉄で作ったし、水はしょっちゅう替える。鏡を作って泳いでるのが映って客席から見えるような仕掛にした。

その頃はそんなこともできたんだよね。客が入ってるから、何やったって、金がかかったって何も言われなかった。こっちが勝手なこと言っても、作ってくれた。今だったらそんなのとんでもないことだって言われちゃう。

日劇の舞台全面を鏡にしたこともあった。鏡がずーっと降りてきて、角度をちょっとこうすると客席の顔がみんな映る。それを二枚作ったこともあるなあ。一枚とぶとまた鏡なんだよ。

そんなふうに、構成ってのは舞台装置なんかも一緒くたになったアイデアを出す。特にレヴューの場合はね。歌だけの場合は別だけどね。もちろん歌だって、どこから歌わせようか、どういうことをさせようかって考えるのに苦労するよ。しかし踊りっていうのは舞台装置と、衣裳と、振付と、全部一緒だからね。外国へ行ってもそういうことばっかり見てたけど、日劇がなくなって当分レヴューを演出することもないから、今度外国でレヴュー観ても、商売を別にして楽な気持で観られるってわけだよ」

白石冬美の話。

「紫朗先生のショウはいつも洒落てたのよ。だから紫朗先生の時はみんな張り切ったわね」

立川真理の話。

「山本先生はダンサーを愛した人よ。愛するから余計厳しかったわね。山本先生がやると日劇のショウになるの。レヴューの特色を生かすの。ゾクゾクするようなレヴューのスタイル、レヴューにしかない華やかさってあるじゃない、大道具にしても。あの先生はそれをよく知ってたわね」

真木小太郎。舞台美術家。戦前から東宝にいて、舞台装置、衣裳を担当した。戦争で日劇を閉めた最後の舞台も、戦後の初舞台も、この人が美術を手がけている。東宝争議の頃、一時転職していたが、その後、呼び戻されて日劇での仕事を再開。日劇公演のリストを見ると、一九五〇年代から六〇年代初めの美術の欄にはほとんどの公演に真木小太郎の名がある。日劇が最も華やかだった時代に、その華やかさを作ったスタッフの一人であった。ほかにも帝劇ミュージカルスや東宝ミュージカル、日劇ミュージックホールなどで腕をふるった。「サヨナラ日劇フェスティバル」にもスタッフとして参加している。「ピーナッツ・ベンダー」の景は、当時の図面から舞台装置を再現、「ビギン・ザ・ビギン」の景は、振付が新しくなったので、セットも手を加えたそうである。

山本紫朗との仕事についてきいた。

「『大おどり』の場合は、全部通しでやるんじゃなくて、いくつかのシーンの、これとこれをお前がやれ、みたいなことでね。まず紫朗さんから『ビギン・ザ・ビギン』やろうって話が出るわけです。紫朗さんの好みで、何分間かもつような大きなものやろうってことになると、ああいうナンバーは広がりがあって、アレンジも工夫ができるし、スケールが大きいんですね。『ナイト・アンド・デイ』とか『セントルイス・ブルース』とか、そういうのよくやりましたね。今度この曲やろうっていう話は紫朗さんの方から出る。それをどういうふうにアレンジするかは、例えば広瀬健次郎の仕事で、それを県洋二が振付けると。『ビギン・ザ・ビギン』みたいなものは、はじめ捉えどころがないんですね。『ピーナッツ・ベンダー』なんかだと設定がわかる。組み立てていく手がかりがあるんですけど、『ビギン・ザ・ビギン』になるとショウとしてヴィジュアライズするのがむずかしい。いろんなやり方があって、何度もいろんなふうにやりました。

振付によってセットも変わってくるし、振付の狙ってることで衣裳も変わってくる。話聞いて、わかった、って言ってすぐイメージが定着することがあります。アレンジの先生も、振付の先生も、美術関係やってる人間も、考えてることの接点がピュッと合うことがあるんですね。そうするとうまいものができる。最後までごねてるものはどうもうまくいかない。

『ビギン・ザ・ビギン』なんかは作例がありますね。映画の中に出てきたものとか。映画ではジャングルの中でやってましたね。ですからすぐジャングルみたいなものに結びつくんですけど、でも今度はそうでなくやろうとか、バレエ風にやろうとか、いろいろな案が出てくるわけです。

あとは日劇っていう舞台の平面的な仕掛。奥行きがもうないとか、こっちは広いけどこっちは

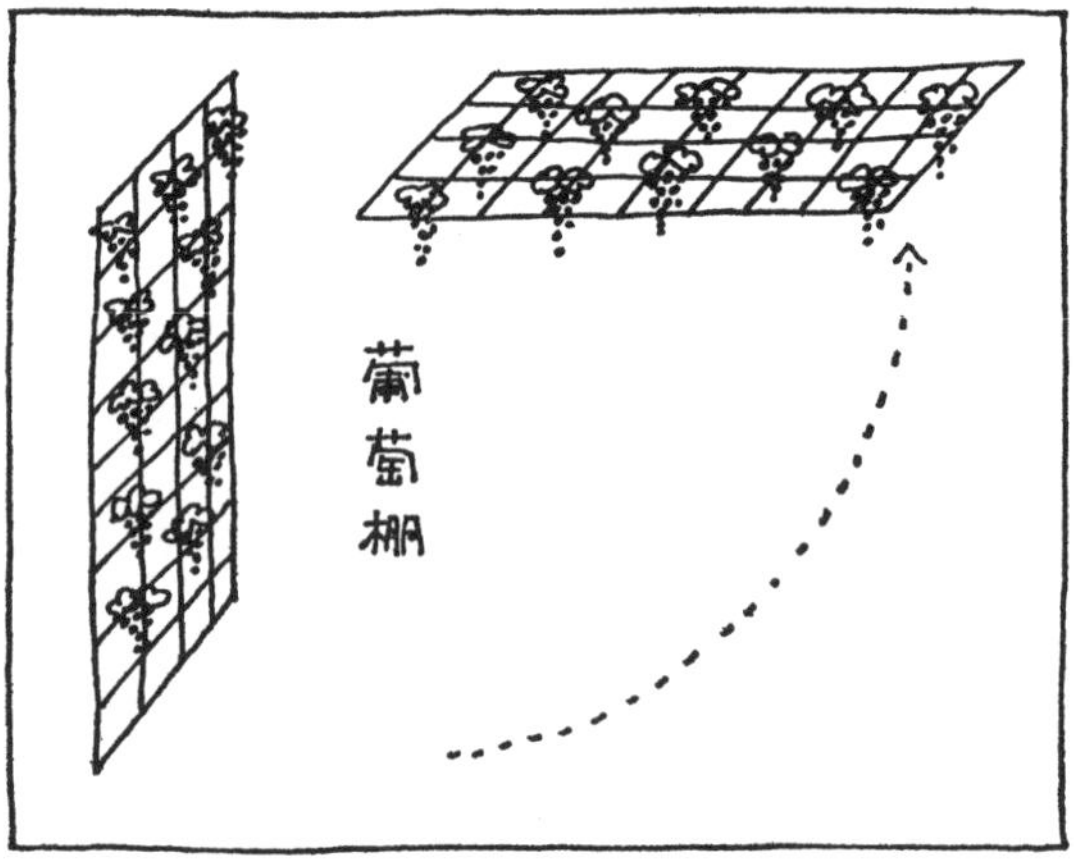

狭いから、こっちからスロープ出すことは可能だけど、こっちから出すのはむずかしい、みたいな、いろんな条件がありますから、それを考えてこしらえるんですね。

紫朗さんからの注文は、具体的にああしろこうしろというのはないですけど、イメージをぶつわけです。抽象的に。やってるうちに要求する方も受けとる方も勘みたいなものができてきて、〝あの手だね〟って言うと、〝そうだ〟って言うようになる。転換については前の景がセリで沈むから、上手からスライドを出してくれとか、そういう注文があります。変わったアイデアについては話が出ます。スモークを使いたいとか、水を使いたいとか、いろんなことがあったな。あんまりたくさんやったもんだから、いつ何をやったか憶えてないですね。レヴューの場合は作っても一回しかやらない。芝居と違って再演されることはまずないので、どうしてもあとからあとから描いていく。なかなか憶えていられないですが、図面はだいたい残ってますから、そういうのを見るとこの時は誰が出て何をやった、って思い出しますね。

葡萄棚？　ああ、やりましたね。葡萄棚がこう上がるやつ。あれは奥に棚が立ってて、前の方にワイヤーを仕掛けておいて、手前に上がってくるんですね。はじめ縦に葡萄が下がってるのが、棚が上がって、葡萄が天井から下がるようになるんです。

だいたいわれわれは作品に冷淡で、初日が開いて二、三度見ると、もう次の仕事にかかってる。じっくりつき合ってるってことはあまりないんです。そうでないと次の仕事が間に合わなくなってしまうんでね。

前は最初にスタッフ会議があって何やろうかと話し合ったんですけど、だんだんそういうミーティングがなくなってきて、一つ一つの場面でその景の担当の振付と音楽の先生と打ち合わせをして、最後に組み合わせるみたいに能率的にやるようになっていったんですね。ほかの人がどんなことをやってるかわからない。自分の与えられた場面だけをやる。全体を摑んでるのは構成者なんですね。紫朗さんはベテランで、そういう打ち合わせのしかたもうまくて、まとめるのもうまい。もちろん美術を一人で全部やることもあります。しかしわたしは衣裳も装置もやっていましたから、『大おどり』のように景が多いものはとても一人じゃできない。二景か三景を受け持つということですね。

レヴューの場合、日劇という劇場の制約、劇場の機構とか、ダンシングチームの可能性とか、そういうもので、その中のテクニックはだいたい決まってしまうんですね。時々そういうものをぶち破って、

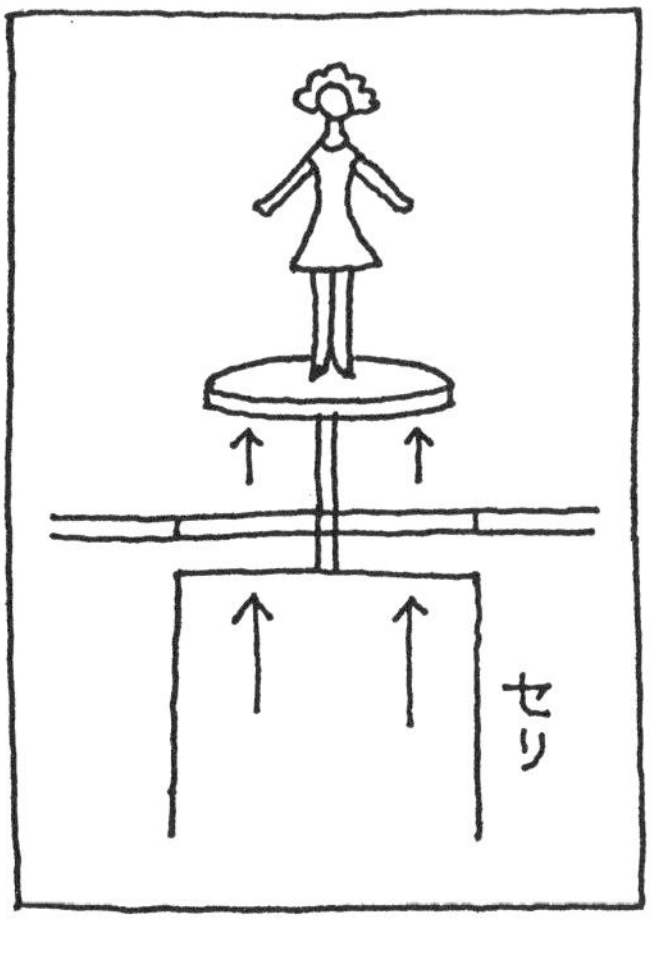

これはできないかしら、みたいな話になってくると大騒ぎなんですね。例えば、セリがありますね。上のふたを閉めといて、セリを上げるんです。どこかでぶつかる点がありますね。ここに穴あけて、下のセリに棒を立てる。穴から棒が上がってくることは可能であろう、と。その上に丸い舞台を組んで、下から上がってくる棒が丸い舞台を突き上げる形になる。セリの動力で上の丸い舞台を持ち上げる。そういうこともやりましたけど、乗って踊る人は非常に不安ですね。一本足の舞台だから。

そういう工夫はプロデューサーからの要求があれば、舞台装置家として応えなくちゃならない。テクニックは材木とベニヤ板と木や紙や布では間に合わなくなってくる。電気的なものも動力として使うし、クレーンみたいなものも使う。鉄骨も使う、というようになるんです。『大おどり』では見せ場を作る意味で、そういうことを要求される。大階段もその現われですね。鉄骨で作って毎回使おうじゃないか、ということです。固定して作っちゃうとしまっておくところがないんですね。たたんで吊り上げるようにする。はじめは木骨で作ってたんですけど、もちろが悪いし、鉄骨の方が安全度が高い。踏みづらなんかにも灯りを仕込むとか、少しずつ改良していったんですね。

プールを作るなんてのは大騒ぎなんです。排水の問題もあるし、下に電気がたくさん通ってますので、よく始末しとかないと感電なんかしたら大変だし、水がもったら楽屋が水びたしになる。パリの『リド』なんかでもプールは作ってますけど、あれは毎回使っているので、固定したプールができる。防水なんかもね。日劇はその期間だけですぐ撤去しなきゃいけない。

カーテンにしわをよせずに横へ引いてって、その間に裏を変えるやつ、やりましたね。それには転換の可能な道具を作らなくちゃいけない。上下の動きでは上から鉄骨がおりてくる、それで吊り上げる力と、スライドで左右へ引いていく。あとは人力によって押し込む。人がエンヤエンヤと押すわけです。日劇は盆（回り舞台）がありませんから、丸い台を回転させると言っても、モーターで回すと音が出る。こいつをワイヤーでとって、こっちで回すとか、いろんなことを考えるわけです。

そういうのを一晩のうちにやらなきゃいけない。前の日まで別の公演をやってるわけですから、その晩ひと晩で組み立てて、短い舞台稽古の間にテストして、本番でやる。ですからそういう仕掛を作ると踊り子たちが慣れないわけですね。

クレーンを使って上げて、それを前に出すとかね、客席の上へ。クレーンの腕を前に出すとその目方に床が耐えられないとか、問題も出てくるんです。やったこともありますよ。歌い手が乗って歌う。ところがこれがしならうんですね。乗る人が怖がる。なかなかうまくいかない。

ぶらんこも日劇ではよく使いましたね。舞台の高さは二十四尺あるんですけど、そこから下げて人が腰かけて、吊り上げて、ある程度の高さまで持ってくわけですね。これを揺らすと、鉄管が隣の鉄管にガチャンガチャンとぶつかるんです。鉄管がまた吊ってあって、固定されてないから。鉄管がワイヤーで吊ってあって、モーターで上げたり下げたりするわけです。いちばん上のブリッジから吊ると振幅が大きくなるし、上がらない。だからぶらんこも上がって降りるだけならいいんですけど、スイングするとなるとむずかしい。そのへんの機構を知ってないとね。

『椅子』ですか。あれは非常に単純な舞台で踊りだけで見せる。当時としては珍しい、モダンなものでしたね。

日劇も昔はモダンなものが多かったんですが、劇場ってものはそう飛躍したものがあとからあとから出てくるってわけにはいかないって言うのか、パリあたりのレヴューもだんだんオールドファッションになってきた。それをラスヴェガスに持ってきてお金をかけてスペクタクルにしてるけど、決してモダンではない。音楽が変わってきてるでしょ。電気的なものに変わってきた。音の方が先行して、そいつにイメージがついていかない。あれを具象化してスペクタクルにするとなるとむずかしいわけです。モダンアートなら合うかって言うと、なかなかそうもいかない。どうしても照明に頼るようになる。ストロボを使うとかレーザー光線を使うとか。

舞台装置もマテリアルが変わってきますね。今までのベニヤ板に泥絵具で描いた道具じゃ合わなくなってくる。金属性のものを使うとか合成樹脂のようなものとかガラスを使う。モダンジャズまではよかったんだけども、そのあとはむずかしくなってきましたね。

しかし踊り子がキラキラした衣裳で羽根をくっつけて出てこないとレヴューに見えないということになると、完全に今様なものではレヴューになかなかならないんじゃないかな。いつか誰かが新しいレヴューをやるんじゃないかとも思いますけどね」

四月二十日、菊田一夫賞授賞式。山本紫朗は、

「菊田賞はドラマが対象になっているのに、今回ショウにまでひろげて下さったことを感謝いたします。しかしこの賞を戴きましたが、そのお返しをする場所がなくなって非常に残念です」

と皮肉な挨拶をしたそうだ。

（一九八一年四月）

第五章　なぜ、ビギン・ザ・ビギンなのか

「サヨナラ日劇フェスティバル」第三景「ビギン・ザ・ビギン」

終戦から三年ほどたったある寒い夜、山本紫朗はO夫人の家のパーティに招かれた。

O夫人は大の宝塚ファンで、宝塚の東京公演があるたびに、スターたちを家に招いていた。O夫人の家は金持でもあり、進駐軍の関係者と親しいこともあって、当時の日本人にはまだなかなか手に入らなかった菓子類や飲物でもてなすことができたらしい。スターや演出家にとっても、このもてなしはありがたい時代だった。

その家で、山本紫朗は越路吹雪を紹介された。初対面である。

初対面だが、宝塚の大スターであった越路の舞台は、もちろん観たことがある。中でも彼女の歌う「ビギン・ザ・ビギン」を気に入っていた。前から好きな曲でもあった。

「ビギン・ザ・ビギン」は越路吹雪のレパートリーの中でも当時評判のいいものだった。宝塚と言うとフランス製のシャンソンをより多く連想するけれども、アメリカ製の歌も当然歌われる。特に戦後は進駐軍と一緒にアメリカのポピュラーソングがどっと入ってきたから、ショウビジネスの世界がその影響を受けない筈はなかった。越路吹雪も、一九四六年、戦後再開、初の大劇場公演で、ジャズっぽい歌を歌っている。「ビギン・ザ・ビギン」も間もなくレパートリーに加わった。

「ビギン・ザ・ビギン」はコール・ポーター（一八九一―一九六四）の作詞作曲。一九三五年のミュージカル、「ジュビリー」の中の一曲である。

ビギン＝beguine は西インド諸島の一つマルチニックで生まれたリズムの名称で、コール・ポーターはこれに英語のビギン＝begin を結びつけた。いわば言葉遊び。直訳すれば「ビギンを始めよう」ということになるが、それでは語呂合わせ的な面白さが失われてしまう。「ナイト・アンド・デイ」は「夜も昼も」と訳されるが、「ビギン・ザ・ビギン」は常に「ビギン・ザ・ビギン」である。

原詞を直訳してみよう。

彼らがビギンを始める時
あの音楽を優しく呼び戻してくれる
輝く南国の夜を呼び戻してくれる
新鮮な思い出を呼び戻してくれる
星の下　また私はあなたといる
浜辺ではオーケストラが演奏し
椰子の木までがリズムに合わせる
彼らがビギンを始める時

再び燃えるのはむなしい努力

あの調べが私の心をかき鳴らすことがなければ…
二人は永遠の愛を誓い
別離はないと約束した
何と祝福された時　安らかな歓喜だったろう
雲が来て　二人の味わっていた楽しみを散らすまでは…
そして今　失った恋のチャンスをみんなが罵る声がする
私にはその言葉がわかりすぎるほどわかる

だからビギンを始めさせないで
かつて火と燃えた恋を　灰のままにしておいて
思い出を眠ったままにしておいて
彼らがビギンを始める時
そうだ　やはりビギンを始めてもらおう
かつての星が再びあなたの上に輝くまで
あなたがまた「アイ・ラヴ・ユー」とささやくまで
すると二人は天国にいることを知る
彼らがビギンを始める時
彼らがビギンを始める時

まことに拙《つたな》い翻訳で申し訳ないが、とにかく詞の内容はこのように恋の思い出とビギンの聞こえる南国の夜を結びつけたものであって、とりわけ変わったものではない。しかし日本語にした一行が四小節、最後の行だけが倍にのばすので八小節、全部で百八小節あるのだ。これでワンコーラスである。物語性のある大作は別として、恋歌でこの長さは大変珍しい。アメリカの歌はワンコーラス三十二小節というのが圧倒的に多いのである。この長さが「ビギン・ザ・ビギン」を歌詞の内容とは別に、スケールの大きなものにしているようだ。どんどん盛り上がっていくのである。コール・ポーターもミュージカルの中での盛り上がりを計算して書いているのだろうし、ショウ演出家の山本紫朗が気に入ったのも、ショウを盛り上げる曲だからであろう。

舞台美術家真木小太郎は、一九三九年のニューヨーク万国博を東宝から派遣されて見学した。万国博だけでなく、日劇がお手本にしたロケット・ガールズのいるラジオ・シティ・ホールをはじめ、ニューヨークのショウを観た。そしていくつかの曲の譜面を、お土産に買って帰っているのだが、その中に「ビギン・ザ・ビギン」もあったという。発売されてまだ四年、日本人が手にした「ビギン・ザ・ビギン」の譜面としては、かなり早かっただろう。その譜面をもとに日劇で歌われたこともある筈だと真木小太郎は言う。戦前の話である。山本紫朗はまだ日劇にはいない。

O夫人の家のパーティで、越路吹雪は初対面の山本紫朗に「踊りませんか」と気軽に声をかけた。その家にはホールがあり、レコードに合わせてすでに幾組かが踊っていた。その中に割り込んで、二人は踊り始めた。その時電気蓄音機から流れていた曲が「ビギン・ザ・ビギン」であった。アーティ・ショーのレコードである。アーティ・ショーのクラリネットを中心にした軽快なスイング。一九三八年にレコーディングされたこのレコードで、「ビギン・ザ・ビギン」はよりポピュラーになったのである。

山本紫朗は、越路吹雪の「ビギン・ザ・ビギン」を初めて聴いた時から「彼女は大物になる」と思っていた。仲間に自分が発見したようにその話をして、「何だ、今ごろ」と笑われたこともあった。宝塚ファンはもとより、それ以外でもすでに大いに認めている人が多かったのである。その越路吹雪と、偶然にも「ビギン・ザ・ビギン」を踊る。ガス・ストーブが赤く燃えて、楽しく幸せな夜だった。

その頃、越路吹雪は、宝塚というものに疑問を持ち始めていた。女の自分が、男の恰好をして、女を抱いて「ぼくは」「君は」と言っているのがむなしく感じられるようになってきたのだ。宝塚の生徒と言えば、幼い頃から憧れていたその世界に骨を埋めることが当り前とされていた時代である。それに疑問を持ったのは、越路吹雪がほとんど第一号と言ってもいいらしい。同じ頃、同じ疑問を持ち始めたのが、淡島千景、久慈あさみ、乙羽信子などの若手スターたちである。この三人は越路より先に宝塚を退団した。疑問第一号の越路が出遅れた。

終戦間もない当時は、映画界に若いスターが少かった。若くてきれいで芸もある、という人を捜すとなると、宝塚がてっとり早い。そこで宝塚スターを映画界が引き抜く、という現象が起こった。しかし越路吹雪は映画に行きたくはなかった。彼女は早起きが苦手である。映画に出ると、早朝のロケーションなどがあることを知っていた。それに自分は舞台人であるという信念もあった。越路の退団がほかの人より遅れたのは、そんな理由もある。やや出遅れて退団の意思表示をしたが引き止められた。次々にスターに去られては宝塚も困るのだ。

劇団側は越路に対して、在籍のままほかの仕事をしてもいい、という異例の懐柔策を講じた。そして一九五〇年、越路は映画に初出演をした。「東京の門」（東宝）である。

この映画のために東京に出て来ていた越路吹雪に、山本紫朗が電話をした。『夜も昼も』の試写があるんだけど、都合がつけば一緒に観ませんか」という誘いだ。『ビギン・ザ・ビギン』ね、もちろん行くわ」というのが越路の答だった。

「夜も昼も」というのはコール・ポーターの伝記映画である。「夜も昼も」はコール・ポーターの代表的な歌の題名でもある。「夜も昼も」と言えばコール・ポーター、コール・ポーターと言えば「ビギン・ザ・ビギン」というくらいのことは、ショウにたずさわる者なら知っていた。観たくて当然という映画である。日本で公開されたのは一九五一年の一月。試写はその前年に行われた。

作られたのは一九四六年。ワーナー・ブラザースが「ジャズ・シンガー」をトーキー第一号として発表してから二十年、その記念として、ジョージ・ガーシュイン（一八九八―一九三七）の伝記映画「アメリカ交響楽」とともに製作したものだ。プロデューサーは「暗闇に踊る」や「あなたと夜と音楽と」などで知られた作曲家のアーサー・シュワルツ。先輩コール・ポーターのためにプロデュースを買って出たのかも知れない。監督はマイケル・カーティスである。カーティスという人は西部劇も海洋活劇もメロドラマもコメディもミュージカルも、何でもこなす職人監督であり、「カサブランカ」のような傑作も作るけれど凡打も多いという人で、「夜も昼も」はどちらかと言えば凡打の部類に入るだろう。ただしそれはドラマとしてのことであって、コール・

ポーター自身が富豪の家に生まれ、波乱の生涯の人ではないから、お話が平凡なのは無理もないのだ。その代りポーターの名曲が三十以上全篇にちりばめられているので、音楽ファンにとっては実に楽しい映画であった。

コール・ポーターに扮するのはケイリー・グラント。その夫人にアレキシス・スミス。メリー・マーティンが彼女自身として一場面出演していた。「ビギン・ザ・ビギン」に関しては、映画の中ほどで、ポーターがフランス義勇軍に入って戦場にいる。そこで黒人兵の歌うリズムに興味を持つ。大砲の音も聞こえて、この歌の曲想を得る。ラスト近くなって「ビギン・ザ・ビギン」がステージで歌われるが、その時ポーターは足を怪我していて舞台を観られない。音だけを電話で聴く、という構成である。現実にそれほどドラマティックなことがあったかどうか。たぶん脚本家の工夫であろう。

この場面になり、ビギンのリズムが聞こえてくると、越路吹雪は山本紫朗の膝を叩いた。「いよいよ来た」という合図である。歌うのはカーロス・ラミレスというラテン系の歌手で、それに群舞とデュエットがからむ。この映画の中でも最も華やかな場面である。

物語は進み、やがて「夜も昼も」の男性コーラスとなって、別れた妻に主人公が再会するところで映画は終る。

試写の会場、山葉ホールを出た越路吹雪は一言も発しない。「どうしたんだ」と山本紫朗がきく。「いましゃべると、感激がこわれちゃうのよ」と越路は言った。

その年の十月に、越路吹雪は日劇に初めて出演している。「歌う越路吹雪」というタイトルだった。日劇はほとんどの場合、実演と映画の二本立興行である。この時は越路のデビュー映画である「東京の門」が上映された。映画「夜も昼も」は、翌年の一月にロードショウ公開されているが、上映した日比谷映画劇場のプログラムに書いた山本紫朗の文章の中に、次のような一節がある。

——その後、日劇の彼女のショウの一場面で歌ったビギン・ザ・ビギンは近来にない出来栄えで、彼女のしっとりとした声は、今猶、耳の底に残って離れない。彼女は無言の裡にこの映画から勘所を摑みとったに違いない。——

「歌う越路吹雪」は宝塚のショウを手がけていた東郷静男の演出であった。よその舞台に初出演をする越路のために、宝塚系の人をつけた方がいい、という判断があったらしい。山本紫朗はプロデュース面で参加している。

その頃のことを越路は「毎日グラフ」に載った戸板康二との対談（一九五一年）で語っている。

戸板　日劇で「歌う越路吹雪」をやりましたね。あのステージを見てなにか安定感を感じました。

越路　安定感を感じるより、こわかったわ。

戸板　あのとき、男の人とデュエットを踊りましたね。あれは、ヅカの常識としては、ありえないことで、その意味でもいろいろと反響があったと思うけど。

越路　あのときは、ファンがケンケンゴウゴウ。「堪えられない」というのと「とてもいい」という二派に別れて、大騒ぎでした。

戸板　男の人と踊るのは、はじめてでしょう。踊ってみた感じはどうでした？

越路　なにより、これが自然なのだと感じました。あとでもいろいろ考えて見たけど、やはり自然ですね。わたし、そのことをファンにもいったのですけど。

戸板　ヅカ自身が、今までの女だけのものに甘んじるか、ほんとの男をつかうことに決めるか、今それに直面してるのではないでしょうか。

越路　ヅカ全体には、その決心はないでしょう。

一九五一年、越路吹雪はやはり宝塚在籍のまま、帝劇コミック・オペラ「モルガンお雪」に出演した。製作・秦豊吉、作・菊田一夫、共演・古川緑波、森繁久弥。このショウでも、彼女は「ビギン・ザ・ビギン」を歌った。

一九五八年から五九年にかけて、越路吹雪は「娯楽よみうり」に「わたしの自叙伝」を連載しているが、その中に「モルガンお雪」の回想があり、次のように記している。

――『モルガンお雪』の南米の場で、私はビギン・ザ・ビギンや、ウェディング・サンバ、アゲインなどのメドレーを原語で歌った。ジョージさんという、舞台俳優出身の兵隊さんが発音を指導してくれて、やはりジョージさんの友だちで音楽家であったアメリカの兵隊さんが編曲をしてくれた。

メドレーというものは、当時まだ非常に珍しく、編曲も大変に新しい良いものだった。

秦先生の帝劇コミック・オペラなるものに、その後、私はたびたび出演することになり、私は出演するたびにアメリカの歌やシャンソンの新しい歌を歌いつづけてきたが、その歌はいつも、私が歌って三、四年後にはやり出すのが常であった。

なんでも私のやることは少し早すぎるきらいがあるらしく、私が歌うころはお客さまは、なんとなく付いていきて下さらず、三、四年経ってアメリカやフランスから改めて入ったころワッとはやるのには、いつも、がっかりさせられる。——

メドレーというものは、当時まだ非常に珍しく、という一節があるが、岩谷時子によれば、あれが日本では最初のメドレーだったのではないか、ということである。

レコード吹き込みは一九四九年、「ブギウギ巴里」が最初だ。「ビギン・ザ・ビギン」は一九五二年七月に発売されている。もちろん、ＳＰ時代である。「モルガンお雪」では原語で歌ったが、英語では日本人に伝わらないし、いくら真似してもアメリカ人のように歌えるわけはないから、できるだけ日本語で歌おう、というのが彼女の主義であったようだ。レコーディングされた「ビギン・ザ・ビギン」の訳詞は藤浦洸。

たのしきは　ビギン
あまき恋の　しらべよ
椰子のしげる　南国の

想い出の　恋の歌
胸あつき　夜に
声合せ　歌いし
なつかしの　夜の歌
たのしきは　ビギン
胸おどる　あの夜の
心ゆするしらべ
ふたりで　愛を誓いて
仰ぎ見る　あの空に
神の使いの　歌か
よろこびに　胸もさける想い
はるかにながれゆきし　あの歌
忘れられぬリズム

いまひとたび　歌おう
今宵もまた　もゆる恋の火
かきたてて　歌おうよ　あの歌を
思い出のビギン
いざ声を合せて　ともに

あのほしのながれる前に
わが胸に　そそげ　愛の歌
やさしく　しずかに
たのしきは　ビギン
歌おうよ　ザ・ビギン

前に記した直訳と比べて見ると、歌の訳詞がいかにむずかしいかがよくわかると思うけれど、それはまた別の話。

退団の意思表示から一年の猶予期間を経て、越路吹雪は宝塚から東宝に移った。宝塚最後の舞台は一九五一年四月の「春のおどり」。その年の六月に帝劇コミック・オペラ「マダム貞奴」（共演・山茶花究）に出たあと移籍し、東宝専属第一回として、十一月に日劇で「ハッピー・ゴー・ラッキー」というショウに出演した。十二月には帝劇コミック・オペラ「お軽と勘平」（共演・榎本健一）。この年、映画は「哀愁の夜」と「結婚行進曲」（本人の役でゲスト出演）。

一九五二年。

帝劇コミック・オペラは帝劇ミュージカルスと名称が変わった。六月に「美人ホテル」、十月に「天一と天勝」に出演。

三月、日劇小劇場が改装されて日劇ミュージックホールとなり、第一回公演の「東京のイヴ」にゲスト出演。

ラジオは「愉快な仲間」（NHK）で藤山一郎、森繁久弥と共演。レギュラーとなる。映画は「お軽勘平」「金の卵」「続・三等重役」「足にさわった女」「七色の街」「ああ青春に涙あり」。前年にひき続いて、かなりのハードスケジュールである。

そして日劇は、一月に「歌う不夜城一九五二年」、四月に「リオの黒薔薇」、九月に「巴里の歌」、十二月に「ロミオとジュリエット」。

「リオの黒薔薇」には東京キューバンボーイズが出た。そこでピアノを弾いていたのが内藤法美であった。

山本紫朗が構成・演出を担当したのは、「巴里の歌」からである。「巴里の歌」は高英男と中原淳一がしばらく滞在していたパリから帰って来た、それを記念してのシャンソン・ショウで、淡谷のり子、橘薫なども出ている（根岸明美が「アナタハン」に抜擢されたのも、このショウである）。初日の数日前に病気で倒れた二

「巴里の歌」のプログラム

葉あき子の代りに越路吹雪は急遽出演が決まった。松井八郎と一緒に音楽を担当していた黛敏郎が、一つのシャンソンを越路に歌うようにすすめた。初日が迫っており、岩谷時子がすぐ訳詞をしなければならないことになった。日劇の稽古場で黛敏郎の弾くピアノに合わせて、詞を作るのだ。あせったり、おろおろしたりしていた岩谷時子に、重山規子が「お姉さん、素敵よ」と声をかけた。それで自信がついて、詞が書き上がった。日本で歌われた最初の「愛の讃歌」であった。「ロミオとジュリエット」は池部良のロミオと越路のジュリエットだが、時代を現代に置き替えているものだ。名作「ウエストサイド物語」がそうだが、日劇では「ウエストサイド物語」の初演より五年も早く、そのアイデアを使ったということになる。

一九五三年。

映画は苦手だった筈だが、この年も多い。「吹けよ春風」「午前零時」「プーさん」「安五郎出世」「愛人」「旅がらす次郎長一家」「女心はひと筋に」。

日劇は四月の「アデュウ・トウキョオ」、九月の「ボンジュール・パリ」。

「アデュウ・トウキョオ」は越路吹雪渡仏歓送ショウというサブタイトルのもとに、一日だけ催されたものである。それが四月六日。十一日に越路は単身パリに向かった。海外旅行はまだ珍しい時代だった。日劇では一九五〇年には笠置シヅ子の、一九五五年には江利チエミの、渡米歓送ショウ、帰国歓迎ショウを上演している。越路も初めての海外旅行だった。

「娯楽よみうり」の「わたしの自叙伝」から。

――宝塚をやめて二年目、昭和二十八年のお正月に、私は、春になったら一人でパリへ行く決心をした。

　どうして急に、そういうことになったのか、忘れっぽい私は、覚えていないが、きっと一本立ちになって以来、私は私なりに精いっぱいで仕事をしてきたので、精神的にも肉体的にも疲れて、日本人のいない、仕事のないところで息ぬきをしたくなったのだろう。

　出発するまでの間、映画「プーさん」と「安五郎出世」を撮り、「安五郎出世」はお天気が悪くてロケがはかどらず、とうとう出発の二日前まで撮っていた。

　それやこれやで単身渡仏するというのに、さっぱり、もろもろの仕度ができていない。周囲の方が大いに気をもんで、せめて、オカネの勘定ぐらいは教えておかねばと、半日、藤本プロの近所の旅館にすわらされて、一フランは一円八銭ナリと教えられたが、結局なんにもわからなかった。

「アデュウ・トウキョオ」のプログラム

プロデューサーの山本紫朗さんは、私にカメラを持たせてやろうと、横浜まで買いに行き、本職のカメラマンをつけて、私に写真の撮り方を教えて下さった。

処女作に、藤本（真澄）さんを撮ったが、金魚バチの中の金魚が原爆にあったみたいな顔に写っていた。

花の四月、私は、とうとうエア・フランスで羽田を出発した。——

越路はパリで川喜多長政、小林秀雄、今日出海に会い、面倒を見てもらいながら、カンヌ映画祭に出席したり、ローマに足をのばしたりして三カ月、七月に帰国した。

帰国して最初の舞台は九月、日劇の「ボンジュール・パリ」だった。ちょうどシャンソン・ブームと言われた時期である。

その年の十二月には、山葉ホールで「歌う越路吹雪」というタイトルのリサイタルを開いている。これは後に日生劇場の名物となり、切符の入手がむずかしいと言われた越路吹雪リサイタルの第一回目ということになる。岩谷時子はその時の思い出を、

「東京交響楽団の林さんという方が越路のファンで、リサイタルをやってみないか、っておっしゃったんです。その時に助手として連れてらしたのが慶応ボーイの栗原玲児さんでした。私たちが東宝に、山葉ホールでリサイタルをやりたいけども、やらせてくれないかって言ったんです。当時はそんなこと考えられなかったんですね。どうせお客さんなんて一人も入りゃしないんだから、時子さんが横になって見りゃいいや、なんて言われて許可がおりたんです。許可というより勝手にしなさいってことですね。そしたら初日から大入り満員。私モギリやってたんです。三木

のり平さんが飛入りで出て、座付作者のお時さんが入口でモギリをやってます、とかね、和気あいあいのリサイタルでした。スピーカーをおろして、入れない人にエレベーターの下のところで聴いてもらったりしたんです」

と話してくれた。

越路吹雪はこのリサイタルでも「ビギン・ザ・ビギン」を歌っている。


一九五四年。

ブラジル映画祭に出席。

映画は「初祝い清水港」「美しき鷹」「夏祭り落語長屋」「海道一の暴れん坊」「恋愛特急」。

日劇出演は、一月に「歌う不夜城一九五四年」、五月に「トロピカル・ホリデイ」、六月に「カルメンの恋」、九月に「シャンソンダムール」。山本紫朗が担当したのは一月と九月である。

日劇では一九五四年から六九年まで、元日からの六日間を東宝専属スターによる「新春スタアパレード」と題するショウに当てていた。すべて構成・演出は山本紫朗で、越路吹雪は五五年から六五年まで通して「新春スタアパレード」に出演している。

東京宝塚劇場は終戦後まもなく米軍に接収されて、アーニー・パイル劇場という名のもとに進駐軍のための劇場として使われていたが、一九五五年に接収が解除された。再開した東京宝塚劇場の一回目の公演は、当然のように宝塚歌劇がつとめたが、それから半年後に越路吹雪は出た。「お軽と勘平」。帝劇コミック・オペラの再演である。

一九五六年二月に東京宝塚劇場で第一回東宝ミュージカルが上演された。「泣きべそ天女」と

スタアパレード」以外に五五年に一回、五六年に二回、五七年に二回出演している。日劇には「新春他社出演が続く。越路吹雪が最も注目され、重宝された時期でもあるのだろう。

の「バス・ストップ」である。また映画では五五年と五六年には、新東宝、東映、大映、松竹と芸術座に初出演している。芸術座は森繁久弥の「暖簾」がこけら落とし。越路が出たのはその直後出演した。その年の五月には東宝歌舞伎に初出演。一九五七年五月には新派に初出演。六月には「恋すれど恋すれど物語」の二本立。「泣きべそ」は雪村いづみ主演。越路は「恋すれど」の方に

日劇での担当は山本紫朗とは限らないが、「日劇の演出と言うと、紫朗先生しか思い出しませんねえ」と岩谷時子は言う。

「ショウがあって映画がありますでしょ。ですからショウとショウの間、休憩を入れて二時間くらいあいてるわけですね。その間コーちゃんの楽屋でみんなでスキヤキ大会になったりするんです。お正月なんかお鍋にお汁粉作って、お餅入れてね、紫朗先生は甘いものがお好きで、オシロコ、オシロコって喜んでくれました。越路の部屋はいつもたまり場になって、みんなでご飯食べたりしたものです。

日劇のショウは非常にモダンで、県（洋二）先生の振付がまた斬新で切れ味のいい素敵なものでした。日劇のスターにもイキのいい人がいっぱいいましたね。

いちばん印象に残っているのは、紫朗先生が、裏で、役者も仲間、大道具も仲間、バンドも仲間っていうふうに、みんなの中に混って、決して権力をふり回さずに、好きだからやるんだ、みんなと作るんだ、というやり方をされていたことですね。ショウに対する愛情って言うのか。ソ

ロバン抜きで、それで統率力があって。県先生とか、才能のある方が回りに集まっていらっしゃいましたねえ。あの頃の日劇は、私たち外から見て、日本のトップのショウビジネスの世界だったと思います」

一九五八年、日劇ダンシングチームは「チェリー・ブラッサム・ショウ」のタイトルのもとにオーストラリア公演をしたが、越路も参加している。東宝ミュージカルでは重用され続け、ステージは新宿コマ、梅田コマが加わり、地方でもリサイタルをするようになる。「新春スタアパレード」以外の日劇出演は少くなって行く。映画も徐々に減っているようだ。たくさん出演しているが、越路を生かした映画は案外少い。テレビ開局は一九五三年だが、越路は最初からテレビに関心を示さなかった。六三年から六四年にかけてのコメディ「男嫌い」は印象的だが。音楽番組も一年に一度「ミュージック・フェア」に出る程度。「紅白歌合戦」は十四回出場を続けたが、六九年に辞退している。「紅白」において「卒業」という言葉が使われた最初の人となった。本質的に舞台人であることを自分がいちばんよく知っていたのであろう。結婚は一九五九年。東宝専属は一九六八年まで。日生劇場でのリサイタルが始まったのは一九六五年である。山本紫朗はリサイタルの初日には必ず顔を出していた。

山本紫朗は「ビギン・ザ・ビギン」を、「ぼくのテーマだ」と言う。「ぼくの葬式の時はビギン・ザ・ビギンをかけてくれ」と言ったことがある。越路吹雪がそれを聞いて、「私が歌ってあげるわよ」と言った。

山本紫朗の話。

「コーちゃんとは知り合ったのも『ビギン・ザ・ビギン』だし、仕事でも、よしやろうって言って『ビギン・ザ・ビギン』から始めたんだよね。コーちゃん、日劇で何回『ビギン・ザ・ビギン』やったかねえ。ずいぶん歌ったね。

日劇に出る連中はとにかく『ビギン・ザ・ビギン』を歌った。男の歌い手で言うと、宝田明、高島忠夫。それから染五郎が初めて洋ものをやったのが『ビギン・ザ・ビギン』だった。加山雄三も歌ったし。もちろんビンボー・ダナオとかジャズの連中はよく歌った。

『ビギン・ザ・ビギン』はスケールが大きい。アレンジでいろんなふうになる。いろんなことができる。歌ってもいいし、踊りだけでもいい。コーちゃんが歌って、染五郎、宝田明、高島忠夫と、次から次へ歌ったこともある。あれはよかった。江利チエミもずいぶん歌ったなあ。やるたんびに歌ったんじゃないかな。雪村いづみも歌ったよ。

今度梅田コマでチエミと扇雀のショウをやるんだ。チエミが、『ビギン・ザ・ビギン』やりましょうよ、って言う。あんまりやりすぎたから、どうしようか考えてるんだけどね。やるんだったらアーティ・ショーみたいなスイングでやりたいね。いっぱいやっているけど、スイングでやったことはなくて、いつもオリジナルのビギンをもとにしてたんだ。コーちゃんとの出会いはアーティ・ショーなのにね」

一九八〇年夏、山本紫朗は、胃潰瘍で入院したという越路吹雪を見舞った。日劇が取り壊されることは決まっていて、最後のショウの企画が持ち上がった頃だった。その話をし、「最後のショウには日劇に関係の深かった人にみんな出てもらいたいんだ」と言うと、「私も出なきゃね」と越路吹雪は言った。「頼むよ」と山本紫朗が言う。二人とも癌についてはもちろん知らない。日劇最後のショウに、越路吹雪は出られなかった。しかし越路を偲ぶコーナーは作られた。にこやかな顔が、スライドで現われた。

お葬式には「ビギン・ザ・ビギン」を歌ってあげる、と言った越路吹雪は先に逝ってしまった。「その棺を見送った時は感無量だった」と山本紫朗は言う。

越路吹雪が逝って五カ月後、菊田一夫演劇賞の特別賞を受けた山本紫朗に、岩谷時子はお祝いを手渡した。越路吹雪、岩谷時子の連名であった。


（一九八一年五月）

第六章　振付と舞踊構成

1960年ごろのプログラムから

二月十五日、日劇最後のショウの客席で、ぼくは一人の男性に「和田さん」と声をかけられた。スーツにネクタイの中年紳士である。誰だろう、思い出そうとして顔を見ていたら、「わからないの？　青山の花屋ですよ」と紳士は言う。「何だ、花屋さんか。あんまりいつもと恰好が違うから、わからなかったよ」とぼくは思わず言った。ぼくは青山に住んでいた時があって、そのアパートのほんの数軒先に小さな花屋さんがあり、彼はその店のご主人である。いつもは作業衣に帽子といういでたちで、甲斐甲斐しく働く青年店主、という印象であったのだ。「どうしてここに？」とお互いに口に出た。ぼくは、ただ観に来ただけ、と答えた。相手もそうだろうとぼくは思った。花と楽屋は大いに関係があるし、それよりもこの花屋さん、昔は日劇のファンだったのだろう。ところが意外な答。

「うちの女房はここのダンシングチームにいたんですよ」

ご夫婦だけでやっている店だから、近所の住人としては二人とも顔馴染である。しかし奥さんがもとＮＤＴとは、まるで知らなかった。

ショウが始まり、その日はそれきりであった。ＮＤＴ卒業生がみんな舞台に上がった時は、当然彼女も上がったのだろう。

そして最近、その花屋さんの前を通りかかることがあって、店を覗いてみた。店のご夫妻と、やあやあと挨拶をかわし、奥さんに話をきいてみようかという気になった。奥さんは「いやですよ、そんな昔のこと」と言ったが、結局いろいろな話をきかせてくれた。

彼女はNDT八期生。広沢瑛子という本名で出ていた。一九五八年に退団した。青山にあるお寺のお嬢さんである。家がお寺だということもあって、踊り子になるのは反対された。で、踊り子と並行して学業も続けた。午前中は学校へ行き、午後日劇。三回公演で疲れて帰ると、家での勉強はできない。ついに両親も折れて、日劇一本で行くようになった。

当時の月給が「たしか八千円だったかなあ」と彼女は言う。それ以外に出演一日につき百円が出る。三回公演で百円である。二十五年前でもこの金額は意外である。余程好きでなければつとまらないと思う。

「テレビがあると二百円になるんですよ。テレビ中継ね。普通にやってるのをテレビが撮りに来るだけだから、私たちのすることが増えるわけじゃないの。でもテレビが撮る日は二百円くれるんです。アルバイトもあるんですよ。アルバイトって言っても個人じゃなくて、ダンシングチーム全体の。刑務所に慰問に行くとかね。クラブに出たり。名古屋あたりまで行ったこともありました。三回公演終ってから行くんですよ。バスが迎えに来ててね、夜十時頃からもう一回やって帰って来るの。若いからできたんですね。映画もありましたよ。ひばりさんやいづみさんの映画で、ショウの場面があるでしょ。それを夜、日劇で撮るんです。撮影所に行くこともありましたけど。振付は、ショウの間に映画をやりますね、その時間に教わって、憶えるわけです」

稽古も大変だったそうだ。日劇は休みがない。リハーサルのための日をとっていない。一つの公演が終ると次の日から新しいショウが始まる。だからリハーサルは初日の前夜にしなければならない。明け方までかかったこともよくあった。一睡もしないでそのまま初日を迎えたこともあったそうだ。

日劇時代で印象に残ることは、ときいた。

「そうね。山本紫朗先生のショウがいつも素敵でしたね。きれいでねえ。紫朗先生の時はみんな張り切ってやりましたね」

白石冬美と同じことを言う。

ショウがきれい、というのは客席で見るからではないのか、ステージに立っていて、それが判断できるものかきいてみた。

「そりゃわかりますよ。第一、衣裳がきれいだもの」

衣裳は衣裳デザインの人によって決まるんでしょ。

「演出の先生によって衣裳も違うんですよ。演出家が注文を出しますから。演出家によっては芸術の方に片寄っちゃうのね」

芸術に片寄るのもいいんじゃないの、とぼくは言う。彼女は、

「踊り子は頭が悪いのが多いから芸術はわからないの」

と笑って、

「今、娘がお芝居やってるんですけどね、踊り子と女優はぜんぜん違うのね。舞台をただ歩くだけでも、私たちは振付の先生がいないとできない。お芝居の人は自分で考えて歩きますね。娘に相談に乗ってくれって言われても私は答えられません。振付があればその通り動けますけど。

振付って言えば県（洋二）先生の振付が良かったですね。みんな県先生の景に出たがったんで

すけど私たちはなかなか出られませんでした。いい人が選ばれるんです。私の同期は二十人いましたけど、県先生の景によく抜擢されたのは金子薫子さんくらいね。大勢出るところも上級生が選ばれちゃうのね。県先生の景は見せ場なんです。ショウ全体の中の大事なところなんです。演出家も力を入れる景ね。だから良くなくちゃならないんで、いい人が選ばれるわけです」

白石冬美が県洋二のことを言っていたのを思い出す。

「県先生って素敵だから、みんな憧れてたのよ。県先生のお稽古って言うと嬉しくってね、みんなお稽古着もお洒落して来るの。先生が教えながら手を取ったりするでしょ。その子の手をあとでうっかりさわるとね、さわらないで！って怒られるのよ。県先生がさわったところだからって」

立川真理はこう言った。

「県先生に、振付家の意欲を湧かせるダンサーになれ、って言われたわね。今、私も振付やっててよくわかるんだけど、いい踊り手にはいい振りがつけられるの。イメージが湧いてくるのよね」

十年近く前になるが、ある夜ぼくは友人たちと、霞町にあるバーにふらりと入った。仕事の帰り、通りがかりに寄ったバーであった。店の片隅のテーブルで飲んでいて、ふと、カウンターの中の男性が気になった。どこかで見た顔なのである。しかし深く考えずに、友人と飲んだりしゃべったりすることに夢中になっていた。夜も更けて、勘定をすませ、店から一歩外に出て思い出した。そうだ、日劇で踊っていたダンサーだ。名前も浮かんできた。羽鳥雅一という人だ。

自信はなかった。ぼくは日劇のショウを何度も観ているが、かぶりつきで観ていたわけではない。ダンサー達と知り合いになったわけでもない。その店で水割りを作っている素顔の人と、遥かステージで踊っていた人とは、咄嗟には結びつかないのだ。それに男性トップダンサーだったから、まだ踊っている筈だと無意識のうちに思ってしまう。その時直接確かめはしなかったが、あとで人にきいてまさしくそうだということがわかった。彼がこの店のオーナーなのだ。店の名は「ビー玉」。羽鳥雅一の昔からのニックネームだそうで、ぼくは偶然入ったから意外に思ったのだが、ショウビジネス仲間では知られた店だったのである。

今回、改めて店を訪ねた。飲む、と同時に話を聞きに。白石冬美に付き合って貰った。


羽鳥雅一は十七年間、黄金時代の日劇で踊った。初期は羽鳥永一と名乗っていた。

彼は戦後すぐ郵便局に勤めた。集配係。十代である。その頃、帝劇でバレエを観た。「白鳥の湖」だった。汚いものばかりの戦後のドサクサの中で、何て美しいものがあるんだろうと思った。憧れて小牧バレエ教室に。郵便局と両方に通った。そっちの世界で食っていきたくなり、ある芸能社に事務員として入る。そこで知り合った先生にタップとモダンダンスを習って事務員からダンサーに変身。進駐軍慰問を続けた後、横浜のヌード劇場の専属になる。その後ムーラン・ルージュへ。当時ムーランは解散直前で、炭坑慰問など旅回りが多かった。その頃はアダージオ（男性がペアを組んだ女性を支えつつ優雅に踊る）専門の舞踊師として腕を上げていた。仲間と三人でチームを組んで帝劇の名人会に出演。そこで日劇の佐谷功に認められる。やがて塚田茂の推めで日劇へ。一九五三年、「情熱のキューバ」が日劇初舞台。

「ドサ回りやってる頃は、あの丸い素晴らしい劇場に一生のうち一度は出たいという気持がありましたねえ。一度出てから踊りをやめたいと。あの頃あそこに出るって大変なことでしたから。

日劇生え抜きじゃないから、入った時には苦労しました。最初からいい役貰ったから、先輩たちにねえ、いろいろと……。ぼくはアダージオをやってましたから、相手の女性もやりいいんですね。組むと楽だから。

『ビギン・ザ・ビギン』ですか。山本紫朗さんと県先生の共同作品ですね。よく踊りました、ぼくも。越路さんのパートナーで踊ったこともありますし、ＯＳＫの秋月恵美子さん、芦原千津子さんともね。いろんな形でやりました。県先生の名作の一つでしょう。有名な振りがいまだに残っているくらい。最後のショウでやった『ビギン・ザ・ビギン』は神崎一人の振付ですけど、県流が入ってますでしょ。上手からスロープが下りてて、途中で転調するところでワッと、いいデュエットが出てきて踊るっていう構成。

『黒馬のマンボ』ってのがあったんです、ぼくが入った頃。ぼくが馭者になって鞭持って踊るの。これも県先生の名作ですね。

『椅子』は大森慶子さんと踊ったのが印象に残ってます。オヒョイ（藤村俊二）の奥さんになった人です。大森慶子さんでは『ブルー・ダニューブ』っていうのもあったなあ。絹を使って相手と引っぱり合って、片方が離すとふわーっと流れる。県先生のいい振付でした。

『ひびけキャスタネット』っていうのは細山澄子さんと踊ったんだけど、真木小太郎さんのダイナミックな装置で、大ゼリが上がってその上でスパニッシュのデュエット。あれもいい作品でした。『大おどり』の中に入ってます。『大おどり』にはいい作品、いっぱいありましたねえ。セットにもお金使ってきれいなもの作ってたし。

日本のものもよくやらされましたよ。最初、和歌みつるさんとね、『夜桜』。大きな桜の木がドンデン返しで御殿になる。宗家、藤間勘十郎さんの振付。ぼく日本もの初めてなのに、本格的な日本舞踊の先生が来ちゃった。できなくてねえ。それから日本舞踊を習いに行きました。日本舞踊ってぜんぜん違いますから。

越路さんとやったのは、『ジュダ』っていうのがよかったですね。男性が黒い衣裳で、ついてがあってね、回転するようになってて出たり入ったりする、幻想的なもので、県先生の振付。越路さんとわれわれ男性舞踊師でやったんです。あれすごく思い出しますねえ。越路さんて、間違えてもごまかすのうまくてね。

ぼく、ゲストとからむのよくやりました。八千草薫さんとか。安西郷子さんとはミュージカルみたいのやったり。

山本先生にピックアップされたのは、『ジャズ娘乾杯』（一九五五年）っていう映画があったんです。チエミさん、いづみさんが出た映画。宝塚映画でね、山本先生はプロデュースをなさったんですね。あれでいい役を貰ったんです。振付師の役。歌あり踊りあり芝居ありでね。ぼくは歌と芝居は初めてでした。それからあちこち映画から誘いがありましてね、松竹とか新東宝とか。キャメラテストは何回も受けましたよ。結局好きじゃなかったので、映画には行きませんでした。踊ってる方がいいですから。あの頃映画に入ってたら、いつまでも二枚目はできませんから、今頃目玉ギョロギョロさせて、悪役やってるんじゃないですか。

日劇をやめたのは十三年前です。自分にも限界がくるし、ショウにも限界がくることがわかりましたし。それに、若い人を育てたかったからかも知れませんけど、会社が古い踊り手に冷たくなってきたのを感じたんです。三十九でやめました。その三年前からやめることを考えてました。急にやめてスナックのマスターになるのはつらいですから、自分に言いきかせてたんです。

日劇は清水秀男さん筆頭に男性舞踊師だけで五十人いたこともあるんですよ。越路さんが出た時なんか、男性が全部タキシード着てウワッと並ぶと壮観でした。日劇がなくなって、日本のレヴューから男性舞踊師が少くなるでしょうね。テレビの歌バックで器用に動いてますけど。あれだけならごまかせますけど、基本をつんでないと踊りってきれいじゃない。踊りはテレビで見るもんじゃないですね。やっぱり舞台でなきゃね、熱気が来ないですよ。日劇の跡に小さくてもレヴュー小屋ができるといいのにね。

全盛時代に日劇を観た人は多かったんですね。今でも町歩くと、日劇の羽鳥さんでしょ、って声かけられることがありますね。太ったでしょ、なんて言うんですけど。憶えててくれると嬉しいです。華やかな時にやめてよかったと思います。まだいるの？って言われるより、惜しいって言われる方がよかったと思いますねえ」

白石冬美にとって、羽鳥雅一は大先輩でありその上トップダンサーだった。日劇時代には口もきけない存在であったと言う。この日は客とマスターである。もちろん親しく口をきいたし、当時の具体的な踊りの話になると、彼女自身当事者であったのに「観たい、観たい」を連発していた。

何人もの人に話をきいてきたが、どの人の口からも必ずといっていいほど出る名前がある。その人が日劇黄金時代に活躍した振付家であることはぼくも知っていた。だがぼくの知識よりももっと大きな存在であるらしい。この人に会ってみなくてはなるまい。

県洋二。一九一九年生まれ。すらりとした長身で、実際の齢よりはるかに若く見える。もちろん現役である。多くの振付家がそうであるように、かつて踊り手だったのだろうとぼくは思ったが、そうではなかった。基本が必要だから踊ることも習ったが、最初から振付家として育てられたのである。日劇の前は国際劇場にいた。松竹の山口国敏という人が振付家を育てようとアシスタントを募集した。飛鳥亮、佐伯譲、県洋二の三人がアシスタントをしながら振付を教えられた。振付と舞台裏の仕事を憶え、県洋二の振付家としてのデビューは一九四九年。国際劇場の「夏のおどり」である。専属が東宝に移ったのが一九五五年。しかも一九五〇年に、すでに日劇で仕事をしている。

「その頃はそんなにうるさくなかったんです。内緒でやったり、名前変えてやったりしたこともありますけど。その頃SKDは全盛時代ですね。川路龍子がまだいましたし。だいたいのことは国際でやりました。少し遅れて日劇でショウが盛んになったんじゃないでしょうか。『大おどり』はまだ確立していませんでしたね。紫朗先生が、どういうきっかけかぼくに声をかけてくれたんです。振付家が少かったこともあるでしょう。いい仕事をするとすぐ評価して貰える。新聞も書いてくれました。今は振付に対する新聞批評はほとんどありませんけど。その頃から時々日劇を、紫朗先生から声がかかるとお手伝いしてた。やっぱり男性がいるのは面白いんです。SKDみたいに女ばかりのところの男装の振りと違いますから。

山口先生は向うの本を訳しながら、よくぼくらに教えてくださったんです。そうして三、四年、アシスタントをしながら憶えていった。ぼくが振付をするようになると、新しく振付の勉強をしたい人がぼくのアシスタントとして国際に入りました。国際というところは人を育てるためにそういうことをちゃんとしてきたんです。宝塚とSKDはそういうことをする。東宝はしないところなんです。出来上がったものを引っぱってくる。クールなんですね」

「ホノルル・ハリウッド・ニューヨーク」のプログラム

マンボを日本で最初に振付けたのは県洋二である。一九五〇年、笠置シヅ子の渡米土産ショウ「ホノルル・ハリウッド・ニューヨーク」は全曲服部良一のオリジナルであったが、その中に当時アメリカではやり始めたリズムとしてマンボが取り上げられた。その音だけを聴いて踊りを作ったのだった。

「『ビギン・ザ・ビギン』はコーちゃんとやったのがずいぶんありますね。とにかく紫朗先生が好きだから。十回以上やってるでしょう。紫朗先生の場合、そのたびにアイデアが違うんですよ。こんなこともありました。一つの景の中で、半分は土人のように土の匂いがする、半分は現代の都会的な感じ、それをミックスしてやりたい、というようなことを言うんです。ですからぼくはステージに段をつけて、こっちとこっちと違う感じの振りにして、最後にワーッとミックスするようなことを考えました。

『椅子』（一九五七年「春のおどり」）も紫朗先生のアイデアです。紫朗先生に椅子だけ使ってやってくれと言われた。ぼくはそれを、一脚の場合、二脚の場合、三脚の場合、たくさんになった場合と、そういうふうにこしらえたんです。一つの時は、男たちが一つの椅子を狙う。ポストですね。二つはラヴで、三つになるとトリオで嫉妬、そういうふうにやったわけです。

大きなショウだと、振付家が四人とか五人とか入ります。演出家の力が弱いと、振付家に任せちゃう。そうすると例えば全部の景が最後にみんな出て来てワァッと総踊りになって終る。そんなこともあるんです。それじゃ構成じゃない、ただ並べてるだけですね。紫朗先生は振付家を使いこなしていましたね。絵がちゃんと頭の中に入っています。ハコ（アイデアの大枠を文字で書いたもの。脚本の原型）をこしらえますから。ここはどうしてもこう始まりたい、こうして終りたいと言ってくれます。

紫朗先生以外では野口善春さんが良かったですね。いい時代の『大おどり』は紫朗先生と野口さん、交替でやってたと思います。そのうち若手が育ってきた。

真木先生がおっしゃってた、装置家と音楽家と振付家と演出家の考えの接点（第四章参照）、それがあるんですね。あ、これだ、と一瞬にして決まる。『セントルイス・ブルース』（一九六二年「夏のおどり」）がそうでした。四人で話してイキが合って、ぼくも乗りに乗って作ったんです。真木先生の装置はこわれた柱みたいなセットで、ニューオリンズの街のイメージですね。これがちょっと気がつかないんですけど、シルエットになると十字架なんです。ホリゾントを真赤に染めて、すごくきれいでした。衣裳はみんな茶系統で、女はスカートの下に花柄がちらっと見えるくらい。これの福田富子が素晴らしかった。今でも好きな作品です。

『群衆』（一九五七年「秋のおどり」）はバックが観覧車のシルエットですね。お祭の群衆が出ます。衣裳は男も女もグレー一色。群衆の中で女が恋人を捜す歌ですね。コーちゃんが恋人を捜す。羽鳥君が恋人の役でしたか。

大きな場面は六分から十分ぐらいですね。三分以上になりますと非常に緻密な構成が必要になってくるんです。そしてダンサーの種類が増えます。チャコ（白石冬美）が言ってた丸印、二重丸（第三章参照）ですね。立川がシンで、男が二人いて、次は女が四人いて、最後に二十八人いるとか、全部で三十人も四十人も出る場面になりますと、構成力が非常に必要になってきます。

ぼくは振付という言葉がどうも好きじゃないんです。振リを付ケる、ということと構成とはちょっと違う。舞踊構成というのが大事なんです。テレビですと本当に振リ付ケでいいんですけど、ステージになりますと、構成力ですね。テレビでは踊りだけの場面というのはまずありませんし、歌手の後ろでやってるのは映るのも秒単位。テレビではまず揃えるのが条件なんですね。手の高さ、足の高さを。それがうまいのがテレビでは評価される。ステージでは揃ってるように見えても——ラインダンスなんかは別ですけど——感情が入ると人それぞれ個性が出てくる。それはテレビでは喜ばれない。だから機械的になるんです。バックが淋しいから装置のかわりに要るとか、その程度のものが多いんじゃないでしょうか。テレビのプロセニアム（舞台の額縁）の中で考えると、動きがそのまま小さくなっちゃうんですね。テレビの時代になって、テレビの振付家がステージをやるようになりました。だから、みんな最初はつまらないです。ぼくら、プロセニアムが大きければ大きいほど、そこからはみ出すくらいの構成の仕方を考えなきゃいけない。ぼくは国際で育ちましたから、いつも百人くらいいるところですからそういう勉強をしましたし。われわれの年代の、ステージから出発した人は、必要に迫られて構成ということを勉強していると思うんです。

日劇は国際より小さいんです。ですから国際と日劇ではやり方を変える。でも日劇はプロセニアムのタッパが高いんですよ。真木先生の装置ですと、フレームいっぱいに充実させる。そこへ人をはめるとちょうどよくなる。すごくうまいんですね。真木先生は最高です。ぼくは真木先生とご一緒して、音楽は広瀬健次郎さん、いつもいいスタッフに恵まれて、幸せだったと思いますね」

話は変わるが、博品館で上演される「アメリカン・ダンス・マシーン」というショウがあって、評判がいい。今年も夏に三度目の来日をする。このグループはアメリカの有名なミュージカルのさまざまなダンスナンバーを再現して見せてくれるのだ。音楽は譜面やレコードに残るが、振付の記録はむずかしい。それを保存しておこうという、真面目な試みである。華やかさはない。どちらかと言えば地味な、文化保存研究グループという感じがする。ぼくはそこに好感を持つのだが、批判をする人もいる。ショウとして盛り上がらないという意見もあるし、あの程度の踊り手なら日本にもたくさんいると言う人もいる。それも当たっているだろう。しかし日本における過去のミュージカルやレヴューのシーンを再現しようという試みがなされたことがあるだろうか。話だけ聞いても面白そうな県洋二振付の踊りに、今、取り組んでみようという踊り手がいるだろうか。

今はヴィデオテープという記録の手段がある。過去はどうなのだろう。音楽の譜面のように、踊りの譜面というものがあるのだろうか。山田卓の話では、アメリカにはある、ということだった。しかし非常に複雑なもので、あちらでもそれを読むことのできる人は数少く、マスターするだけで何年もかかるので、あまり実用的ではないとのこと。やはり身体で憶える方が早いと言う。アメリカのミュージカルのように再演され続ければ、身体から身体へと、受け継がれてゆく。それでも再演されないものは、やはり消えてゆく運命なのかも知れない。

ところが、県洋二は自分の記録を持っている。記録が目的ではないが、考える時にノートを使うのだと言う。

「ぼくの場合、音楽を貰いますね、音をまず自分の耳へ入れる。その中で振りのアイデアが浮かんできます。それを書く。絵もノートに描くんですよ。手が上、と言ってもいろんな方法があって、上、下、だけじゃすまないんです。ですから重要なところは絵を描く。省略した絵で。言葉ですむところは字で。

振りが浮かぶと、今度はバリエーションを作っていく。音楽の構成というものがありますね。例えば三十二小節の中で、二つ同じメロディが八小節ずつあったら、次にサビが八小節あって、もとに戻って八小節と、音楽の構成って、論理的にできてるんですね。ぼくはそれに忠実にやりたいと言うか、音楽的にやりたいんです。それを無視した振りは気持悪いですね。そういう意味で、振付家というのは音楽の解釈の才能で個性が出たり、良くなったり悪くなったりするんじゃないかと思います。

それと、音だけでなしに、装置があります。例えばスロープがあります。あるいは階段がありますね。そこに人がいて、プロセニアムの中で充実するための形がある。それが構成力の重要なポイントですね。これを無視して、ただ踊るというんじゃいけない。そういうことを考え合わせながら、装置の図面を置いて、こっちにノートを置いて、音を聴きながら、だんだん構成をしていく。

三分の踊りでも、例えば最初の二小節、振りを作りますね。それから次へどんどん移っていって、初めとおしまいとぜんぜん違う振りになっちゃうことがある。そういう振付家もいるんです。出発はいいのに、後へ行って支離滅裂になったりする。どうしてあんないいテーマの振りがあるのに繰り返し使わないんだろうと思うことがあります。ぼくの場合、テーマを作ったらそれを何度も生かします。その中でヴァリエーションを作る。音楽と同じです。三分以上のものだとそれがないといけないと思います。

それと、ショウのダンスというのはオリジナリティが勝負ですから、自分の振りというのは創作なんですね。クラシック・バレエなら、アラベスクで、とか、パ・ド・ブレで、とか、言葉でも振付けられますけれども、そういう振りはなるべく使いたくないわけですよ。誰も使わない振りを、ぼくは毎回出したいという気持があるんです。同じ『ビギン・ザ・ビギン』でもぜんぜん違う振りをやりたい。

ショウダンスの振付のつらいところは、オリジナリティを常に持ってて、しかも時代に遅れないことですね。音楽がどんどん変わってますでしょう。ディスコ風になれば、ディスコを自分でマスターして、その上で創作しなくちゃいけない。ですからそういう努力をいつもしてないと、おいてきぼりにされます。

踊り手も、それをわかってくれて、応えてくれなきゃいけない。ですから密接です。ダンサーとわれわれは。ぼくは宝塚、松竹、コマ劇場、全部やりますから、ほとんどのダンサーを知ってますけれども、不思議なもので、宝塚には宝塚の癖、ＳＫＤにはＳＫＤの癖があるんですね。伝統と言うんでしょうか。宝塚は難しいですよ。男役というのは特別の踊りでね、女の子が喜ぶような振りというのがあるんですね。カッコよく見せる振り。そういうのは宝塚をずっとやってる人はうまい。ぼくはあんまり……。宝塚は女役でも女じゃ駄目なんです。少女じゃないといけない。女の魅力を出していくと客に受けないし、できる人も少いですね。それができるようになると宝塚の枠からはみ出して、辞めて独立します。日劇のダンサーはいつも男と組んで踊ってますから、自然に女の色気が出るんですね」

ぼくは振付をメモするノートに興味があったので、日を改めて会い、それを見せてもらった。

大学ノートを縦に使い、鉛筆で細かく絵と字が記されている。一ページが縦三段に分かれていて、一段が音楽の八小節分。横も区切ってあって、ソロ、デュエット、六人組、群舞など、ダンサーのクラス別に描き込まれている。最後のところは備考欄という形で、ステージを横から見た絵柄、あるいは真上から見た構図になる。一冊に五つから六つの踊りが収められ、そのノートがすでに行李いっぱいあるという。見せてもらったのは、ある年の「ビギン・ザ・ビギン」のためのものであったが、十四ページあった。その時のダンサーの数は四十三人。

「このくらい人数が出てくると、書かないと考えにくいです。大勢でもラインダンスのようなものだと振りがユニゾン（「同一」の音楽用語）だからいいんですけど、クラスが四つも五つもあって違う動きをしてますでしょう」

オーケストラの編曲のようなものだとぼくは思った。楽器によって違うことをやる。それがハーモニーとなってまとまらなければならない。

「振りの細かいところも、ぼくは作っていきます。振付に移す前に。稽古場でノートを見ながら教えていく。生徒を待たせておいて、そこで考えるという人が多いんですね。音を聴いてパッとひらめいたら、それをやらせて、よくなかったらまた変えて、八小節に一日かかったとかいうエピソードもいっぱいあるんです。四苦八苦して出てこなくて生徒が待ちくたびれたとか。今のショウビジネスでは稽古の時間てそんなにないんです。八分のものだったら二日間とか三日間とか決められてしまう。その中で上げるというのは大変なんですよ。どんどんやっていかないと間に合わない。その点、ノートがあると安心です。その場に行って、例えばダンサーが動けなかったり、この人数じゃちょっと多すぎるとか、そういうことがあると臨機応変に変えますけどね。だいたいうちで作っていく。

テレビで活躍してる若い振付さんが、ぼくはうちではとても作れない、と言うんですね。ダンサーを前に置いてパッとひらめくのがいちばんいいと。ぼくは、それしかできないんだったらそれでいいけど、ひらめく時の自分を最高の状態にしておかなくちゃだめだよ、と言ったんです。くたびれてて、頭が活発に動かない状態だったら、ろくなものは出てこない。まあ、それでテレビの振付はすんでるのかも知れないですけど。

こういうこともありました。女性の振付家で向うから帰って来た人が、日劇でやったんです。自分の振付がすんでお帰りになって、次の日に来てそれを全部変えちゃうんですよ。ダンサーはせっかく憶えたのに全部忘れなきゃならない。それが二、三回続いたんです。生徒が抗議申し込みました。あの先生のはいやだって。その先生はぼくに、私、うちに帰るともっといい振りが出てくるんで、どうしても変えたくなっちゃう、いけないかしら、と言われた。いや、いいんですけどね、日本の場合はそういう余裕がないんですよ、って言ったことがあるんです。そういう気持、確かにわかるんですね。誰だってより良くしたいんですから。ぼくはそれがないように、うちでなるべくたくさん、いろんなことを考えておくんです。うちで徹夜です。やっぱり全部自分で動いてみないとできません。それも一通りじゃなしに、もっとないかなあと考える。夜、みんな寝静まってるころ、一人で部屋で踊ってる。知らない人が見たら気違いですね。でもいいアイデアが浮かんだ時は、早く明日になって、稽古場へ行って、この目で見たい、と思います」

そのノートを見れば、ほかの人にも振付は再現できるのだろうか。

「一度、ぼくが旅行でいないとき、紫朗先生が『ピーナッツ・ベンダー』をやりたいと言うんですよ。ぼくは自分でやらないと気がすまないんですけど、どうしても、とおっしゃるので、神崎一人にぼくのノートを見てやらせました。彼は前に一度出ていますので、思い出せるんですね。でも記録というより作るためのものですから、自分でないとなかなかわからない。自分ではノートを見ればだいたいたい思い出せます。しかし大レヴューはもう不可能でしょう」

一九八一年二月、いよいよ日劇がなくなるという頃に、新旧のＮＤＴのダンサーが集まって小さなお別れパーティを開いた。ダンサー以外で招ばれたのは、山本紫朗と県洋二だけだった。県洋二は何かひとこと、と言われてこう話した。

「ぼくの作ったものは映像にもなっていないし、残す方法もありません。でもみんなの心の中には残っている。君たちが生きている間だけでも大事に、好きな曲の振りを憶えておいてください。みんなが生きている限り、ぼくも存在します」

（一九八一年六月）

第七章　故郷の人々・八月十五日

Stephen Collins Foster (1826-1864)

山本紫朗は一九〇八年に東京・本所で生まれた。学生時代から芝居に夢中になり、俳優としてたくさんの舞台を踏んだ。「紫朗」はその頃につけた役者としての名前であった。

「つまんない学校へ行ったり、芝居をやったりしてたんだけどね、そのうち学校やめちゃって、芝居ばかりやるようになった。あの時分は学生演劇がさかんで、みんな学校やめたり、卒業してもそのまま芝居を続けたりしてたもんだよ。

ずいぶんいろんなものをやった。近代劇場という劇団を主にやってて、ここは森雅之や長岡輝子たちがテアトル・コメディでフランスの喜劇をやってたのに対して、アメリカものをやろう、ということで、ユージン・オニールをよくやったんだ。『偉大な神ブラウン』を日本初演したり。アラン・マンクハウスの『ダイヤモンド』やエルマー・ライスの『計算器』というのもやった。あの頃芝居してた仲間では、清水将夫だけが役者として残ったんだけど。

ほかにもいろいろな劇団に出てね、ゴーゴリの『検察官』、メーテルリンクの『青い鳥』なんかもやったし。

ぼくは役者としてうまかったらしいよ。初めて出た芝居を舟橋聖一が観に来て、自分の劇団に入らないかと誘ってくれたこともあるんだ。舟橋聖一も劇団を持っててね。みんな研究劇団だけど。自分たちで金出し合って劇場借りて芝居して、切符も自分たちで売るというやつだ。

マルセル・パニョルの『マリウス』っていうのがあるね。日本初演をやった。ぼくはセザールっていうマリウスの親父をやったんだ。

今から三年くらい前に〝あゆみの箱〟のショウをサンフランシスコでやったことがあって、終って打ち上げ会をやった。その時に『私、憶えてる?』ってきくおばちゃんがいる。サンフランシスコに知っている人はいないから『わかんないよ』って言ったらね、『私、ファニーよ』って言う。『マリウス』でファニーやった人だったんだ。あれからいろいろなことがあって、向うの人と結婚して、サンフランシスコにいるんだって。たまたまポスターに山本紫朗と出てたんで、あの人じゃないかなあと思って来て、顔見たらやっぱりそうだった、って言うんだ。

それから、またマルセル・パニョルをやろうっていうことになって『トパーズ』を取り上げたりした。築地小劇場を借りてやったこともあった。その時は吉田謙吉に装置を頼んだ。

その頃ぼくの親父は叔父さんと共同で化粧品の製

「マリウス」の舞台。中央が山本紫朗

造をやってた。親父が死んじゃった。共同経営者の片っぽが死んだから、ぼくが手伝わなきゃならなくなった。芝居をやめて商売の方へ行った。でも芝居はすっかりやめられるわけじゃないから、商売やりながらときどき芝居もやってたりしてね、だから商売もいい加減になるし、芝居にも専念できない。こんなことじゃいけない、と思ってる時に、ＢＫの懸賞募集があったわけだ」

一九三六年、ＪＯＢＫ（大阪中央放送局）は、新局舎竣成記念として、ラジオドラマ、ミュージカルドラマ、物語、国民歌謡を募集した。山本紫朗はミュージカルドラマの部に応募したのだった。

「あの時分はラジオのミュージカルなんてなかったんじゃないかな。だからお手本もない。だけど、音楽は昔から好きだったし、芝居をやってたから、音楽と芝居を結びつけることを考えたんだね。ミュージカルなんてハイカラなものだから、日本ものより西洋ものにしようと思った。だけど急にジャズでもない。日本人が聴くということを考えると、日本で親しまれてるものがいい。それでフォスターを選んだ。フォスターの伝記をミュージカルにしようと思ったんだ」

審査は翌一九三七年に行われ、発表は五月十二日。

その日のＪＯＢＫの印刷物によると、ラジオドラマ三篇、ミュージカルドラマ二篇、物語三篇、国民歌謡作詞二篇、作曲一篇の入選に対して、ラジオドラマ七百四十六篇、ミュージカルドラマ四十五篇、物語五百五篇、国民歌謡作詞三千五十五篇、作曲二百六十一篇の応募があったことが記され、ミュージカルドラマは入選二篇の予定であったが一篇しか該当作品がなかったことが付記されている。

その一篇の入選作品が、山本紫朗の「故郷の人々」だった。
ミュージカルドラマの応募点数が四十五篇というのは、ほかのジャンルに比べて非常に少い。むずかしいこともあるだろうが、当時の日本ではまだあまりなじみのない分野であったことがわかる。

発表放送は五月二十日。
その日のプログラムを前後の番組も含めて記してみよう。

后　六・〇〇　お話　鳥取県師範学校長　丹直能　（附）校歌と祝歌　同校生徒
后　六・二〇　コドモの新聞
后　六・二五　国史連続講演（六）「頼朝の京都憧憬」　龍粛
后　六・五五　カレント・トピックス
后　七・〇〇　ニュースと官庁公示事項
后　七・二五　気象通報（管内天気予報）　引続き晩霜予報　岡山測候所発表
后　七・三〇　講演「帝国燃料界の将来と朝鮮無煙炭の使命」平壌商工会議所会頭　福島英朔
后　八・〇〇　放送文芸懸賞入選作発表
一、国民歌謡　関種子　内田栄一　伴奏大阪ラヂオ・オーケストラ
作曲の部
　イ　村の少女　喜志邦三詞　富永三郎曲

ロ　炉辺の歌　前田鉄之助詞　福井文彦曲
作詞の部
イ　母の歌　板谷節子詞　橋本国彦曲
ロ　奥の細道　斎藤四郎詞　内田元曲
二、物語　堀越節子
「疲れ切った須美」　伊部博作
三、ミュウジカルドラマ
「故郷の人々」――オルゴールに依る幻想――
山本紫朗作　内田元編曲
配役
ステフェン・フォスター　友田恭助
モリソン（ステフェンの弟）　浅野進二郎
スザンナ　村瀬幸子
ジョー（スザンナの父）　進藤英太郎
トム（黒人の若者）　小宮譲二
ジョージ・マクドナルド　山田好良
アンナ（ジョージの娘）　椿澄江
ほか黒人等大勢
合唱　大阪放送合唱団

管弦楽　大阪ラヂオ・オーケストラ
音楽指揮　内田元
演出　JOBK文芸課
后　九・三〇　時報　ニュース　明日の話題
産業メモ　気象通報

「故郷の人々」は八時四十五分から始まった。九時半まで、四十五分番組である。

この脚本は、およそ次のようなものであった。

書斎の鳩時計が夜中の十二時を告げる。途中からオルゴールが鳴り始める。「故郷の人々」（オールド・フォークス・アット・ホーム）のメロディである。そのメロディをチェレスタが受けて、書斎の主（つまり作者）の幻想へ入ってゆく。幻想は作曲家フォスターと彼をとりまく人々の行動だ。チェレスタはオーケストラになり、オルガンのソロとなる。フォスターの弾くオルガンである。事務所で今弾いた新曲の題名を弟と相談しているフォスター。黒人のキャンプを訪れるフォスター。奴隷として売られてゆくために別れなければならない黒人の恋人たち。ケンタッキーの家。黒人ジョーの葬式。南北戦争。停車場で軍隊に参加する黒人を見送るフォスター。家で友人の負傷の知らせを聞くフォスター。教会の中に作られた負傷兵のための病院。それまでの登場人物が、この病院で働いていたり、負傷して収容されていたり、見舞いに駆けつけたりして、一堂に会する。ここでフォスターは自分の作った数々の曲をオルガンで弾く。これがオーケストラになり、チェレスタに変わり、オルゴールに戻る。そして書斎の鳩時計が朝の五時を告げる。幻想の間に五時間が過ぎていたのだ。

フォスターの実録とは違う。歌の中の人名が登場人物として動き出したり、最後に一個所に集まったりする。しかしこれはオルゴールの主の幻想ということで、すべて納得がいくという構成になっている（病院のシーンの話を聞いて、ぼくは「風と共に去りぬ」を連想したが、原作があちらで出版された年に山本紫朗は「故郷の人々」を書いている。翻訳が出たのは放送された年である。「風と共に去りぬ」の映画化は一九三九年。「懐しのスワニー」というフォスターの伝記映画があるが、これも製作されたのは一九三九年。日本での公開はどちらも戦後である）。

「生放送だからね、これだけ大仕掛なものは大変だったんだ。ぼくも立ち会った。ガラス箱の中で見てた。だけど新米の作者だから口は出さなかった。演出は、記録ではＪＯＢＫ文芸課になってるけど、和田精だったよ」

賞金は二百円だった。一九三七年の二百円は、どのくらいの値段だったのだろう。「週刊朝日」の「値段の風俗史」によれば、公務員の初任給が一九三七年は七十五円、一九八〇年で十万一千六百円。ほかのもの、例えば豆腐などと比較してみても、およそ千五百倍になっていると考えていい。それでも二百円は現在の三十万円。賞金としてはそれほどの額ではない。しかし今の百万円くらい貰ったような気がする、と山本紫朗は言う。記念に賞金でレコードを買った。フォスターのアルバムである。もちろんＳＰ時代。何枚かセットになったものだった。カメラを買い、引伸機も買った。賞金を貰うために東京から大阪にやって来た、その旅費も賞金を当てにした。

山本紫朗は「故郷の人々」のメロディが鳴るオルゴールを実際に持っていた。放送ではそれよりも少し高級なオルゴールが使われた。そのオルゴールを記念に貰った。

大阪に来た山本紫朗は、これからもラジオの脚本を書くなら、JOBKで仕事をやってみないか、と言われた。それを受けて、大阪に移り住んだ。正式に局員になったわけではないが、JOBKのペンクラブというグループに入って脚本を書くようになる。ペンクラブには長谷川幸延や秋田実がいた。

脚本家になった山本紫朗はグリム童話や「竹取物語」のラジオ・オペラ化を試みたり、小山祐士や森本薫と競作でコントを書いたりしている。その年、日中戦争が始まった。放送でも時局もの、戦意高揚ものが多くなる。そういうものを書かされることもあった。

当時、「BKの三シ郎」という言葉があったそうだ。堀江史朗、星四郎、山本紫朗の三人である。堀江史朗は当時BKの演出家。博報堂の副社長を経て現在は特別顧問。星四郎はすでに故人だが、放送作家として出発し、松竹新喜劇の作者として名を挙げた人である。

「故郷の人々」は好評で、次の年の六月に再放送された。再放送と言ってもテープのない時代だから、再演である。この時は配役が変わっている。友田恭助の役を御橋公《みはしこう》、浅野進二郎の役を安田利一、村瀬幸子の役を木下ゆづ子、進藤英太郎の役を志村喬が演じた。

「故郷の人々」再演の頃は、山本紫朗は東宝に入社していた。第一回目の放送や、その他のいくつかの仕事に注目した東宝の重役の一人から誘われたのだった。

東宝映画株式会社の創立は一九三七年八月である。九月に写真化学研究所、PCL映画製作所、東宝映画配給、JOスタジオの四つの株式会社を吸収合併した。写真化学研究所とPCL映画製作所が東宝東京撮影所となり、JOスタジオは東宝京都撮影所となった。山本紫朗は発足したばかりの京都撮影所に入り、脚本部に所属した。

この年、一九三七年に東宝に入った俳優は林長二郎である。松竹から東宝に引き抜いた形となって、有名な顔切り事件が起きた。東宝専属以降は長谷川一夫を名乗る。山本紫朗と長谷川一夫は、後によく仕事で顔を合わせ、同時に入社したこと、年齢も同じであることを話し合ったが、当時は雲の上の大スターと、一脚本部員であったのだ。

「芝居やってた頃から、裏の仕事がやりたかったんだろう。スムーズに物書きになっちゃった。でも東宝に入ってから、一回だけ役者をやったことがあるんだ」

JOスタジオで助監督をやっていた今井正が、東宝京都撮影所になってすぐ監督に昇進した。第一回作品が「沼津兵学校」。俳優が兵隊にとられたりして難航し、完成までに二年かかった作品だが、徳川の旧幕臣たちが西洋式の陸軍を作る物語で、これに徳川の家老の役がある。今井正は江戸弁がしゃべれる俳優を使いたかった。しかし俳優が少い上に京都だから江戸弁をあやつれる人がいない。そこで山本紫朗に白羽の矢が立った。東京から来たし、役者の経験もあるということだったのだろう。僅かな出番だがアップもあるし、セリフもある。しかし俳優たちからは脚本部のやつが役者をやっては困ると苦情が出たそうだ。今井正は最近でも山本紫朗に会うと「あの時の借りがあるなあ」と言う。脚本部員だから、出演料を貰っていなかったのである。

撮影所はあまり忙しくなかった。京都では時代劇を撮る、という習慣が各社にあったが、東宝はその枠をはずしたために、時代劇も東京で撮るようになったのだ。映画の脚本も書いたが、山本紫朗は芝居が捨て切れず、京都撮影所の俳優たちを集めて制作座という劇団を作ったりした。映画俳優でも舞台の経験が必要だ、とハッパをかけたのだった。ただし大スターは使えず、中堅が参加した。その人たちの中に、黒川弥太郎や山根寿子がいる。劇場で上演もし、また劇団のユニット出演でラジオドラマもやった。放送局は勝手知ったるJOBKである。

またその頃、京都撮影所で作っている映画の物語をラジオ用に脚色し、映画と同じ役者を使って放送する、というスタイルを考え出し、その仕事を数多くやっている。東宝の社員としては、映画の宣伝をNHKでやっているようなものだし、放送作家としてはラジオに新しいエンターテインメントを導入したわけである。

「東宝の給料のほかに、脚本料をBKから貰うわけだ。脚本《ほん》は二十円から三十円、月給は七十円か八十円くらい。脚本《ほん》を三本くらい書くと、月給より高くなっちゃう。だから京都じゃ優雅な生活をしてた。みんなにおごれおごれって言われたもんだよ」

そうこうしているうちに、山本紫朗は東京の本社に転勤を命じられる。いろんなことのできる男だから、撮影所より本社で使おう、ということだったらしい。それが一九四〇年。

「東宝は映画会社だけど、その時分、映画館のアトラクションていうのが流行った。映画をやって、その合間に実演をやる。どこの映画館もそれをやるようになった。客もいっぱい入ったんだね。本社ではそのアトラクションの脚本を書かされたわけだ。ひどい時は週に七本くらい書いた。

渋谷東宝とか五反田東宝とか蒲田東宝とか、たくさん東宝系の映画館があったからね。どこもこれをやろうって言い出した。そのたんびに一人で人を集めて脚本《ほん》も書いてたわけ。映画会社は実演という部署がないんだから。

スクリーンの前でやるんだからね、たいしたことはできない。ピアノだけとか、三、四人のバンドと、歌と司会者くらい。司会者が笑わせたり、歌手とインタビュー形式で話をしたり、今のテレビみたいなもんだよ。時間も三十分か四十分くらい。

そんなことやっているうちに、新宿東宝っていうのがあって、ここの館主が、チャチなことやってってもしょうがないから、立派な舞台を作ってショウをやろうじゃないか、って言い出した。そこで今で言や『上海バンスキング』みたいな、あのくらいのスケールのものをやり始めたんだ。その中の一つに『メイコ大放送』っていうのがあって、これが中村メイコの初舞台になった。メイコのお母さんは菊池千栄子と言ってぼくらと一緒に芝居してた人でね、いろんなつながりがあるわけ。メイコは四つか五つだったかな。それがきっかけでメイコは映画に出るようになった。『江戸っ子健ちゃん』ていう映画でフクちゃんになったのが最初の映画だろう。

そのうち、会社に計画部っていうのができた。アトラクション部だね。ここは映画をカヴァーするとこで、儲けなくていいって言うんだ。儲けなくていいんなら楽なもんだ。いろんな人を捜してきて、すぐ使う。何でも客は入った、その時分は。その頃に灰田勝彦のショウをやったりして、知り合いになったわけ。そんなふうにショウを作ってたのが、後に日劇に入ってから役に立ったんじゃないかな。

その頃はうるさくてね、戦争中（日中戦争）だから。演出家の鑑札が要る。警視庁がそう言うんだ。鑑札つけて台本を警視庁に持ってくわけ。台本でチェックされる。いいとか悪いとか、ここはカットしろとか言われる。バカバカしいのは、高勢実乗《たかせみのる》っていただろ、彼が『軍艦マーチ』に合わせて出てきたいって言うんで、それを使った。彼のテーマは『わしゃかなわんよ』だ。その時はぼくは軍に呼ばれたよ。『軍艦マーチ』で出てきて『わしゃかなわんよ』とは何ごとだ。日本は勝利だ、敵《かな》わんじゃない、敵うんだって言うわけ。

菊田一夫もしょっちゅう警視庁に呼ばれてたよ。彼は浅草でそういう仕事をしてたんだ。その頃からの知り合いだから、ぼくは〝菊ちゃん〟と呼ぶし、向うは〝紫朗ちゃん〟と呼ぶ。後に菊田一夫は東宝で重役になったけど、それでもぼくは〝菊ちゃん〟て言ってたから、昔を知らない人は不思議そうにしてたね。

そのうち実演もだんだん大きくなってきた。一歩上へ行って凝ったものをやり出した。渋谷東宝や江東劇場で、灰田勝彦のものをやったり小夜福子のものをやったり、アトラクションじゃなく、ミュージカルみたいなものだね。アトラクションはだんだんなくなっていったんだ」

一九四一年、太平洋戦争勃発。

一九四三年に株式会社東京宝塚劇場と東宝映画株式会社が合併し、東宝株式会社となった。株式会社東京宝塚劇場は、東京宝塚劇場、有楽座、帝劇、日劇などを持っていた。

「東宝映画株式会社の時代は、映画会社だからね、アトラクションはあくまでも映画のそえものだったんだ。映画が〝主〟で、ショウは〝従〟だったんだよ。それが株式会社東京宝塚劇場と合併して東宝株式会社になったんで、映画と実演とどっちが〝従〟ってことはなくなった。映画部と演劇部になったんだ。東宝映画から来た人は映画部、宝塚劇場から来た人は演劇部と、だいたい分かれるんだけど、ぼくは映画から来たのに、あいつは演劇の方に向いてるんじゃないか、ということで演劇部に転籍させられた。それでロッパ一座、エノケン一座などの仕事をするようになったわけだ。

有楽座に出ているロッパ一座のために『昭南の江戸っ子』なんてのを書いたね。昭南てのはシンガポールのことだよ。当時はそう言ったんだ。寿司屋の職人がシンガポールへ行く話。時局ものだね。あの時分は時局ものでないとダメだったんだ」

「昭南の江戸っ子」は一九四四年一月。因みに同じ一月のほかの劇場の演《だ》し物を見ると、東京宝塚劇場が宝塚雪組の「東亜の子供達」、帝劇が新国劇の「軍属」「みくにぶり」、日劇がエノケン一座の「花の翼」。ほかにも「紅の翼」「爆音」「日の丸船隊」「共同の敵」「空征かば」「戦ふ人形劇」などの題名が、その頃の各劇場のリストに並んでいる。

戦争はショウビジネスにとっても悪い時代をもたらす。一九四四年二月、高級娯楽施設は閉鎖を命じられる。大劇場は陸軍に接収されて、有楽座、東京宝塚劇場、日劇、国際劇場、国技館は「ふ」号兵器の秘密工場となった。「ふ」号兵器とは、風船爆弾のことである。

一九四五年、空襲は激しくなり、都市におけるショウビジネスはほとんど不可能になった。会社は軍の管区制にならって営業管区制を布き、二月に、山本紫朗は東北営業管区の演劇部の責任者として、新潟へ赴任させられた。

「会社の疎開だね。映画と演劇を合わせた組が、中部営業管区とか九州営業管区とか、それぞれに移動する。一組二十五人くらい、家族も行くから百人くらいが移動するわけだ。荷物は一家で石油缶二十五個と制限された。その時にそれまでの本や資料を全部売っちゃった。新潟宝塚劇場の二階に事務所を作って仕事を始めたわけ。

その頃は兵隊にとられて会社の人数も少くなっていた。ぼくはずっとNHKとのつながりがあって、『海外報道班員』という肩書があって、海外放送を書かされてたんだ。オーストラリアの捕虜がラジオドラマをやる、その脚本《ほん》を書いたり。そんな関係で兵隊にとられずにすんだらしいね。

仕事は実演を地方に回すことだった。東北、北陸がぼくたちのテリトリー。ぼくは東京に帰っては、エノケン一座、ロッパ一座なんかを連れて行ったんだ。映画はあまり撮れないし、東京は劇場は閉鎖されてる。渋谷東宝のような小さなとこはあったけど、制作するぼくたちがいなくなっちゃったから、連中は東京にいてもやれないわけだ。ぼくはものすごく混む汽車で帰ってきて、本社で空襲のバアバアひどい中を人集めする。東京でやってた脚本《ほん》も衣裳も装置もあるから、それを持って、宇都宮から始めて、福島、仙台、青森、秋田、山形、新潟、裏日本を通って敦賀まで来て、敦賀から一座を東京に帰す。ぼくは新潟へ戻る。そういうコース。三週間くらい回る。プロデューサーも演出も兼ねてついて行くわけだけど、それだけじゃない。お金貰う責任もあるわけだ。みんなに汽車の切符配ったり。向うへ着けば宿屋の手配。大道具からみんな行くんだから、一行四十五名から五十名、それぞれ部屋を割りふって、スターはそれなりにいいとこへ泊めなきゃならないし、宿屋に祝儀払ったり。演出どこの騒ぎじゃない。

地方はどこも満員で、次は誰を連れてきてくれるんだって言う。エノケンはどうだ、灰田勝彦はどうだ、って言うと、どれも大喜びされるわけだ。それ以前は地方には立派なやつは行ってないから、どこへ行っても大歓迎だよ。東京の連中も、一度行くと、次はいつだ、って言う。地方へ行けば空襲もないし、電気はついてるし、銀シャリも食える、肉もあるってわけで、みんな喜んで行くんだ」

その頃、新潟市内で、山本紫朗は益田喜頓にばったり出会った。あきれたぼういず時代からの知り合いである（あきれたぼういずは、一九三七年に結成された川田義雄、坊屋三郎、芝利英、益田喜頓によるコミック・グループ。三九年に川田が抜け、そのかわりに山茶花究が入って第二次あきれたぼういずができた。四三年に解散。芝利英は戦死した）。こんなところで何してるんだ、ときくと、喜頓は、東京はあんな状態だし、役者をやめて、新潟で雑貨屋でも始めようかと思っている、と言った。山本紫朗は、いつか連絡することもあるかも知れないと思い、住所だけをきいて、別れた。

「日劇の最後の日に長谷川一夫と笠置シヅ子が青函連絡船の話をしてたね（青函連絡船に乗る筈が、笠置シヅ子が遅刻をして、一行はその船を見送った。ところが船は爆撃されて沈み、笠置シヅ子の遅刻で全員が命拾いをした話。第二章参照）。その後日談があるんだ。

青森から新潟のぼくのところに電話がかかってきた。長谷川一夫、笠置シヅ子の一行が青森で立往生してるって言う。楽団南十字星っていうバンドも一緒だ。ピアノが松井八郎、ベースが見《み》砂直照《さこ》、そういう連中だね。で、どこかに回せないか、と言われた。それが七月の末あたり。あっちこっち話をつけて、青森まで迎えに行って、秋田から鶴岡、新潟やって、長岡やって、十日町やって、富山へ来たら富山は焼けちゃってる。富山じゃできないから、一日のばしに、今度はこっち、今度はこっちってやってるうちに、八月十四日になった。越中高岡で二日間やって次に金沢へ行くことになってた。十四日に越中高岡に着いて、その日もすぐにやった。映画館に客はいっぱいだった。

次の十五日の十二時に、ラジオで何かあるって話だった。その時間になると、もう二日目のお客がいっぱい入ってるんだ。十二時になって、楽屋のラジオを聴いた。その時分のラジオは性能が悪くて、何言ってんだかぜんぜんわかんないんだよね。だけども、どうも敗けたらしい。じゃ帰ろうよ、って言うことになった。敗けたのにこんなことしててもしょうがないから、館へ交渉してくれ、ってみんなが言う。交渉に行ったら、冗談言っちゃいけない、こんなに客が入ってるのに、今さらやめられるか。第一、こんな越中高岡なんてところに長谷川一夫なんかもう来るわけがない、絶対にダメだ、やってくれなかったら帰りの汽車の切符は買ってやんない、って言うんだ。その時分汽車の切符はなかなか買えなかった。館なんかで押えてるんだね。またみんなのところへ戻って、館じゃこう言ってるんだけど、どうしようかって言ったら、長谷川一夫が、やれるわけないじゃないか、第一俺は赤い陣羽織着て、太刀持って、〽勝ってくるぞと勇ましく…って踊ってる。負けたのにそんなもん出来ねえじゃないか、って言う。それもそうだ。笠置シヅ子は〽出てこいニミッツ、マッカーサー、出てくりゃ地獄へ逆落とし…って『米英撃滅の歌』ってのを歌ってるんだ。これも歌えるわけないだろう、って言う。

それでまた向うへ話をしたら、向うも納得して、わかった、戦争が終ったら東宝もきちんとした商売をするだろう、そうしたら、ここへいいものを持ってくるという約束をしてくれって言う。で、証文みたいなもの、必ず持ってくる、約束します、って書いて判押した。それで、みんなに大きなおむすび三つずつ貰って、汽車の切符買って貰って帰って来たんだ。

みんなは敦賀を回って東海道線に乗って東京へ帰る。ぼくは東京へ四十何名一行帰すから迎え頼むって電話かけて、一人で新潟へ帰ったわけ。

汽車に誰も乗ってない。ぼく一人しかいない。ある駅に着く。十分も二十分も待たされる。誰も乗ってこない。駅にも人が一人もいない。何てのかねえ、あれは。白昼夢みたいだった。いつとはなしにポッポッポッポッと出て、またいつとはなしに停まって、普通の倍以上時間をかけてやっと新潟に着いた。着いて駅に降りたら、ここも人がいない。次の原爆は新潟へ落ちるっていうんで、新潟の市民は郊外へ移ったあとだったんだ。戦争が終ったって言うんでポツポツ帰って来た人が歩いてるくらい。人が通ってない広い通りをトコトコ宝塚劇場の事務所へ帰って来たら、うちのが郊外から、もうそろそろ帰るだろうって迎えに来てて、それで馬車に乗って角田山ってとこまで帰った。

十七日には本社からすぐ帰って来いって言われて、一人で東京に帰った。家族は新潟に置いてね。東京にもう家はないんだから。

今は違うけど、昔は映写機にカーボンていうのを使ってたね、光源に。戦争中にカーボンを会社の倉庫から出して、各営業管区に分けた。東京に置いといたら危いから。新潟にも何万組か持ってってたの。新潟じゃ海岸のそばにうちを借りて、庭の砂に埋めておいた。ほかは大抵焼けちゃったんだ。中部営業管区は広島だったから、カーボンどころか行った人はみんな原爆の犠牲になっちゃった。戦争が終ったら、また映画が盛んになって、カーボンが要るわけだよ。新潟から何万組も持って帰って来たからね、これが役に立った。ぼくは、戦争中特に功労ありし者、って表彰されたんだ。百円くれたよ。カーボンだけじゃなくて、終戦の日まで働いてたからね。ぼくが賞貰ったのは、それと、この間の菊田一夫特別賞で時計貰っただけだよ」

戦後の混乱期には俳優が足りなかった。戦争で一度縮小させられたショウビジネスであるし、召集されてまだ還って来ない人もいる。これから急激に盛んになろうとしているのに人材不足である。山本紫朗はふと新潟で出会った益田喜頓を思い出した。幸い住所をきいている。会社に提案し、会社からすぐ新潟に電報を打った。こうして益田喜頓は戦後東宝が契約した俳優の、第一号となった。

越中高岡の映画館との約束も、まだ残っていた。劇場も撮影所も再開されて、みな忙しくなってきたが、約束は守らねばならない。山本紫朗は「滝の白糸」を持って、高岡に行った。演ずるのは山田五十鈴、河津清三郎であった。

戦後、一九四五年十一月、再開した有楽座は新国劇であった。帝劇は十月、尾上菊五郎一座。「鏡獅子」「娘道成寺」のほかに、久保田万太郎が「銀座復興」（水上滝太郎原作）を芝居にしている。東京宝塚劇場は、九月から「芸能大会」というのをやり、十一月にはエノケン一座が出たが、十二月には進駐軍に接収され、アーニー・パイル劇場となった。返還されたのは一九五五年であった。日劇は十一月、「ハイライト」というタイトルをつけたショウで再開した。轟夕起子、笠置シヅ子、灰田勝彦などが出演するショウだった。

「ぼくは戦後も有楽座でロッパ一座のプロデュースをしてたんだけど、あいつはアトラクション時代にショウをやってたよ、じゃあ今度もショウをやらせたらいいじゃないか、ということで、日劇を一本プロデュースしてみろといわれたんだ」

日劇で最初にプロデュースしたショウは一九四六年七月、中野実作、佐野周二、花菱アチャコ、川田義雄出演の「銀座千一夜」だった。山本紫朗と日劇の関係は、これから始まったのである。

（一九八一年七月）

第八章　喜劇人たち・そのほか

日劇「アチャラカ誕生」の
劇中劇「最後の伝令」
トム
榎本健一
メリーさん
楠トシエ
村人ロバート
三木のり平

前章に、高勢実乗《たかせみのる》や益田喜頓の名が出た。今回は喜劇人について山本紫朗に語ってもらう。

「あきれたぼういずは、ぼくが京都の撮影所にいた時分、斎藤寅次郎が来て喜劇を撮ったんだ。広沢虎造なんかと一緒だね、国定忠治みたいなものだったかな。それにあきれたぼういずも出てたんだ。その時に撮影所で知り合いになった。

あきれたぼういずは吉本興業にいたわけよ。それが新興キネマに演芸部というのができて、そこに引き抜かれた。あの時分は引き抜き合戦が盛んで、大変だったんだ。この時に川田義雄（のちに晴久）が吉本に残って、ほかの三人（坊屋三郎、芝利英、益田喜頓）が抜かれて、それに山茶花究が加わった。新京極の松竹劇場で新興演芸部の旗揚げに出た。その時に吉本でやってたものは使えない、新しいものをやろう、ってことで、何かネタねえかって言うんで、ぼくはよく楽屋へ行って、ギャグをいろいろこしらえてやったんだ。その頃は脚本《ほん》を書くんじゃなくて、こう言ったらこう、今度はこうするって、口だてでやったもんだよ。

川田義雄は吉本に残って、ミルク・ブラザースを作った。地球の上に朝がくる、その裏側は夜だろう、っていうやつ」

この引き抜き合戦の裏側で、伴淳三郎が暗躍したという話が伝えられている。伝えられているだけでなく、本人の証言もあるので引用してみよう。「ばんじゅん一代」（一九七九年アサヒグラフ連載）より。

――（略）永田雅一さんから地下へもぐれって、共産党みたいなことをいわれたんだよ。（略）それで引っこ抜きにかかったのだな。今の日比谷映画劇場ね、あそこが松旭斎天勝さんのやっていた水晶館という旅館だった。そこへもぐっちゃったんだ、おれが。それで河津の清ちゃんなんかに相談してね、柳家三亀松師匠に相談してね。だれとだれがいいと思うっていうんでさ。まずこれからっていうんで吉本興業から手ェつけていったんだ。（略）とにかくガサッと、前金、ピョッ、ピョッと渡して歩いて。その時ダイナブラザースも引き抜きにかかったが、リーダーの川田晴久だけは駄目だったなあ。当時はまだ川田義雄――よっちゃんてぼくらいってたけど、カンベンしてくれって。（略）やっぱり今の政治家の裏工作みたいなもんでね。なんか後ろにやっぱり偉いやつがいて、おれみたいな人間を動かしているからわからないわけだ。――

（ここでダイナブラザースとあるのは思い違いで、実はあきれたぼういず。ダイナブラザースを川田晴久が作ったのはずっとのちの話である）

山本紫朗の話の続き。

「この間も話したように、映画俳優も舞台の経験がなきゃ駄目だってハッパかけたんだけど、役者の中の若い連中が、今度脚本《ほん》書いて下さい、ギターも弾けます、喜劇もやりますって言うんで、撮影所の若い役者だけで東宝ボーイズってのを作ったことがあるんだよ。ぼくがギャグを書いたり、替え歌を作ったりして、アトラクションでずいぶん回った。稼がせてやったよ。その後有名になったのはいないけどね。

その頃、高勢実乗もずいぶんアトラクションをやった。面白いのは、あの人は劇場に行くと楽屋の条件があるんだ。うしろに金屛風を置くこと。姿見を必ず置くこと。姿見には電気をいっぱいつけるの。何故こんなに電気をつけるんだってきくと、舞台と同じ明るさにしないとメーキャップがわかんないって言う。食事は必ず鰻をとってくれって言うんだ。鰻は精力がつくって言うんだね。高勢実乗って言うと鰻丼と金屛風と電気。客はすごく入るんだ。彼は一人でやる。だから安く上がる。それで客がわんさと入るから、鰻丼なんか何でもないんだ。館主は何でもどうぞって言ってとってくれる。

高勢実乗っていうのは昔は映画の二枚目をやって、それから相馬一平って名前になってね、悪役、色仇をやったんだね。それが高勢実乗になって喜劇に転向した。日の丸の扇子と『あのねオッサン、わしゃかーなわんよ』って言うのがテーマで。一世を風靡した伴淳の『アジャパー』と同じだね。いろんなことをしゃべって、疲れるとアジャパーって言う。それで客が笑う。それと同じで、しゃべってて間に『わしゃかーなわんよ』を入れる、客がわーって笑う。それで三十分も四十分ももたせちゃうんだね。『これでごめん』て扇子をパチャッと閉じると引込みの合図だ。それで軍艦マーチで帰って来る。楽なもんなんだ。その高勢実乗にぼくは気に入られて、アトラクションを頼むと、山本さんじゃなきゃ駄目だって言う。ぼくはついて行くわけだ。しゃべる内容も、書くんじゃなくて、口だてだから話をするだけ。あとは適当にしゃべるわけだ。それに何かって言や『わしゃかーなわんよ』って言えば客に受けるんだ。

ぼくが結婚した時はお祝いに蛇の血をくれたよ。精力がつくって言うんだ。おかしなおっさんだったなあ」

(「あのねオッサン、わしゃかーなわんよ」という有名なセリフは、高勢実乗をよく起用した監督山中貞雄のニックネームの「オッサン」とその監督の口ぐせ「かなわんよ」を合成したものだという。伴淳のアジャパーは、一九五一年の「吃七捕物帖・一番手柄」(斎藤寅次郎監督)で柳家金語楼が不思議なメーキャップで演じた悪役の用心棒に扮した時、爆弾を持って「一瞬にしてパー」と言うセリフと、山形の驚嘆詞アジャジャーを合わせたところから始まった)

「ぼくが京都の撮影所にいた時分に、伴淳三郎は京都宝塚の前に『バン』ていう喫茶店を持っていた。役者をしながら喫茶店も経営してたんだけど、映画俳優としてもすでに人気があったね。その喫茶店の二階を借りて、何人か集まって、喜劇の研究会を作ったことがあるんだ。新興キネマや日活で、今までの活動屋じゃなく、これから新しいことをやりたいっていう連中が集まったわけだ。東宝はぼくだけだったね。あの時分は東宝は新興キネマなんかに比べると、まだ駆け出しだったんだ。そのへんから伴淳とは付き合いがあるわけ。あきれたぼういずとも、その喫茶店でよく会ってたように思う。そのグループには森光子もいたよ。彼女は嵐寛寿郎の姪でね。まだ十四か十五だったと思う。歌がうまくてね、戦争中は歌を歌って回ってたんじゃないかな。

岸井明、アーちゃんね、彼もアトラクションよくやった。歌がうまいんだ。で、灰田勝彦と仲が良くて、よく一緒に出たよ。向う横丁の煙草屋の可愛い看板娘……なんて歌をよく歌ってた。

鈴木静一が作った歌でね。アーちゃんて言うとPCL映画を思い出すなあ」

「伊藤龍雄という人がいてね、この人とは昔、近代劇場（第七章参照）の仲間だった。彼はアメリカに留学して、パステル画を習って、向うの女優を描いたりしてた。帰って来て、『スタア』っていう雑誌の表紙を描いたんだ。その伊藤龍雄が書いた原作で『エリス島』っていうのがある。ニューヨークのマンハッタンの先にエリス島って島がある、そこへ移民を収容した話なんだ。これをロッパ一座ふうにぼくが脚色した。最後は交換船で帰って来るんだけど、割合シリアスな話だね。これがぼくの古川緑波一座での最初の仕事になった。そのあと、この間話した『昭南の江戸っ子』っていうのを書いた。

古川緑波っていうのはお坊っちゃん育ちでね、映画雑誌の記者やったり、評論やったりしながら、シロウトから役者になったんだ。声帯摸写がうまいんだ。声帯摸写っていう言葉も古川緑波が作ったんだよ。彼は普通に声色を摸写するだけでなく、歩いて来て歌うところまでやった。藤山一郎とかね。出るところからやったのも彼の創作だろうね。よくアトラクションに出てもらった。一人でやれる。ピアノだけでいろんなことができるんだ。

ぼくとはうちが近かったんで、仲が良かった。歩いて五分くらいのところに住んでたんだ。よく一緒に行こうや、迎えに来てくれよ、なんて言って電車に乗って有楽座へ行ったもんだった。あの時分はエノケンだって誰だって電車で通ってたよ。

緑波は面白い人でね、気に入った人にはとてもいいんだ。気に入らない相手にはとても威張ってた。ぼくに、パットソン、パットソンて言う。それは何かって言うとね、戦争中、彼は食い物だけは何とかしたいっていうんで軍に慰問に行く。行ってからぼくに、何か貰って来いよって言うわけだ。当時の緑波だからね、軍では羊羹やら煙草やらいろんなものをくれる。ある日ぼくがウィスキーを貰って来たら、それにパットソンて書いてある。何だこれは、そんなウィスキーあるのかってわけで、それからウィスキーのことをパットソンって言い出して、今度あそこへ行ったらパットソン貰って来いよ、なんて代名詞になったんだ。

森繁久弥もロッパ一座にいたことがある。書生みたいにしていたんだね。舞台に出ても通行人とかちょい役でね。緑波は太ってて肩凝りで、しょっちゅう弟子が肩揉んでた。森繁もおそらく揉まされてたんじゃないかな。緑波は楽屋で必ず原稿書いてるんだ。頼まれて雑文なんか書いてる。森繁が今そっくりだよ。森繁も楽屋で書いてるからね。だから『シゲさん、緑波さんとそっくりだなあ、だんだんそっくりになってくるなあ』って言ってやった。いやな顔してたけどね。

エノケンとも戦前からよーく知ってたけど、ぼくは仕事は緑波としてるから、エノケンとの仕事はなかった。エノケンと緑波は競争してたからね。ライバルだからぼくがエノケンと仕事をすると緑波がいやがるんだ。戦後はエノケンが日劇へ出たり、二人が共演するようになったから、一緒に仕事するようになった。二人が初めて一緒に出たのは有楽座で、『弥次喜多』（一九四七年『弥次喜多道中膝栗毛』）だった。初めは緑波は徳山璉《たまき》と『弥次喜多』をやったんだけど（一九三五年、有楽座、日劇）、エノケンと一緒にやるなら、やっぱり『弥次喜多』だろうってことでね。

エノケンはドタバタ喜劇をずーっとやった。緑波は『花咲く港』のような、喜劇でありながらシリアスな人情ばなしみたいなものをやった。『花咲く港』は菊田一夫の傑作だね」

一九四七年五月、日劇小劇場で「我が心誰に語らじ」と「青春ホテルは大騒ぎ」という二本のショウが上演された。これは「新風ショウ」と銘うたれたシリーズの公演である。

日劇小劇場は一九四六年七月に薔薇座の「東風の歌」で開場。一九五二年二月に改装されて日劇ミュージックホールとなるまでの上演リストを見ると、一九四九年あたりから「日小エキサイトショウ」「日小クライマックスショウ」「日小バーレスク」などのサブタイトルのもとに、「女の祭典」「女の巨砲」「女の武器」「女のポポ」「女のキキ」「女のデデ」などと題するショウが上演されていて、ヌード劇場へ変貌、定着する過程が題名からも読みとれるわけだが、一九四七年あたりでは俳優座や文学座も使っているし、帝都座の「肉体の門」で評判をとった空気座や、徳川夢声らのナヤマシ会、淀橋太郎らの東京レビュウなども舞台に乗っている。ヴァラエティ豊かな大人の小劇場であったわけだ。

「新風ショウ」というのは、伴淳三郎、藤尾純、岡田恵吉、加賀四郎、山本紫朗の五人が集まって作ったシリーズであった。一九四七年の十月には「銀座裏の鍵穴」「沖縄ラプソディー」「秋の抱擁」の三本立を上演している。

「藤尾純ていうのは、今、関西にいるけど、いいコメディアンだった。岡田恵吉は宝塚にいた演出家。加賀四郎は大映の重役。加賀まりこのお父っつぁん。みんな友だちだから、会社の仕事は別として、集まって作ったわけだ。新しいコントとかね、喜劇を主としたものをやろう、ってことでね。その時分、闇で金儲けたやつがうんといたのよ。その連中が金出してくれた。会社の仕事じゃないから、そういうことをしてもらう。でも東宝にいたから、劇場は東宝系を使う。東宝ではできたけど、ほかの会社なら怒られるだろう。金が使えたから、入江たか子とか淡谷のり子なんか使って、ちょっと変わった洒落たショウができたんだ。ぼくは面白半分やってるから脚本《ほん》書いても金は貰わない。横浜宝塚劇場っていうのを本拠にして、日劇小劇場だとか、名古屋の宝塚でやったり、地方も回って、四年くらい続けたかなあ。

これで『銀座裏の鍵穴』っていうのをやった時に、美空ひばりを連れて来たんだよ。その時は加藤和枝って言ってたんだ。加藤和枝じゃ商売にならないからっていうんで、何か芸名をつけようってことになって、この五人がああでもない、こうでもないって言いながら、美空ひばりって名前をつけちゃった。このことをぼくはすっかり忘れてた。何故思い出したかって言うとね、この間、美空ひばりのおっ母さんのお葬式があった。あの日に12チャンネルで『美空ひばりの母を語る』っていう番組があったんだ。お母さんと懇意だったから出てしゃべってくれって、お葬式のところまでテレビ局が迎えに来たわけ。ぼくと清川虹子が連れて行かれて、12チャンネルのスタジオで話をした時、清川虹子が『紫朗ちゃん、あんた美空ひばりの名付親じゃないか』って言った。そこで、あっそうかと思い出した。名付親の一人だったんだ。美空ひばりは二十四年(一九四九年)に日劇に出た。その時はもう美空ひばりって言ってた。つまりそれより前に、ぼくたちが名前をつけてたわけだね」

一九四九年の一月、「ラヴ・パレード」というショウで、美空ひばりは日劇に初出演している。灰田勝彦出演。白井鐵造の構成・演出。山本紫朗はプロデューサーだった(第一章参照)。

「その時初めて日劇に美空ひばりを連れて来たみたいに言ってたけどね、実はその前があったわけ。日劇小劇場が。名前をつけた時に、今ならひばりちゃんでいいけども、三十四十になってもひばりちゃんじゃおかしいじゃないか、なんて話したんだよ。ところが今、四十いくつでひばりちゃんだ。それでもおかしくないんだ。清川虹子は『一卵性親子』って言葉は私が作ったけど、美空ひばりって名前はあんたたちがつけたのよ、って言ってたね」

なにしろ、その少女が後に歌謡界の女王になるとは、誰も思っていなかったに違いない。だから芸名をつけたと言っても、当事者たちにとって、別に印象的な出来事ではなかったのだろう。その時のことは当事者たちそれぞれの記憶が少しずつ違うのである。「ひばり自伝」（草思社）によれば、ひばり自身はこの時の「新風ショウ」の題名を、「東京スキャンダル」と憶えているし、前にも引用した「ばんじゅん一代」で、伴淳三郎は「銀座の鍵穴」と述べている（正しくは「銀座裏の鍵穴」である）。

「あの子をもう一回出そう、というんで、また横浜から連れて来て日劇に出した。それが『ラヴ・パレード』だった。それを映画の斎藤寅次郎が観に来た。喜劇の連中を通して知り合いだったもんだから。それで、面白いの連れて来たじゃないか、俺のところで使わせろよって言うんだ。彼は『のど自慢狂時代』っていうのを撮ってた。最初から美空ひばりを予定してるんじゃないんだよ。撮ってる途中から放り込んだ。東横映画へ連れてって撮ったわけだ。それがきっかけで、いろんな映画に出るようになった。

彼女は七つ八つで百人一首を全部諳《そら》んじてたそうだよ。天才だったんだね。ちょっと変わってた。だから目をひいた。歌もうまいし。はじめは笠置シヅ子の真似してた。『ヘイヘイブギ』なんかね。これがとてもうまい。だから笠置が怒ったんだ。私よりうまく歌っちゃ困るって言ってね。子どもだから、なおうまく聞こえるわけ。

思い出したら、有楽座で『コロムビア大会』っていうのがあって、美空ひばりをそれに出したことがある（一九四九年）。日劇の『ラヴ・パレード』が一月で、二月に『コロムビア大会・春のヒットパレード』に出した。それはコロムビア大会だからね、コロムビア専属歌手ばかりが出るんだ。だけどもぼくがその中へ美空ひばりを突っ込んじゃった。まだレコード会社も決まってない時だよ。自分の持ち歌もない。でもその後コロムビアでずーっとレコードを出してるわけだね。それがきっかけになったのかどうだか、わかんないけど」

「『浦島再び龍宮へ行く』（一九四七年）、これはぼくが日劇で最初に脚本《ほん》を書いたものだった。笠置シヅ子、川路龍子、黒川弥太郎のほかに、漫画集団の連中が出た。横山隆一、泰三の兄弟、清水崑とか秋好馨とか、小川哲男とか。それからＳＫＤから二十四人借りた。日劇ダンシングチ

「浦島再び龍宮へ行く」のプログラム・杉浦幸雄画

ームはまだちゃんとしていなかったの。ラインダンスが欲しかったんでＳＫＤを借りたんだ。

漫画集団はみんなで魚の絵を描いて、切り抜いてお面にしたり。漫画家だけど、芝居したり歌ったりした。笠置と『東京ブギ』なんかを歌ったよ。『東京ブギ』はこのショウで生まれたんだ。本職のコメディアンは出さないで、彼らをコメディアンとして使った。その時分はあまり忙しくなかったんだろうね。終戦後すぐで、雑誌も多くはなかった。だから一週間も十日も、毎日来てやってられたわけ。今だったら、冗談じゃないよ、って言われるだろう。有楽町に漫画集団の事務所があった。近いから時々遊びに行ったりして知り合いになってたもんだからね、今度何やるんだ、こんなものやるよ、面白そうだねえ、手伝わせろよ、じゃ出てくれるかい、出る出る、っていう調子でね。二十人くらいいたかな、杉浦幸雄もいた。近藤日出造もいた。六浦光雄、西川辰美、横井福次郎もいた。一日三回公演だよ。連中はみんな楽屋にこもって、酒飲んだりしてたね。楽屋で漫画も描いてた。当時忙しくなかったって言っても商売だからね。

ついこの間、漫画集団の誰かが怒ってるっていう話を聞いた。どうしたんだと思ったら、日劇の最後のショウね、あれにどうして俺たちを招待しないんだ、一番先に俺たちがやったんじゃないかって言ってたって。そうか、そりゃ悪いことした、申し訳ないってことでね、今度会ったらあやまらなくちゃいけない。

一九四九年に、『踊る京マチ子と冗談音楽』。これは京マチ子に三木鶏郎のグループを組み合わせた。三木鶏郎、小野田勇、三木のり平、河井坊茶、丹下キヨ子。丹下キヨ子は戦前の日劇で踊ってたんだ。その時分はぼくは知らないけど。ラジオの『日曜娯楽版』ていうのが面白かったので、三木鶏郎に会いにＮＨＫに行って、舞台に出てみないか、って言って連れてきたわけ。

一九五〇年に『テキサスの薔薇』っていうミュージカルをやった。灰田勝彦、宮城まり子、ミミー宮島なんかが出たんだけども、そん時に森繁久弥と山茶花究をぼくは使ったんだ。森繁や山茶花究はカウボーイで、ほんのちょい役だった。

その前の一九四八年に日劇小劇場で鈴木泉三郎の『火あぶり』っていう芝居をやったんだよ。ぼくが演出した。これに森繁を使った。森繁が満州から帰って来て、あまり仕事のない頃だったね。真面目なドラマでね、主役をやった。森繁が主役をやったものとしてはごく初期の部類だろう。

一九五〇年に『ラッキー・サンデー』、五一年に『ラッキー・カムカム』というのをやってる。笠置と堺駿二。『ラッキー・サンデー』は横山隆一が当時描いていた漫画の『ペ子ちゃんとデン助』というのを舞台にした。笠置のペ子ちゃん、堺駿二のデン助。

五二年一月にエノケンと緑波と笠置シヅ子で『笑う宝船』。その年の五月に『珍版オペラ騒動』っていうのをやってて、これには笠置と堺駿二とのり平が出てる。この時はのり平はもう三木鶏郎からは離れてた。このへんから、のり平は日劇によく出るようになったんだね。『初笑いスピード人生』とか。これには金語楼とのり平が出た。

五三年の五月に、『コロムビア・ハイライト』っていうのがあった。コロムビアの歌手がいっぱい出るんだけど、これにコロムビア・トップ・ライトとか、青空千夜・一夜とか漫才を司会にしてやってる。

五五年の三月に『銀座三代』。これは〝東京喜劇まつり〟っていうのをやろうってことで、第一回が『銀座三代』。エノケンと緑波と金語楼と清川虹子、トニー谷、宮城まり子、並木一路、伴淳三郎なんかが出た」

　一九五四年三月に喜劇人協会が発足し、榎本健一が初代会長に選ばれた。喜劇人協会の会員が揃って公演を持とうという主旨で、エノケン、緑波、金語楼という大物三人を中心に「東京喜劇まつり」が日劇で開かれたのだった。この公演のプログラムから、古川緑波の文章を引用する。

　戦争前、戦争中、あんなに盛んだった喜劇が、舞台の喜劇というものが、東京から姿を消してしまった。嘘のような話だが。

　そして、喜劇はわずかに映画とラジオだけのものになってしまった。喜劇人はみんなそっちへ走ってしまった。われら三人も走ってしまったんだが。

　喜劇のない東京。

「銀座三代」のプログラム

そんな話があってもいいものか。

東京をもとの姿に返そうじゃないか。

われら三人はここで立った。老軀に鞭打って(なんて言うのはケンソンだ)立った。

友だちや若い人たちがワーッと賛成して呉れた。三人は感激して、「やろうぜ!」と手を握り合った。


オール東京の都民諸君よ!

日本の文化の中心、東京にふたたび喜劇の花を咲かせようという、われらの運動に何卒御協力御支援をたまわらんことを願い上げます。

「アチャラカ誕生」のプログラム

「五五年の九月が第二回の東京喜劇まつりで、これで『アチャラカ誕生』っていうのをやった。三木のり平が『メリーさん、大変だ大変だ』で一躍有名になった。あれは本当に大変だった。あれでのり平は俄然喜劇のトップスターのところに行っちゃった。日劇から出たスターはいろいろいるけど、喜劇ではやっぱりのり平だろうね。

中心はもちろんエノケン、緑波、金語楼の三人なんだけど、もうあまり動けなくて、ドタバタはもっぱら若手がやった。この時に出たのはほかに、トニー谷、山野一郎、丘寵児、柳沢真一、笠置シヅ子、暁テル子なんかだね」

「アチャラカ誕生」は、ぼくも観ている。これは本当に傑作だった。それ以前も、その後も、舞台、映画、ラジオ、テレビを全部ひっくるめて、あれほど笑わせてくれたものはなかったと思う。この成功が「雲の上団五郎一座」に発展したのである。

構成は榎本健一、古川緑波、柳家金語楼の三人。演出が山本紫朗。

田舎の一座の話である。浪曲歌舞伎なんかをやっている。座長は東京進出を夢みている。東京の大興行主に自分たちの芝居を見てもらいたい。まず興行主の娘に見せる。彼女はこんなものは古い、東京ではオペレッタが流行であると話す（ということは、時代設定は大正末期から昭和初期であろう）。座長は、ではミュージカル大悲劇を作って東京に持って行こうと言う。作ったのが「最後の伝令」というアメリカ南北戦争を題材にしたもので、それまで太功記十段目などを浪曲入りでやっていた一座がうまくこなせる筈もなく、興行主に見せた当日は失敗の連続。しかしその失敗ぶりが何とも可笑しく、座長は悲劇を書いたつもりが、興行主はドタバタ喜劇として買うというハッピーエンド。

座長が緑波で、役者としてエノケン、金語楼、トニー谷ほか。それに女形の三木のり平。失敗の連続する劇中劇が「最後の伝令」であり、出征する兵士トム（エノケン）がメリー（楠トシエ）と別れを惜しんでいる時に、村人ロバート（のり平）が「メリーさん、大変だ大変だ」とやってくる。トムは芝居の最後で戦死し、その知らせをロバートが持って来る筈が、トムがまだそこにいるのに早くものり平が何度も何度も知らせにやって来る、というお笑い。そのほかにもギャグが速射砲のようにつまっていたが、のり平の「メリーさん、大変だ大変だ」の印象が圧倒的に強い。

「『最後の伝令』っていうのは読み人知らずみたいなもんで、浅草の劇団の連中がみんなで口だてみたいにしてこしらえたもので、エノケンなんかが昔やったんだ。やっぱり日劇でもエノケンがやったから面白いんだね。その後『雲の上団五郎一座』の中でも使って、何度もやってるけど、そういう連中がやるから面白いんだね。エノケンがトムで、金語楼が将軍で、緑波が親父さんで、そういうかのもんがやった時は面白くないよ。エノケンがいいのと、それにのり平がからむのがいい。あの役をトニー谷がやったこともあるけど、やっぱりのり平がよかった。トニー谷も工夫してやったんだけどね。一発うまいのが出ちゃうと、なかなか追い越せないんじゃないかな。『メリーさん、大変だ大変だ』というセリフの、アクセントとか、そういうものが違うんだよね。言葉では脚本《ほん》に書いてある通りだけど、出て来方とかね。のり平は女形でやった。それをやるためにその前も女形でやって来て、伏線を作ってあるから、少しずつクスクスという笑いをとってある。それが最後に『メリーさんメリーさん』で大笑いになったわけだ。演出というより本人の工夫だね、あれは。

裏でも皆笑っちゃった。表でも大笑いに沸いて、すぐその晩から銀座のバーで、メリーさん大変だ大変だ、って皆が言ったそうだ。ホステスが大変だ大変だって言いながら客の傍へ来たり。知らない客は何のことかわけがわからない。どこのバーでもやってたんだって。やっぱりあの時分は日劇は銀座の中心だったし、流行を作ったりしてたんだろうね。

喜劇まつり一回目の『銀座三代』より『アチャラカ誕生』の方が成功したの。『銀座三代』っていうのはあまりにシリアスだった。人情喜劇。菊田一夫とぼくとでこしらえたんだけど、正統喜劇っていうのかな、スジがきちっとあるんだね。面白いんだけど爆発にはならなかった。喜劇まつり第二回は目茶苦茶にアチャラカの方がいいだろうって『アチャラカ誕生』をやった。こっちは本当にアチャラカで、これが受けたんだ。

『アチャラカ誕生』では劇中劇がいくつもあるんだけど、『太功記十段目』をやってると義経が出てくるんだ。鎧兜《よろいかぶと》でね、『用もないのに義経が……』って言って出てくる。『太功記十段目』は悲劇なのに義経が出てくるのが可笑しいんだ。出てくるところじゃないのに、『ただ何となくいでにけり』とか言って、舞台をぐるっとひと回りして引込む。その間《ま》がいいんだね。これを何度もやる。洋ものの『最後の伝令』にまで出てくる。柳沢真一が義経をやった。このギャグはその後使われてないなあ。これも昔あったギャグなんだけどね、これをまたやろうと言ったのは金語楼だった。

金語楼はかつらに豆電気をつけて、自分でスイッチを押すとチャッチャッチャッチャッと点く。大芝居をしている時チャッチャッチャッチャッて点くから大笑いになるわけだ。

エノケンはエノケン一座、緑波はロッパ一座、金語楼は金語楼劇団を持ってたんだからね、その三親玉が集まった。座長が集まったんだから大変なもんだよ。その頃はみんな齢も取ってきたし、こういうことができたんだけど、戦前じゃ考えられないよ。

そのあと、のり平は有島一郎とのコンビが面白かった。菊田一夫が書いた東宝ミュージカルのミュージカル喜劇みたいなものに出て、とてもよかったね。八波むと志とコンビでやった『お富さん』(『雲の上団五郎一座』の劇中劇・一九六二年)も面白かった。こういう面白さの大もとはやっぱり浅草だね。ぼくがアトラクションでショウを勉強したように、その時代に菊田一夫は浅草でアチャラカを勉強したんだ。

菊田一夫はロッパ一座にいた。エノケン一座には菊谷栄がいた。菊谷栄は戦争にとられて死んだんだけど、菊谷栄が書いたものにはいいものがたくさんあった。あの頃の脚本《ほん》ないかなってエノケンにきいたことがあるんだ。あるよ、俺んちにある筈だから、一ぺん来て倉庫を調べてごらんよ、面白いものがうんとあるからって言う。じゃそれやろうって言ってるうちに、エノさんの鍈ちゃんて息子が死んじゃった(一九五七年)。可愛がってたんだよ。写真機でも何でも欲しがるものを買ってやってたしね。それからエノさんは元気がなくなった。それで、その話はそれきりになっちゃった。足も悪かったけど。脱疽で。『アチャラカ誕生』の時もすでに足は悪かったんだ。それでもよくやってたよね。

エノケンの一番の傑作は『法界坊』(一九三八年)だね。舞台でもやったけど、映画の、斎藤寅次郎監督がやったやつ。『ちゃっきり金太』(一九三七年)ってのは山本嘉次郎だった。これもよかったね。

緑波は映画では『男の花道』(一九四一年)がよかった。長谷川一夫の。監督はマキノ正博

（現在、雅裕）だ。土生玄碩《はぶげんせき》っていう医者の役でね。長谷川一夫は当り役だから、舞台でも何度かやってる。今度も東宝歌舞伎でやるんだけど、緑波の役は中村梅之助。土生玄碩は年寄りの医者ってことになってるけど、若い医者だっていいじゃないか、って長谷川一夫は言うんだ。インターンにしようって。

トニー谷はミュージックホールで売り出した。『さいざんす』とか『おこんばんは』とか言ったりね、そろばんを楽器にしたり。ミュージックホールくらいがちょうどいいんだ。日劇じゃ大きすぎる。でも人気があったからね、上から下へつれてきた形になった。彼はアドリブのよさでね、大きな喜劇人の中に入って、ちゃんとしたものをやるとあまり生きない。今で言うと、ちょうどタモリだね。最初ジャズの司会やってたし、突然得体の知れない感じで出てきて、急に売れ出したところとか、アドリブがうまいところが似てる。

トニーの映画はずいぶん撮ったなあ。ぼくのプロデュースで。宝塚へ連れてって、『さいざんすの巻』とか、『馬っ鹿じゃなかろかの巻』とかね。『家庭の事情』シリーズっていうの。そんな中で面白いのがあったんだよ。もう一ぺんやりたいくらいのが。三木鮎郎に脚本《ほん》書かせたら、彼がなかなか面白いものを書いた。都市計画でいろんなことがあって、うちの中を電車が通る話。それをやろう、本当の電車を通そうって言うんで、西宮に電車の車庫がある、その中にセットを組んだ。宝塚映画は阪急電車と会社が同じだからできたんだけど、線路のあっちにうちを半分組んで、こっちに半分組んで、ここに電車を通したんだ。その上信号もこしらえた。電車が通る時、家の中でチンチン鳴るわけ。家のあっちとこっちで二人が話をしてる。真中を通る電車から客がのぞくんだよ。ああいう奇想天外な映画はこのごろないね。

一九五七年に金語楼で『おトラさん』、西川辰美の漫画を金語楼がやったやつ。これはテレビで十年以上続いたもので、テレビが始まるとすぐ舞台化して、そのあと映画のシリーズができた。

東京喜劇まつりの三回目は『寄らば斬るぞ』っていうやつで、これはぼくじゃなく演出は野口善春。エノケン、緑波、金語楼のほかに、トニー谷、如月《きさらぎ》寛多、由利徹、八波むと志、南利明が出てる。この頃から脱線トリオができて、人気が出たんだね。

脱線トリオは塚田茂がよく使った。塚田茂っていうのはね、もとは帝劇やなんかの照明係だったの。ショウが好きで、日劇によく遊びに来て、こういうことをやりたいって言うから、じゃこっちへ来いよって言って、同じ会社だから回してもらって、日劇の演出部へ入ったわけだ。彼はああいう調子だから喜劇は得意でね、ぼくはだんだん喜劇は塚ちんにまかせるようになった。

大おどりには必ず喜劇を入れる、お笑いを入れる、これが会社の一つの方針だったんだ。ぼくはレヴューは踊りだけで行きたいと思っていた。お笑いを入れると、それで流れがポッと切れちゃう。だけども会社は、踊りだけだとあんまり洒落すぎちゃうってわけだよ。だから息抜きにどうしても喜劇が必要だって言う。それで日劇では、踊りの間に喜劇が少し入るというスタイルができた。誰が構成してもそのスタイルを守る。それが日劇の大おどりのスタイルになったんだね。国際劇場にはそんなスタイルはないんだ。踊りだけでやってる。あそこは浅草だから、地元に喜劇人はいくらもいるんだし、先にそういうことやってもいいんだけど、やらなかった。

しかし喜劇人も大物はみんな死んじゃって、寂しくなった。今の喜劇人は小粒になったしね」

（一九八一年八月）

第九章　喜劇人たち・そのほか　2

脱線トリオ
てんぷくトリオ

塚田茂に会う。前章の山本紫朗の言葉によれば「彼はああいう調子だから喜劇は得意でね、ぼくはだんだん喜劇は塚ちんにまかせるようになった」ということだから、喜劇人の話の続きを聞かせて貰おうと思ったのである。山本紫朗の言葉を伝える。

「それはたいへんに有難いお言葉です。ぼくは紫朗さんの下にいて、いろいろと勉強したわけで、紫朗さんを今でもお師匠さんと思ってますから。でもお笑いについては別に得意も不得意もなかったんです。三大おどりに必ずコントが入りますね。例えば三木鮎郎さんとか小野田勇さん、市川三郎さん、キノトールさん、そういう人にコント脚本をお願いする。ぼくは演出助手だったから、頼みに行くわけです。ある時、脚本《ほん》がつまらなかったんで、何べんも書き直しをお願いしたら、そんなこと言うんだったら、お前書いてみろ、みたいな形になって、それで書いたのが最初だったんです。だから最初から喜劇を書こうと思って入ったわけじゃないんです。

ぼくは昭和二十年から二十四年まで、照明をやっていました。帝劇が二年、有楽座が二年、日劇が半年くらい。照明というのは年じゅう舞台を見てないといけない。そっぽ向いてると、どこへ当てていいかわかんなくなりますから。ぼくは歌舞伎から前進座、新派、バレエ、オペラ、長谷川歌舞伎もやったし、エノケン一座もロッパ一座も、民芸もね、帝劇と有楽座にかかった、ありとあらゆる芝居に照明当ててたものですから、そのうちに憶えちゃったわけです。〝門前の小僧〟じゃないけど、身についちゃった。ドラマツルギーも、演出方法も。それから、当時ぼくの心にとても響いたのは、西ドイツの有名なレヴューの演出家は、ほとんど照明出身だということを聞いて、うん、俺も照明から演出に行こうと。単純な発想ですけどね。それで昭和二十五年から日劇の演出の方に入ったんです。

ぼくには先生が二人いるんですよ。野口善春さんと山本紫朗さん。野口さんは振付の先生だったんです。もともとは踊り手だった。振付から演出家になった人です。紫朗さんは脚本の方から来た演出家ですね、だから演出のとらえ方がそれぞれ違うんですよ、ぼくはその両方から学んだので、非常に幸せですね。紫朗さんは演出術を教えないです。好きに盗めるだけ盗め、という調子です。野口さんは、お前、こうくるだろう、こうくるにはこういうふうになって、これは違うんだよなあって。野口さんは職人かたぎの人ですぐ人を怒ったり、イライラしてみたり、感情が激しいんです。紫朗さんは激しくない。野口さんの下につくと、年中バカだのチョンだの言われる。だから紫朗さんの下につきたがる人がいっぱいいたんですよ。舞台監督だの演出助手になりたいのが門前市をなしてましたから、ぼくが入る隙間があんまりなかったんで、そういう意味では野口さんとの付き合いの方が多かったんです。

で、当時、三木のり平さんと山田周平さんという人がいて、この二人が『大おどり』の時に必ずコメディ・リリーフとして入ってたわけですけど、当時のり平さんはまだあんまり売れてませんでした。当時は越路吹雪さんとか、看板の大きいのからずーっと書かれて、三木のり平、山田周平というのはいちばんケツに行くんですよ。当時のレヴュー全盛時代はコメディアンは疎外されてたんです。それで三木のり平と山田周平って書いてあるんだけど、あんまり字が細くてくっついてるものだから、山へんに三で何という字だ、っていう人もいたくらい。そういう時代に脚本を書き始めたわけです。演出助手をしながら書いた。その頃は名前は出ません。

今日資料（作品年表）を持って来ましたけど、『印度珍道中』（一九五四年）っていうの、これが第一回目なんです。ペギー葉山、市村俊幸が出てて、堺って書いてあるでしょ、これはフランキー堺なんです、堺駿二じゃなく。何故フランキー堺を出したかというと、その前に『ソングス・フォア・ユー』っていうのがあって、フランキー堺とシティ・スリッカーズというバンドが出ました。その中に、今のクレージー・キャッツの植木とか谷啓がいたんですね。で、フランキーさんはまだ芝居はやってなかった。ぼくは話をしてて、フランキーさん、たまに芝居やんないかね、そうですね、やりたいとは思うけど何だかこわくて、なんてことを言って、まあとにかく一ぺんやってみましょうよ、というのがこの『印度珍道中』なんです。これでフランキーが役者になった。

このへんはぼくは名前は出てませんが、自分がついたショウで、セリフを必要とするものは、ほぼ、ぼくが書いたんです。演出家の先生の名前で。野口善春さんの脚本《ほん》はほとんどぼくが書いてました。そのうち、お前、いよいよ名前を出してやると言われたのがこの『春のおどり』（一九五五年）ですね。野口善春と塚田茂になってるでしょ。これでレヴューの台本と演出をさせてもらいました。その頃ぼくはマジックがとても好きだったから、ラインダンスが一瞬に消えて、八組の男女のデュエットにポーンと変わるというのをやったことがあるんです。当時のマスコミがびっくりして、たいへん話題になったんです。こういう薄いブリッジ（舞台上にしつらえる台）を作ってね、この中に人間が隠れてる。非常にへりが薄いから、まさかあの中に人間がいるとは思わないわけ。マジックの原理ですね。ラインダンスをやってて、蒸気が噴き出した瞬間にふたが開いて、ラインダンスの女の子がすべり込む、デュエットが入れ替わる。五秒から八秒で変わった。何でもないことなんだけど、当時はびっくりしたわけです。

ぼくはレヴューが好きなんですよ。レヴュー青年なんです。今でも。今五十五ですけどね。『大おどり』の中で、ずいぶん歌詞を書きました。『銀色の道』とか、残ってるものもたくさんあります。でも詩人とは思ってない。必要に迫られて書いたわけですね。コメディも必要に迫られて書いた。だからコメディとかお笑いは、仮の姿だと自分では思ってる。その仮の姿が、今は本職なんですけど。でも心の中では、やっぱりレヴューが好きなんですよ。

で、喜劇の話に戻ると、『船来快盗伝』（一九五五年）ってのがあります。これで完全にぼくが脚本を書いて演出したんです。これはあんまり客は入んなかったんだけど、日劇ミュージカル・コメディと銘打ってやった最初のものだと思います。

その次に『爆笑ティチク夏祭り』。昔は歌謡曲の歌手っていうのは雲の上の人みたいで、ドレス着て歌うだけだったんです。歌謡曲ショウというのは六時間も七時間もかかったものなんです。新人からベテランまで、そのレコード会社専属の人が入れかわり立ちかわり出てくる。今はレコード会社がいろいろ重なっても構いませんけど、当時は寄せ集めは絶対になかったんです。レコード会社は圧倒的な権力をふるってましたから。歌も今みたいにテレビサイズの2コーラスじゃなくて、完全に3コーラス歌う。それが百人も出てくるんだから、だれるだけだれちゃう。客が飽きちゃって出たり入ったりする。それぞれの歌手にファンがいるでしょ。ファンとしてはその人だけ聴いてワーッと帰っちゃう。客席がいつのまにか全部入れ替わったりしてたんです。で、これじゃいかん、何とかしようっていうんで、じゃひとつ、歌手に芝居させようって言ったら、もう、とんでもないと。女の人はちゃんとドレス着て、男は全部タキシード着て歌ってましたからね。誰でもが。冗談じゃないって言うのを、何とか説き伏せてやったんです。その時にディック・ミネさんを大工にした。でぇくのミネ吉だと。これにてんや・わんやが出てるんです。当時テイチクのドサ回りのそういう大会でてんや・わんやという新人が司会をしてたんですよ。日劇でテイチクをやるんで、悪いけど、てんや・わんやというのを使ってくれないかと言われた。日頃ドサばかり回ってて、日劇の晴れ舞台の時にはずしちゃ可哀そうだと。じゃコメディアンとして使うよ、と言って使った。その時は吊しの上下着てね、運動靴はいて来たくらい貧しかったんですよ。で、みんなそれぞれ扮装してやったのが、当時の新聞の批評で賞められたんです。これからは歌手が扮装して何かするのが流行になるな、ってぼくは思ったわけなんですけどね。

　同時に、てんや・わんやというタレントをぼくのショウに関しては日劇のレギュラーで使おうと。それまで三木のり平、山田周平だったのが、てんや・わんやがコメディ・リリーフになっていったんですね。

　その年の秋に『キング歌謡まつり』というのをやってます。当時は春日八郎全盛時代なんです。そこで、進駐軍の毛布みたいなオーバー着て、度の強い眼鏡かけてる、おっさんみたいなやつがいたんです。歌手の中に。新人だって紹介されたんですけど、それが突然歌ったらものすごくいい声だったんです。それが三橋美智也だった。ぼくはとても気に入ってねえ。よし、そのうちぼくが必ずワンマンショウをやってみるから、頑張ってくれな、って言って、それが付き合いの始まりです。

次の年の正月に『ビクターパレード』があって、ここで完全に今の歌謡ショウになってますね。歌手が扮装して。これでテイチクとキングとビクターがやったものですから、各レコード会社が、ぜひあのスタイルで……初めは抵抗があったのに、今度はやってくれって話になった。

『テレビ会社は大騒ぎ』（一九五六年）、これはテレビ放送の初期の頃ですね。例えば野球放送で『球を打ちました。球はご覧のとおりに行きました。ご覧のとおり、外野手受けとりました』ってのをやったんです。すべて、ご覧のとおり、ご覧のとおり、ってやったら受けました。まだテレビがあまり普及してないから。これでは落語家を使ってね、落語劇みたいなことをやったんです。

「オンボロ人生」のプログラム

その年の九月に『オンボロ人生』というのをやってます。当時武智鉄二さんが注目されてたんですね。ヌード能みたいなのをやってて。ぼくはこの頃、大阪の北野劇場に出張してやってたんです。大村崑ちゃんとか茶川一郎とかのショウで脚本《ほん》書いて。花登筐さんとも一緒にやってたんです。交互に脚本書くようなことを。で、花登筐さんの師匠が武智さんなんですよ。それで師匠の話をしたりなんかしてるうちに、東京で何かやろうか、という話になって、『オンボロ人生』に武智さんを引っぱり出したんです。演出家として。加藤芳郎さんの練馬の家へ何べんも出演をお願いに行ったりもしました。そのときに、由利徹が初めて日劇に出てるんです。

何故由利徹をここで出したかと言うと、この前にNHKのテレビで『がらくた狂騒曲』というのをぼくが書いたんです。ミュージカル。ペギー葉山とフランキー堺が主役で、誰かコメディアンいないかなって言ったんです。古道具屋の話で、古道具屋の親父になる人間が欲しかった。そしたらNHKの人が、由利徹ってのはどうだろうかって言うから、何だそれは、っていうようなことで。まあいいや、使ってみよう、ということで使ったら、面白かったんですよ。チョイ役ですけど。これはいいっていうんで、『オンボロ人生』に由利徹を引っぱり出した。

そしたら、由利ちゃんの楽屋に二人の男が来て、由利ちゃん、うらやましいなあ、ぼくらも早くこうなりたいなあって言ってる。その二人の男というのが、八波むと志と南利明なわけ。で、その楽屋で二人に紹介されて、よろしくお願いしますって話になって。日本テレビで『お昼の演芸』というのをやってたんです。それにこの連中が三人で脱線トリオという名前で出始めた時だったんです。それを見てくれって言うんで、見たら、あんまり面白くなかったんですね。そう言ってやったら、塚田さん、台本《ほん》書いてくれないかって話になって、『お昼の演芸』の脱線トリオの部分を、ぼくが座付作者みたいになって書き始めて、脱線トリオの全盛期を迎えるわけです。

そうこうしているうちに、三橋美智也をやろうって話になって、それがその年の十一月の『歌う三橋美智也』なんですね。日劇の支配人に、今度三橋美智也というのをぜひやらしてくださいと言ったんです。何だそりゃ、と言われた。新人だけどたいへん歌がうまい人だと説明したら、あいつか、あれは地味だからワンマンショウは無理だって。その頃はワンマンショウというのは岡晴夫か東海林太郎か、美空ひばりか近江俊郎かそのくらいしかやってない。当時は日劇でも、リストをご覧になればわかりますが、ワンマンショウはほとんどやってない。お前、超一流の日劇に、そんな地味な男が一人で客入れられるのか、って言われて、まあとにかくやらせてくださいと。だけど言ったはいいけど心配で心配でしょうがない。初日の前日に徹夜で道具など変えるでしょ。それやってるうちに、夜の十一時ごろから客が並び始めたんですよ。ダーッと。朝になったらぐるり三回まわってね、塚田さん、早く稽古を終ってくれないと困りますって話になって。この時に初日を一万一千人入れたんです。これは前代未聞で、それでもう三橋美智也は完全に人気スターだとレッテルを張られたわけですね。それで東宝が異例のご祝儀を、自分とこの社員のぼくにくれたんです。これでまあ、塚田茂というのも演出家としてプロデューサーとして認められたんじゃないかと思うんですよ。

次の年(一九五七年)の『夏のおどり』、ここでまた一人の人間と会うんです。名前は忘れたんだけどある人が、真四角な顔をした男を日劇に連れて来てね、浅草のコメディアンだけど、一ぺん何かに使ってくれないかって話して行ったんです。それが渥美清ですね。この『夏のおどり』では脱線トリオを使ってたんですけど、長丁場(七月、八月)なものですから、八波ちゃんがどうしても一回抜けなきゃいけない。映画に出演する話ですね。渥美を紹介されてたので、どこかで使おうと思ってたら、八波ちゃんが休むと言う。じゃあ、渥美やってみるかという話になって、彼はたいへん喜んで、一回だけやったんですよ。ところが面白くも何ともなくてね。やり過ぎるんです。由利ちゃんからさんざん痛めつけられて、二度と使わないって言われて。でも、ぼくから見ると面白かった。素質がね。あのくらい出しゃばる奴はいいだろうと。それでその後ほんのチョイ役で使ったのが、十二月の『陽気なクリスマス』。その直後の『お笑いニュース・フラッシュ』でちゃんと使ったわけです」

山本紫朗は、日劇における渥美清から、後の「男はつらいよ」の大スター渥美清は想像できないと言う。面と向かってかなり厳しいことも言ったらしい。今でも渥美清は山本紫朗に会うと、「先生は苦手だ」と言うそうだ。

「その後、平凡太郎、谷村昌彦、渥美清のトリオをぼくが作ったんです。で、三人でね、ひまがあるから後楽園遊園地へ行ってみようかってことになって、ぼくも行ったんです。そしたら後楽園で、谷村昌彦と平凡太郎のところに子どもたちがワーッと集まる。当時『おトラさん』ていうテレビ番組があって、金語楼さんがおトラさんですね。谷村が山崎屋で『チワー山崎屋でござあい』というのがヒットしてた。平凡太郎も有名だったんです。渥美清だけはずされてる。で、チキショー、今に見てておれ俺だって、絶対ああなってみせるっていうことになって。それで、渥美清ってのはいい人間だなあ、みたいな気持になって、使い始めたんですよ。後年になって渥美清と会ったときに、あの後楽園の事件がぼくを奮起させたんですよ、なんて言ってた。そういうこともあったんです。

それで次の年（一九五八年）の一月に、『渡米歓送公演　歌う三橋美智也』ってのがありますね。ぼくも一緒にアメリカに行った。当時はDC6、プロペラです。日航も通ってない。パン・アメリカンで、まあ珍道中を四十日間やってきたわけです。ハワイに着いて、原稿を送らなきゃいけない。次の仕事の脚本《ほん》のために。それで日本に電話をかけたんです。そしたら、塚田さん大変だよ、何だかわけのわかんないのに客がいっぱい入ってるよ、って言うんです。それが『ウェスタン・カーニバル』だった（第十二章参照）。

『フランク永井の西銀座駅前』。ここらへんで八波ちゃんは東宝劇場の菊田さんに引っこ抜かれたんですよ。で、八波ちゃんが出てないで渥美清が入って、臨時に脱線トリオを組んだんですね。それから『脱線大騒ぎ』。これで茶川一郎と佐々十郎と大村崑の三人を東京に連れて来て出した。そのあと『秋のおどり』。前半は八波、由利、南の脱線トリオでやって、後半は平凡太郎、谷村、渥美のトリオでやってるんですね。紫朗さんがレヴューを、ぼくはコントの脚本《ほん》の部分をやっています。

次の年の『三波春夫ショウ』。ここで構成・演出、田中一朗と書いてありますね。これ、ぼくなんです。何故かと言うと、『三橋美智也ショウ』を恒例でやってたんですけど、だんだん客が入んなくなった。それで三波に乗りかえたと思われるのはいやなんで、ペンネームを作ったんですね。これにも脱線トリオは出てくる。このへんは完全に脱線トリオの全盛期ですね。テレビの番組も週三本くらいありましたよ。ぼくが全部脚本《ほん》書いてね。

その次の年の『魅惑のメロディ』。ゴールデン・ウィークですね。フランク永井とかマヒナスターズが出てるけど、半分は脱線トリオ・ショウですね。客もそれで入ったんです。その次の年

（一九六一年）に『脱線トリオ結成五周年記念　大暴れ清水港』というのをやってます。このへんで突然、橋幸夫というのが出てきた。『橋幸夫ショウ』をやってますね。九月に。このときに佐山俊二を初めて出したんです。佐山俊二は当時、浅草の東洋劇場かなんかで座長やってたんですよ。八波ちゃんの紹介だったと思います。

『新春スタアパレード』（一九六二年）にクレージー・キャッツが出てますね。そのちょっと前に紫朗さんから、塚ちゃん、ちょっと身体あけてくれないか、って話があって、何ですかって言ったら、いや、ハナちゃんがね、コメディバンドを作ったんで、見といた方がいいよって言われて。銀座の凮月堂の二階にマスコミを三十人ぐらい呼んでその前でやったの。そこに植木と谷啓がいたんで、なんだシティ・スリッカーズやめたのか、なんて話になって。で、見ても面白くなかったですね。でも『新春スタアパレード』で紫朗さんが使った。やっぱり面白くなかったんです」

高平哲郎の「星にスイングすれば」（晶文社）は役者や歌手にインタビューしたものをまとめた本だが、結果的に面白い芸人論になっている。その中の植木等の項で、植木等が語る次のような部分がある。

――初めの内は、ギャグは、ほとんど自分達で考えてました。三十二、三年頃ですか、日劇のなんかのショーに出たとき、構成・演出が山本紫朗さんだったんですよ。台本もらってね、見ると、何幕目かに〝クレージー・キャッツ登場〟とあるわけよ。見てると、タイトル〝クレージーの宇宙旅行〟とあって、中身7分と書いてある。それで「内容は?」って見ると「爆笑の内に幕閉じる。コント別紙」としか書いてない。で、これで終りですよ。ひどいもんですよ(笑)。いつ届くと聞くと笑ってるだけなんですよ。これが千秋楽まで別紙がこなかった。仕方がないから自分達で考えた。(中略)まるっきりウケもなんにもしないで、客席はシラケきってる。一応、毎日、あっちこっち変えてみましたけど、たいした進歩はなかったですね。惨敗の内、幕閉じるんですよ(笑)。千秋楽のとき、山本紫朗さんに「いやあよくやったよ。ご苦労さん」と言われてズッコケたもんなあ。——

このことを山本紫朗に確かめた。「そんなことがあったなあ。コント別紙ね、そう、その通りだね。もっと前はコントもきちんとぼくが書いてたんだよ。でもコメディアンはぜんぜん書いた通りやんない。ああでもない、こうでもないって言って、結局自分たちが考えたようにやる。じゃあ、っていうんで〝コント別紙〟になっちゃったんだ」……その方法をクレージー・キャッツにも当てはめたのが、新人クレージーとしては戸惑ったということであろうか。なお、〝クレージーの宇宙旅行〟は一九五七年十一月の「ジャズ・デラックス」の中の一景であった。

塚田茂の話の続き。

「で、何とかしろや、ってことで、今度はクレージー・キャッツのギャグをぼくが作り始めたんです。それで『歌う井上ひろし』。このショウでクレージー・キャッツを使った。それまでリハーサルに徹底的に付き合って、『井上ひろし』にかけたんですね。そしたら脱線トリオが、なんだい、塚ちゃん、クレージー・キャッツの方に目ェ向いちゃったの、って言ったり。そんなこともありました。そのあと『大江戸三人男』を、また脱線トリオでやったと。そのときに佐山ちゃんも一緒に混ぜて使った。それが後に八波ちゃんが抜けて佐山ちゃんが入った事情につながるわけです。この年の終りに『日劇おたのしみ寄席』ってのをやってます。ここでは由利、佐山、南になってますね。このへんで新脱線トリオみたいな形になったんですね」

八波むと志は脱線トリオ時代にも単独で東宝ミュージカルに出演していたが、トリオ解散後の一九六三年に「マイ・フェア・レディ」のドゥリトルを演じて好評を博し、その年に「雲の上団五郎一座」で三木のり平とのコンビで観客を爆笑させた（前章参照）。一九六四年一月、「マイ・フェア・レディ」再演中に、自動車事故で死亡した。

「その頃はクレージーはすでに人気があってね、その前にクレージーが今度ピーナッツとテレビのレギュラーをやるんですよって言う、『魅惑の宵』というのをやると。テレビスタジオへ行ってみたら、クレージーもあんまりくだらんことやってる。視聴率も取れなかったんです。で、名前変えて『シャボン玉ホリデー』になった。それからぼくが脚本《ほん》を書くようになったんです。『シャボン玉』の人気がドーンと上がってきて、それで『クレージー・キャッツまつり』を日劇でやろうという話が出たんですね。それが九月（一九六二年）。次の年から、ピーナッツとクレージーのショウを毎年正月にやってますね。それからなべおさみが出てきます。なべはハナちゃんの付人だった。無理やり舞台に出したんです。喜んでねえ。付人やりながら出た。それから

『シャボン玉』にもよく出るようになったんです。

今度は三波伸介との出会いがあるんですよ。テレビで脱線トリオの番組やってるときに、三波伸介さんがぶらっとスタジオへ遊びに来たんです。由利ちゃんが、この男はいま新宿のフランス座に出てるんだけど、何かのときに使ってくださいって言った。それでテレビで使ってあげたことがあるんです。チョイ役で。そしたらたいへんに喜んで、それから日劇に遊びに来たりするようになったんです。ちょうど日劇で何かトリオを出そうって話になってまして、その頃フランス座の上にGGっていう場所があって、石井均一座がやってたんです。そこに戸塚睦夫と伊東四朗が、座員でいた。上と下ですから、三人でつるんで、トリオを作って、夜、内職でキャバレー回りやったりしてたんですね。そのうち石井均さんが大阪へ行くって話になって、一座が解散したんです。それで三人がトリオを組みたいんだけど、どうしたらいいでしょうか、っていう話で、じゃ一ぺん日劇でやってみようかと。そしたら助かるだろ、いや、たいへん助かりますってことでね。トリオだから何か名前をつけなきゃいけない。当時は脱線トリオが憧れの的だったんですよ。脱線の上を行くやつにしたいって言うから、ぼくが、じゃ、てんぷくにしちゃえって。で、てんぷくトリオ。いい加減につけたんですけどね。てんぷくトリオとして初めて出たのが『北島三郎ショウ』(一九六六年)なんです。

このへんはクレージー・キャッツとてんぷくトリオをずっとやってたんですが、その前の年に『第一回日劇お笑いカーニバル　西の王将・東の大将』というのをやってます。ここで初めてドリフターズが出てるんです。その前にも一回どっかでドリフターズは出てるんだけども、その頃は〝桜井輝夫とザ・ドリフターズ〟と言ったんです。いかりや長介はまだベース弾いてて、小野ヤスシがサイドギターで、加藤ちゃんと仲本はいなかった。ジャイアント吉田がいました。その後メンバーが替わって、いかりや長介を筆頭にした新生ドリフターズが最初に出たのが『西の王将・東の大将』なんです。もう下手糞でね。当時は。みんな真面目だから、一発ギャグやると、あとシラケちゃうんだね。いかりや長介がもの言うのにいちいちうなずくでしょ。ぼくが怒るわけよ。いちいち自分の言葉にうなずくなあっ、ってわめいたことがある。そのへんからドリフターズとぼくの切り離せない縁ができたわけですね。

ハナちゃんが怒ってね、ぼくがドリフの方にウェイトかけるって。同じようにてんぷくトリオにもウェイトかけてた。ここらへんはぼくの全盛期。コメディというコメディをあっちゃこっちゃやってて。クレージーとドリフターズとてんぷくトリオ、それにトリオ・ザ・パンチとかいろんなのが出てきたからね」

日劇でクレージー・キャッツが恒例で正月公演を行ったのは一九六三年から六九年まで。七一年から日劇がなくなる八一年まではドリフターズが正月公演を続けた。いずれも塚田茂構成・演出であった。

「三木のり平さんの所属してた中川事務所というのがあって、そこの人たちと麻雀なんかして遊んでたことがあるんですが、そこの社員に浅井さんという人がいて、後の浅井企画ですね、この人がある時ぼくのところに来て、今度二人組を作りたいんだけど、見てくれますかって言う。行ったら一人はてんや・わんやのとこの弟子だったんです。なんだ、お前やるの？　ええ、すいません、なんだ、じゃ、ろくでもねえものだな、なんて言った。これが坂上二郎。萩本欽一さんの方はテレビの番組でチョイ役でやってたのを知ってる。面白いかねえ、まあやってごらんて言って見た。そしたら面白かったんです。それで『西田佐知子ショウ』（一九六七年）に使った。その前に『三田明ショウ』にも出てますけど、ほとんど何もしなかったから、『西田佐知子ショウ』がコント55号のデビューと言っていいと思います。コント55号は大変に人気のあるチームにだんだんなっていくわけですよ。ぼくもテレビの方がここらへんから忙しくなった。『夜のヒットスタジオ』が四十三年（一九六八年）の十一月に始まって、その年の四月から『お昼のゴールデンショウ』をやって、これもバカ当りしたんです。これにコント55号をレギュラーに使った。で、ぼくがコント55号の台本《ほん》ばっかり書いたんで、今度はドリフターズが文句言ったりして。

コント55号は日劇でやる演し物《だ》を、浅草の演芸場にかけて、直して、日劇に持ってくるというやり方をとったんです。日劇で新作をいきなりぶつけるということはなかったんです。必ず演芸場でテストをやって、改造を行ってパーフェクトにして日劇に持ってった。そんなことがコント55号の人気上昇に結びついたんだろうと思います。浅井ちゃんがえらかったのかな。浅井ちゃんと欽ちゃんが話をして、日劇でいきなりやるのはよそうよ、と。で、浅草の演芸場に一日か二日、無料出演をした。演芸場の支配人も、そのへんに理解があったんでしょう。

ドリフターズはジャズ喫茶で必ずやったんです。銀座のACB《アシベ》とかね。そういうところでならし運転やって、受けたものをこっちに持ってくる。クレージーもやっぱりジャズ喫茶がありました。だから当時は、ジャズ喫茶とか演芸場とか、テストの場所があったからよかったと思うんです。今、テストの場がないですからね、東京の場合は。東京で今コメディアンが育たない原因はそういうところにあると思いますね。関西タレントがなぜ今もって隆盛をきわめてるかって言ったら、やっぱり花月劇場とかね、かける劇場が山ほどあるでしょ。やっぱりテレビだけではコメディアンは育たないですね。現実にお客さんを目の前にしないと。ドリフターズもコント55号も舞台へ出ると二十回やるわけですよ。一日三回公演を一週間、初日は二回公演だから二十回。二十回同じことをやってるうちに客の反応がだんだんわかってきて、笑いのコツというものを憶えていくんですよね。こうやれば笑うんだということは、自然に身体で憶えていくものですから。だから今でも、ドリフターズでも欽ちゃんでも人気が衰えない。お客さんがいるところ笑いがポンと食いついてくる。三波伸介もそうです。ところが逆にB&Bとかツービートとか、例えば人気が落ちてきた場合に、さあどうしていいかわかんないみたいな話になっちゃう。結局長続きしていくためにはやっぱり舞台を重ねないとだめだ。

舞台の袖から眺めてるとお客さんが揺れてるのがわかります。受ける時は、もう揺れてますね。ぼくは長い間日劇の舞台監督から演出からやったから、舞台の下手《しもて》から見るくせがあるんです。下手から見るとわかるんですよ。受けてる部分と受けてない部分、何でもない部分、それからお婆さんが喜んでるところ、若い人がキャッキャッ言ってるところ、違うでしょ。一人一人が個性を持って舞台を見てる。ここはお婆さんには受けてるけど若い人には受けてないんだなとか、ここは全部に受けてるから、日本人であれば受けるのかなとか、非常に判断の材料になるんです。今、みんなテレビの視聴率で判断してますけどね、本当はお客さんの動き方の方がずっと問題だと思いますね。

やっぱりナマのお客さんね。しかもタダのお客じゃいけない。テレビの場合も公開放送やってんだから客を目の前にしてるんだって言うけど、無料でしょ。タダだから笑ってやれって思うけども、現実にやっぱり二千円、三千円の金を払って来た人間に、いい加減な芸を見せたら、そりゃ客は怒りますよ。客もまた、下手なことやったら笑わねえぞという、お金を出すのとタダの客の違いが当然あると思うんですね。そのへん大阪は余計シビアです。だから関西タレントは根強く、力強く生きてますね。

東京では渋谷のジアンジアンとかね、そういうところでやるのがいちばんいいんですよ。近頃はアトリエでやる場合も多いですね。例えば青年座、西田敏行さんのいるところね、あそこの稽古場でアトリエショウをやりますね。それとか、東京乾電池。東京ヴォードヴィルショー。やっぱり常にナマのお客さんを相手に、お金を払った客を相手にやっているところが強い。東京乾電池でも、初めはつまんなかったけど、今人気が出てきたのは、やっぱりそういうことでしょう。

昔は浅草のフランス座系統、東洋劇場系統ね。長門勇だとか八波ちゃん、渥美清もそうだし。

揺籃の時代っていうのかな、そういう時を浅草で育った人間は強く生きてますね。浅草でやって、浅草から新宿へ来て、新宿から例えば日劇ミュージックホールへ来て、ミュージックホールから日劇へおりるという、そういうパターンがあったんだけど、今は小さい舞台もないし、日劇という目指す檜舞台もなくなっちゃった。今はもう、いきなりテレビですからね、テレビでちょっと目立ったことやりゃあ、すぐ食いついてくる。

日劇がなくなったということは、あらゆる意味から考えて、日本のショウビジネスというものを駄目にしていくことになるでしょうね」

（一九八一年九月）

第十章　ジャズブームの周辺

ジーン・クルーパ・トリオ (1952)

一九四五年八月十五日の夜、予定していた戦時ショウを中止した一座の、楽団南十字星のメンバーと、演出家の山本紫朗は、越中高岡の宿で、こんな話をした。

「いよいよ俺たちの時代だな」

「ジャズがやれる」

「待てよ、今そんなこと言うと、まだひっぱられるかも知れないぞ」

「すぐジャズをやっても客がついてくるだろうか」

「とりあえずフォスターあたりから始めるのがいいんじゃないかな」

メンバーの一人、松井八郎は、まもなく〝南里文雄とホットペッパーズ〟のピアニストになった。〝多忠修《おおの》とゲイスターズ〟のメンバーであったこともある。一九五二年からしばらくは、日劇における越路吹雪のショウの音楽監督でもあった。

見砂直照は東京キューバンボーイズを結成した。日劇には一九五〇年に初出演している。

山本紫朗は一九四九年に、日劇で最初のジャズ・ショウを構成・演出した。「スターダスト」である。

山本紫朗の話。

「『スターダスト』というのは〝渡辺弘とスターダスターズ〟のショウで、すごく人気があったんだ。増田義一ってトランペッターが、〽タタタター、とスターダストのテーマを吹く。それで幕を開ける。客はすごく沸いたもんだよ。その頃の専属歌手にティーブ釜范《かまやつ》と石井好子がいた。ティーブ釜范というのはかまやつひろしのお父さんだね。石井好子はその頃はジャズを歌ってた。あの人は音楽学校でクラシックやって、それからジャズ屋になって、途中からシャンソンに移った。とにかくスターダスターズはすごい人気で、一週おいてまた『スターダスト』をやったくらい。二回目はちょっと変わったことをしようってんで、貝谷八百子のバレエ団を使った。ジャズでバレエを踊ったんだ。ジャズ・バレエのはしりだね。

とにかくよく入った。一日一万人も入ったんだ。戦前からのファンもたくさんいたんだろうね。

「スターダスト」のプログラム

すぐジャズっていうわけにもいかない、なんて話してから四年で日劇のジャズが大入り満員になったんだ。その年の十一月の『リズム・ファンタジイ』に加藤礼子っていう当時のフィギュア・スケートの選手を出して、その時に飯山茂雄が出てる。当時日本のドラム・キングと言われた人だよ。

一九五〇年に『七彩の旋律』というのをやってる。ナンシー梅木はこの時に初めて出たんだと思う」

「七彩の旋律」は、ゲイ・セプテットのショウであった。ゲイ・セプテットはレイモンド・コンデ（クラリネット）をリーダーとするバンドで、角田孝（ギター）、フランシスコ・キーコ（ピアノ）、ジョージ川口（ドラムス）、南部三郎（ヴァイブ）、吉葉恒雄（ベース）、それにナンシー梅木を加えたセプテットである。内田晃一著「日本のジャズ史・戦前戦後」（スイングジャーナル社）には、このショウが爆発的な人気を集めてジャズ・ブームを起こすきっかけを作った、と記されている。

「ナンシー梅木は北海道の人でね、道産子まる出しの子が来てさ、衣裳もこっちで作ってやった。でも歌はものすごくうまいんだ。面白い子でね。大阪の北野劇場で仕事があって、その時分は仕事の前の夜に夜行に乗らなきゃいけない。朝着いて稽古して、昼に開けるわけだ。それなのに出かける時になっても来ない。どうしたんだろうってうちへ電話したらうちにもいないんだ。横浜のどっかのクラブで歌ってますって言う。それからクラブを捜して、やっと電話でつかまえて、何してんだナンシー、大阪へ行くんだぞ、って言うと、知ってるわよ、明日でしょ、って言う。明日だから今日乗るんだって説明すると、ああそう、じゃすぐ行くわって。すぐ行くったって、横浜のクラブじゃどうしたかねえ。そういうそそっかしい子だった。今はロスアンジェルスにいるね。ロスに行った時に会いたかったんだけど、住所がわからなかった。
ベティ稲田には割に最近会ったよ。ディック・ミネがデビュー五十周年か何かのディナー・ショウをやった時に、ロスから来た。やあやあ、ってしばらく話したけどね」

一九五〇年には、二月の「七彩の旋律」のほかに、
一月「四つの楽団」ゲイスターズ、松本伸とイチバン・オクテット、桜井潔とその楽団
五月「NDT・トップジャズ」後藤博とデキシーランダース
八月「きらめくリズム」ゲイ・セプテット
八月「スターダスト」渡辺弘とスターダスターズ
九月「ホット・プリズム」グラマシー・シックス、イチバン・オクテット
九月「デキシーランド」後藤博とデキシーランダース、ナンシー梅木
といったジャズ・ショウがある。
「〝桜井潔とその楽団〟というのは、戦前はたいへんなものだったんだよ。戦前、ぼくがアトラクションやってる時に〝桜井潔とその楽団〟をよく使った。それから伴薫というピアノ弾いて指揮する人がいた。そのバンドもよく使ったんだけど、戦争でわかんなくなっちゃった。あの四、五年ていうのは歴史が切れてるね。ジャズやっちゃいけない、歌っちゃいけないっていう時代だ

から。『上海バンスキング』だよね。桜井潔はタンゴ・バンド。桜井潔という人はヴァイオリンだからね。伴薫はタンゴ・バンドじゃなかったけど純粋のジャズでもなかった。あの時分はタンゴなんかもひっくるめてジャズって言ってたよね。ぼくがこの仕事を始めたのはもう戦争中だから——戦争というのは日中戦争だけども——ジャズはもうあまりやらなくなった時代だよね。だから、ジャズをナマで聴いた記憶があまりない。レコードはあったよ。レコードはまだよく聴いてた。その前はダンスホールだね。南里文雄もダンスホールでやってた。日劇に最後までいた多《おお》さん（多忠修。のちに日劇オーケストラのリーダーとなった）も新橋ダンスホールにいたんだ。日米ダンスホールっていうのが京橋にあって、ディック・ミネがたいこ叩いてた。ディック・ミネが上で叩いて、ぼくは客で踊りに行ってね、下で踊ってた。『ダイナ』なんかをもう歌ってたよ。

だからそういうところでジャズが聴けたんだけど、聴くための音楽じゃなかった。踊りの伴奏音楽だったんだ。ジャズ・バンドとタンゴ・バンドが交替にやってた。そのうちダンスホールもだんだんいけなくなって閉鎖されちゃうんだけどね」

一九四〇年十月に、全国のダンスホールは閉鎖された。職場を追われたジャズメンはどうしたか。「日本のジャズ史・戦前戦後」によれば、

①新しい職場を求めて満州方面に出かせぎに行く人たち
②アトラクション・バンドを組んで巡業するグループ
③軍・軍需工場などを慰問演奏で回るグループ

④ＮＨＫ東管に入って徴用をのがれ、対敵謀略ジャズ放送に従事する人たち
⑤徴用・応召で廃業した人たち
と、それぞれの歩み方をしたことが記されている。

一九五一年の日劇のリストを見ると、
二月「ゲイ・リップス」ゲイスターズ、東京キューバンボーイズ
五月「ヘイ・オン・ジャズ」笠置シヅ子、南里文雄
六月「スヰング・フェスティバル」
八月「ニューヨーク狂騒曲」水島早苗
十一月「スヰング・フェスティバル」
がジャズ関係のショウである。
一九五二年は、
三月「リズム・パレード」ティーブ釜范、笈田《おいだ》敏夫、黒田美治、ペギー葉山、ゲイ・セプテット、東京キューバンボーイズ
四月「スターダスト」渡辺弘とスターダスターズ、ペギー葉山、ティーブ釜范
四月「りずむ・ぱれーど」ナンシー梅木、笈田敏夫
四月「ジーン・クルーパ・トリオ特別公演」
十一月「スイング・アップ」水島早苗、新倉美子、シックス・レモンズ
十二月「クリスマス・コンサート」ナンシー梅木、黒田美治、リリオリズムエアーズ、ゲイス

ターズ、東京キューバンボーイズ
一九五三年は、
四月「ゴールデン・ジャズ」雪村いづみ、柳沢真一、ナンシー梅木
七月「ティーンエイジャー・ジャズ」
八月「ジャズ・オブ・ジャズ」浜口庫之助、柳沢真一、南里文雄とホットペッパーズ、BGクインテット、シックス・レモンズ
九月「ジャスト・ジャズ」雪村いづみ、笈田敏夫、森山久
十月「フラッシュ・ジャズ」ゲイ・セプテット、シックス・ジョーズ、リズム・キング、フォア・サウンズ、黒田美治、沢村ミツ子、バビー旗
十一月「世界最大のジャズコンサート」JATP
十二月「スターダスト」渡辺弘とスターダスターズ、J・C・ハード、ペギー葉山

と、いう具合で、このあたり日本でジャズが盛んになっていく様子がわかる。ほとんどのショウの構成・演出は山本紫朗だった。出演者不明のところは出演バンドが多くてリストに載せきれなかったためであろう。人名、バンド名だけで懐しい思いをされる読者も少くないと思うが、念のためつけ加えると、水島早苗は最近（一九七八年）故人となったが、戦前ダンスホールのダンサーを振り出しに歌い始め、日本のジャズシンガーの草分けとも言える人だ。新倉美子は水島早苗の弟子であり、辰巳柳太郎の娘。美人歌手として当時人気が高く、映画にもよく出ていた。シックス・レモンズは与田輝雄（テナー・サックス）がリーダー。渡辺辰郎（アルト・サックス）、

松本文男（トランペット）、牛尾宜夫（ピアノ）、平野快次（ベース）、フランキー堺（ドラムス）。結成時はピアノが秋吉敏子であった。BGクインテットはレイモンド・コンデをリーダーとするクインテット。当時コンデはゲイ・セプテットも率いていた。森山久は戦前から活躍していたサンフランシスコ生まれのトランペッター。森山良子のお父さんでもある。シックス・ジョーズは〝渡辺晋とシックス・ジョーズ〟。渡辺晋はベースを弾いていたが、のちの渡辺プロダクションの社長である。ピアノに秋吉敏子。結成時のピアノは中村八大。松本英彦がテナー・サックスを吹いていた。リズム・キングは〝池田操とリズム・キング〟。池田操はヴァイブ、ドラムスは白木秀雄だった。フォア・サウンズは〝上田剛とフォア・サウンズ〟。宮沢昭（テナー・サックス）、上田剛（ベース）、平岡唱三（ドラムス）、守安祥太郎（ピアノ）という四人。守安祥太郎は今やジャズメンとモダン・ジャズファンの間では伝説的な人物である。天才的なピアニストであり、理論的にモダン・ジャズを分析して、若くして日本のモダン・ジャズ界の指導的立場にいたが、一九五五年、突然原因不明の鉄道自殺をした。三十一歳であった。バビー旗は旗照夫である。ジャズ・グループは、メンバーの入れ替りが多いが、一九五三年頃の状況を記した。

なお、ルイ・アームストロングが初来日したのも、一九五三年。アームストロングは東劇と国際劇場で公演をした。

「ジーン・クルーパ・トリオは四月の二十六日から二十九日まで、四日間やった、これは変則なんだ。二十四日から二十九日まで『りずむ・ぱれーど』をやってる。それにつけ足したんだね。ジーン・クルーパは進駐軍慰問に来たんだ。で、どういうわけか、ビザの関係か飛行機の切符の都合か、四日あまったわけだ。日劇に買わないかって言ってきた。お金はドルで払わなきゃなんない。その時分、ドルなんかないんだ。そこで中国人の貿易やってる人が中に入ってジーン・クルーパを連れて来た。呼び屋じゃないんだよ。こっちは日本円で払って、その貿易商がドルで払った。ジーン・クルーパとしては慰問を終って、小遣い稼ぎみたいなもんだ。それで四日間、『りずむ・ぱれーど』っていうのをやってるのに、無理矢理つっ込んだわけ。そしたらこれが目茶苦茶入ったんだよね。日本人相手にはこの四日しかやってない。それに外国のジャズの人がやったのは初めてだ。ものすごく受けたからね、向うへ帰って日本はいいぞって宣伝したんだろう。それでJATPと一緒に、次の年にまた来たわけだ」

ジーン・クルーパは少年時代からドラムを叩いており、十八歳でレコード初吹込。これはドラムのフルセットによる最初のレコーディングでもあった。何故なら、当時の技術ではドラムを激しく叩くと録音する針がとんでしまったのである。なおこのレコーディングはシカゴスタイル・ジャズを世に知らしめたものとされている。クルーパはその後ベニイ・グッドマンのオーケストラに入り、スイング時代を創った功労者の一人となり、独立して自分のオーケストラを持ち、そのバンドシンガーとしてアニタ・オデイを売り出した。来日した時、本国では往年の人気はなかったが、日本では大評判をとった。その時のトリオは、チャーリー・ヴェンチュラ（テナー・サックス）、テディ・ナポレオン（ピアノ）である。

ＪＡＴＰはジャズ・アット・ザ・フィルハーモニックの略で、これはノーマン・グランツというジャズファンが、ロスアンジェルスのフィルハーモニック会場にジャズのスタープレイヤーを集めてコンサートを開いた。これが大当り、グランツは大物プロデューサーとなり、レコードにコンサートに大活躍を始めた。今もなお現役である。JATPは楽団名ではないので、メンバーは変わってゆく。来日した時のメンバーは、ジーン・クルーパ（ドラムス）、J・C・ハード（ドラムス）、オスカー・ピーターソン（ピアノ）、ベニイ・カーター（アルト・サックス）、ビル・ハリス（トロンボーン）、ハーブ・エリス（ギター）、ベン・ウェブスター（テナー・サックス）、レイ・ブラウン（ベース）、ロイ・エルドリッジ（トランペット）、チャーリー・シェヴァース（トランペット）、ウィリー・スミス（アルト・サックス）、フィリップ・フィリップス（テナー・サックス）、それにヴォーカルのエラ・フィッツジェラルド。大変なメンバーで、今なら武道館でコンサートを開くところだろう。当時の日劇がショウビジネスの中心であったことが、ここにも現われていると思う。

「世界最大のジャズ・コンサート」のプログラム

「ジャズファンは泣いて喜んだよ。ぼくが演出ということになってるけども、向うで作って持って来てるんだから、ここは明りをどうしようか、幕をどうしようかっていうことで、今で言やコーディネートだね。この時は昼間しかやってない。午後三時まで。だからきっと、夜は進駐軍の慰問をやってたんだろう。オスカー・ピーターソンが椅子に坐ったら椅子が折れちゃった。大きな男だからね。みんな大笑いした。演奏してる連中も。オスカー・ピーターソンが日劇の舞台に尻もちをついた。そんなエピソードもあるんだ。

J・C・ハードが日本に残った。日活ホテルに泊ってたんで、よく遊びに行ったよ。日本のジャズの人がずいぶん習ったよ。ボンゴとかコンガとか。

ジーン・クルーパ・トリオの時は、フランキー堺がジーン・クルーパの足が見たいって言うんだ。客席からじゃわからないって言う。それでぼくがフランキーを舞台の裏に連れて行って、クルーパのうしろの幕を閉めてね、その幕のすき間から見せてやったことがあるんだ」

このあたりは空前のジャズブームと言われ、劇場でのジャズ・コンサートが盛んだった。観客は熱狂し、マスコミもその現象をよく報道した。一九五三年九月の「週刊サンケイ」は、日劇の「ジャズ・オブ・ジャズ」の観客のアンケートをまとめ、十六歳から二十五歳までが全体の七〇%、男は十九歳、女は十八歳が最も多かったことを報じている。その号に載った大宅壮一の文章から。

――最近におけるジャズの流行は、音楽をたしなむといったような生やさしいものではない。完全なる、陶酔、いや泥酔のようなものである。全聴衆が舞台の演奏者と完全に一つに溶けこんで、一種独特の雰囲気をかもし出している。（略）

この風景を見ていると、かれらにとって、ジャズは、単なる音楽でないことがよくわかる。それは信仰であり、スポーツであると共に、一種のオルガズムであるともいえる。元来信仰やスポーツそのものも、陶酔度が高められたときには、オルガズム的要素を多分に含んでいるのであるが、ジャズ大会にあつまる男女――その大部分はティーン・エージャーである――の紅潮した顔、うるんだ眼を見ればそれがどういう効果を与えているかを知ることができる。例の〝踊る宗教〟の信者たちが夢中になって踊っているときよりも、陶酔度は遥かに高い。（略）

こういう現象がどうして起ったのかというに、まず第一にジャズのテンポ、スピードの魅力である。例えばこの仲間で目下、最大の人気者となっているジョージ川口のドラムの叩きは、メッタヤタラの早打ちで、そのスピードの上昇に比例して昂奮度も高まり、ついにそれが絶頂に達するや、演奏者も聴衆も共に全くの神がかりの状態に陥るのである。――

とにかく観客がたいへんに熱狂したことは確かだ。その熱狂ぶりはその後のロカビリー・ブームに引き継がれたが、最近のロック・コンサートにおける熱狂ぶりを、おそらくしのいでいただろう。演奏者も観客をのせるために、吹きまくり、叩きまくった。

空前のジャズブームと呼ばれた時期は、日本のジャズ界にとって過渡期でもあった。ダンス音楽が主な需要であったスイング・ジャズから、モダン・ジャズへ移る時期である。プレイヤーたちは思いきりアドリブを楽しみ、そのことで客をのせた。しかし本場のジャズは変わってゆく。ジャズは一方でクールになり、また高度になっていった。ジャズブームが去ったのは、単に観客が飽きたのではない。ジャズメンの方が変わっていったのだ。本場のジャズの流れを知る日本のジャズメンは、いつまでもブームに浮かれてはいなかった。口笛と手拍子と喚声に合わせるだけがジャズではない。ジャズメンはそれぞれの道を歩み出し、喚声を上げたがる観客はとり残された。根強いジャズファンは残ったが、それは多い数ではなかっただろう。

「沢たまきが初めて日劇に出たのはニッポン放送の開局一周年記念のショウだった（一九五三年）。記念にジャズを歌う子を募集して、一等になった。まだ沢たまきって名前じゃない。高校出てすぐ歌ったんだね。こないだ会ったらね、そうそう、あの時はコワくてコワくて、ブルブルふるえたのよって言うから、今とずいぶん違うじゃないか、って言ったら笑ってたけどね」

日劇のリストによれば、一九五四年は、
一月「歌う不夜城」越路吹雪、雪村いづみ、江利チエミ、ジョージ川口
五月「ソングス・フォア・ユウ」江利チエミ、東郷たまみ、朝丘雪路、フランキー堺とシティ・スリッカーズ
の二つがジャズっぽいもので、ジャズ・ショウは急に少くなってゆく。ジャズメンやジャズ歌手が出なくなったわけではないが、「大おどり」などの一部に登場する形になる。ジーン・クルーパ・トリオ、ＪＡＴＰの来日した年が、日劇におけるジャズブームのピークと言えるが、日劇だ

けではなく、日本中でこのブームの波が見えるようだ。日劇のリストは一つのバロメーターなのである。

一九五五年からは江利チエミを主役とするショウが多くなる。
二月「ジャズ娘世界一周」
四月「チエミ海を渡る」
八月「チエミ大いに歌う」
一九五六年、
一月「チエミと共に」
四月「日劇チエミ・ショウ　ジャズ娘に栄光あれ」
一九五七年、
一月「チエミ初春に歌う」
五月「チエミの黄金の椅子」
九月「チエミのセプテンバー・ソング」
一九五八年、
一月「チエミのヒットパレード　ジャズ娘乾杯」
四月「チエミの青春の歌声」
結婚して一時お休み、一九六〇年に、
九月「再びチエミ大いに歌う」

「一九五一年に『スイング・サーカス』というのをやって、これに江利チエミが初めて日劇に出た。この時の演出は宇津秀男だった。ジャズじゃないんだ。サーカスのヴァラエティの中で使ったんだね。その時分、チエミは進駐軍で歌ってたんだ」

江利チエミに会う。

「私、中学で、セーラー服着て楽屋へ通ってたんです。私、輪っかに乗っかって、てっぺんに吊り上げられて、シューッと降りてきたのを憶えてる。まだ江利チエミとして世の中に知られていなかった頃。『テネシー・ワルツ』を出す前です。

その前は進駐軍で歌ってたの。英語の歌じゃなくて、『東京ブギ』なんかよ。その頃、私のマネージャーが、

「チエミ大いに歌う」のプログラム

英語の歌が歌えたら帝国ホテルのショウに出してやれるんだけどな、って言ったの。よし、って憶えたのが、最初『アゲイン』ね。レコードで。全部耳から。英語の発音は進駐軍のクラブで、二世の人に通訳たのんで、白人にきいて耳で憶えるのね。その頃テープなんかないんですもん。『テネシー・ワルツ』は哀れな時期に憶えたのよ。進駐軍で歌ってて、私は八時か九時に終るの。明日学校だから帰りたいの。でもバンドは十一時頃までやってて、みんな終らないと送って貰えないの。ずっと待ってて、バンドを聴いてたわけ。バンドが二つ交替でやっててね、チェンジの時にやってた曲、いい曲だなあって思って。歌詞があるのかどうか知らなかったの。クラブに勤めてるウェイターが、歌詞がありますよ、って教えてくれたの。それが『テネシー・ワルツ』。ケイ・スターやパティ・ペイジの『テネシー・ワルツ』を聴いたのはそれよりあとなの」

江利チエミは一九五二年一月に「テネシー・ワルツ」を出し、一躍少女スターとなった。が、その前三年半、進駐軍で歌っていた時期があったのだ。

山本紫朗の話。

「進駐軍で江利チエミも雪村いづみも聴いてるよ。うまいのが進駐軍で歌ってるって評判を聞くと、見に行くんだ。進駐軍だから前からは見られない。マネージャーなんか裏にいたから、一緒について行って裏から見る。ついでに珍しいもの食わせて貰って帰るんだ」

雪村いづみは江利チエミに少し遅れて「想い出のワルツ」で登場した。その前一年間、雪村いづみは新橋フロリダで歌い、進駐軍で歌った。

雪村いづみの話。

「初舞台は日劇ミュージックホールなのよ。市村ブーちゃん（俊幸）なんかが出た『サンマー・スキャンダル』（一九五二年七月）っていうの。その時、私は雪村いづみじゃなくてね、草柒いづみって言ったのよ。ミュージックホールで、丸尾長顕さんがつけたの。でもあんまり変な名前だから、丸尾先生が変えようって言って、小林一三社長に、この子の名前つけてくださいって言ったのね。そしたら小林さんはちょうど料亭に行くとこだったの。築地の『雪村』ってとこ。今、『雪村』へ行くんだからまたあとで、って言ったら、丸尾先生が、それ頂きますって、雪村いづみにしちゃったのよ。築地には『雪村』と並んで『とんぼ』っていう料亭があるのね。あの時小林さんが『とんぼ』に行くんじゃなくてよかった。

そのミュージックホールがきっかけで木倉（博恭）さんに世話してもらって進駐軍。朝五時に新宿の南口に集まって、トラックに乗せられて、舗装してないほこりだらけの道路をガタガタ走って進駐軍のキャンプへ行くのね。今じゃ信じられない光景よね」

「想い出のワルツ」は江利チエミがレコーディングを予定していた。チエミがアメリカに行き、その間にいづみがレコーディングした。一九五三年四月にこのレコードは発売された。

「私、何も知らなかったの。チエミちゃんが帰ってくるっていうんで、松島トモ子ちゃんと羽田に迎えに行ったのよ」

このレコードの発売と同時に、雪村いづみは日劇に出演している。一九五三年四月二十九日から五月四日までの「ゴールデン・ジャズ」がそれだ。

「昔は日劇に出るっていうのは大変なことだったのよ。チエミちゃんなんか、日劇に初めて出た時は入口で日劇をバックに写真撮ったっていうくらい。私はやらなかったけど。

山本紫朗さん？　あの先生はコワくないのね。怒ったりしない。みんなと一緒にショウを作るのね。楽屋に寝泊りして。ああいう作り方は、今なくなったわね。

日劇の楽屋って空気が悪くて、日劇に出るたんびにのどやられるのよ。それでも日劇は楽しかったなあ。ミュージックホールに出てる時もね、トントントンて裏の階段降りて、日劇で映画観たり、袖から根岸明美さんが踊ってるの観たりしたの。

私がジャズを憶えたのも日劇ね。それまではハワイアンでも何でも、外国のものならジャズだと思ってた。それが日劇で本当のジャズやってるから、ああこれがジャズかと思ったのね。

あの頃はジャズメンが大スターだったから、私なんかよくいじめられたわよ。中村八大さんに『想い出のワルツ』の譜面渡して、この歌は八大さんがいつもやってるジャズとは違うと思うから『わかりますか？』ってきいたら、『わかりますかとは何だ』って怒られるし、秋吉敏子さんにはいじめられた。稽古の時はちゃんと弾いてくれるんだけど、本番になるとぜんぜん違うキーで弾くの。私はオクターブ上がったり下がったりしながら歌って、ひっこんでからワーワー泣いたわ。あれは間違えたのかなあ、いや間違えたんじゃないと思う。

アメリカの歌でいちばん違うのはハーモニーね。フロリダで歌ってる頃、アメリカから入ってきた楽器別の譜面があったのね。はじめはメロディやってるけど、歌に入るとメロディがなくなるのね（スイング・ジャズ全盛時代は、歌が入るものも、まず楽器だけでワンコーラス演奏し、それから歌に入るスタイルが多かった）。それは今までの日本の流行歌にはなかったことなのね。ジャズは小節（これは〝こぶし〟ではなく〝しょうせつ〟である）の中でちょっとテンポを変えてみたり、コードの中でメロディを変えたりできるでしょ。それがアメリカの歌なのね。バックにメロディが入ってるとそれはできないわね。私はバックにメロディがあったら、もう歌えない」

江利チエミの話。

「山本紫朗の名前をどかしちゃったら、私はないと言ってもいいわね。実に可愛がってくれてね、コワい時もあるけど、強引なのね。チーちゃんと打合わせして構成してみようと思うなんて言ったって、紫朗先生が自分の頭の中でできちゃってるとね、いやー、先生この場面いやだーって言っても、ま、ま、いいじゃないか、チーちゃんならできるよって押し切られちゃう。初めっからそう。

先生は『ビギン・ザ・ビギン』が大好きでね、何年目かなあ、日劇に出た時にチーちゃん、『ビギン・ザ・ビギン』やろうよって言うから、前に歌ったじゃん、て言ったら、踊ろうよ、踊ろうよ、って言うの。中野ブラザーズが出るから一緒に踊りゃいいって。私、タップダンス踊ったことがないの。それなのに、ダルマ（踊りのための水着のような衣裳。手足のないところからこの名称になったのだろう）着てタップシューズはいて、『ビギン・ザ・ビギン』踊っちゃった。

中野ブラザーズに教わって稽古したのよ」

中野ブラザーズは、今年、踊り始めて三十五年目の初リサイタルを開いた。日劇初出演は一九五四年。江利チエミが北海道で出会ったまだ無名のタップ二人組に惚れ込み、日劇で共演したいと申し入れたのがきっかけだった。しかし日劇にも男性舞踊師はいる。何故よそからダンサーを入れるのかと反対された。江利チエミのねばりで、山本紫朗が、では見てみようと、彼らの出演している銀座「美松」に出かけた。以後、日劇における江利チエミのショウには中野ブラザーズがゲスト出演することが恒例となった。

「いろんな先生がいるけど、山本紫朗先生だけは〝おじさん〟て呼べる感じの先生だったわね。私が小さい時分に〝おじさん、この歌長すぎてイヤだ〟――『ビギン・ザ・ビギン』ですよね、四分以上あるんだから。〝おじさん、歌ってて飽きちゃうんだよ〟って言っても〝そんなことないよ、チーちゃんうまいから大丈夫だよ〟ってホイホイのせられて、ふっとふり返って見たら毎回歌ってんのね。

新幹線で帰ってきて、日劇の丸いきったない建物を見て、あ、東京だなって席を立って、忘れ物はないかなって網棚を見て駅におりるでしょ。今テントが張ってある。一般の人はどうか知らないけど、私みたいに日劇で育ったような人間には東京のシンボルだったものね。それがなくなっちゃうのはとてもイヤね。

あの頃は客席満杯ね。一階二階三階、ロイヤルボックス。ドアが開いてお客さんが充満してる。

東郷たまみちゃんと、朝丘雪路ちゃん、雪路ちゃんが宝塚やめて歌手になる、たまみちゃんは画家の娘が歌手になる、っていうんで、二人を両脇に置いて、わたくし同様よろしくお願いしますって言った時（一九五四年「ソングス・フォア・ユウ」）には、二階三階からお客さんが落っこってきちゃうんじゃないかって思ったわね」

雪村いづみ。

「日劇をこわしても、新しいビルの中にまた日劇ができると思ってたわ。できないんだって？　みんなあそこで育ったのよ。日本のショウビジネスにとって大事な劇場だったのよ。客席は少くなってもいいじゃない。どうしてできないの？　何故なの？」

（一九八一年十月）

第十一章　映画・歌舞伎のプロデュース

「銀座の踊子」 1950年

一九四五年暮から始まった東宝撮影所の労働争議は、一九四八年にピークに達した。八月十九日、約二千人の争議団がたてこもる砧撮影所にアメリカ軍の飛行機三機、戦車七台、騎兵隊一個中隊、日本の警官隊二千人が鎮圧にやって来た。「来なかったのは軍艦だけ」という言葉が残っているが、それほどの大争議であった。しかもその時点で解決したわけではなく、争議は一九五〇年まで続いた。

一九四七年には新東宝が生まれた。争議中、映画を製作するのが困難であった東宝のために、組合を脱退した人たちが別会社で映画を作って東宝に提供する。そういう目的で出発した。したがって東宝傘下の会社であったが、製作本数が多くなるにつれて新東宝は自信をつけ、一九五〇年に独立宣言をした。

争議の後遺症で、撮影所は思うように使えず、傘下の新東宝に去られて、一九五〇年は東宝にとっては痛い時期であった。

その一九五〇年に、山本紫朗は初めて映画をプロデュースしている。「銀座の踊子」である。日劇の中に事務所を置いた宝映プロの作品で、東宝が新東宝と分かれ、しかし自主製作の態勢はまだ整っていないという端境期《はざかいき》の製作だった。宝映プロの設立にはマキノ正博が力を貸した。山本紫朗が映画をプロデュースするというのは会社命令で、演劇部にいるが撮影所出身だから、ということであったらしい。

山本紫朗の話。

『銀座の踊子』は日劇の中だけで作ったんだ。撮影所が使えないからね。八時か九時まで日劇は公演で使ってるから、夜になると始めるわけ。夜中に撮影した。スタッフは昼間寝て、それで一本あげたんだ。その時に日劇の舞台で使ってたセットなんかはそのまま使った。ショウの場面に笠置シヅ子、灰田勝彦、藤山一郎なんかが出てくるんだけど、それは昼間出てたのをそのまま出したんだね。踊り子の役では、ダンシングチームから谷さゆり、荒川和子、大島由紀子が出た。

都会の踊り子の哀愁を描こうっていうんで、脚本は八尋不二でなかなかよかったんだよ。監督は田尻繁っていうんだけど、第一回でね、助監督やってたのをぼくが抜擢した。ところが十年も助監督やってて、いざ自分が撮るとなると、あれもやりたい、これもやりたいっていうんで凝っちゃうんだね。で、できたの見るとなんだかわかんない、むずかしいものになっちゃった。初めに、日劇知らないから見せてくれって言うから、いろいろ見せたらね、天井のすのこから舞台見たりしてね、下で踊り子が踊ってるのを真上から見ると面白いんだ。そういうのを撮る。構図は面白いんだけど、そういうところばっかり凝ってスジが邪魔っけになっちゃった。ショウのところは面白いからスジがなきゃいい、なんて批評が出た。失敗作だね。撮影の会田吉男っていうのは、原節子の兄。キャメラマンの助手やってたんだ。ここで一本になった。みんな新人で新しいものを作ろうってんで、張り切りすぎちゃった。

次に『淑女と風船』というのを作った。この監督の日高繁明も第一回なんだ。これも張り切りすぎたね。ネタはいいものだったんだけど。これは日劇じゃなく、どっかのうちを借りて作った。

スタジオで撮れないから、無理がくるね。そういうこともつまんなくなった原因かも知れない。その頃、マキノ正博が『傷だらけの男』っていうのを撮ってる。これも日劇の中だけで作った。これはぼくは関係ないけどね。

ずっと後になって、藤純子がお竜さんで人気絶頂の頃、東宝歌舞伎に出したいんで、借りに行ったことがある。お父っつぁんは俊藤浩滋、東映のプロデューサーだ。この人のうちに、ぼくが頼みに行った。会社じゃ、東映の大スターを貸してくれっこないよ、無理だよ、って言う。それでも行って頼んだら、すぐ貸してくれることになった。その時に俊藤さんが、紫朗さん、あんたとぼくとは古い仲だよって言うんだ。日劇でよく会ってたじゃないかって。きいたら、『傷だらけの男』の時に、マキノ正博に付いて製作補佐をしてたのが俊藤さんだったんだ。

マキノ正博とは京都の頃からの友だちでね。ぼくは東宝の京都撮影所にいた。マキノまーちゃんは京都の日活にいて、ディック・ミネなんかを使ってミュージカルみたいなものを作ったんだ。彼はそういうのが好きなんだよ。それを手伝ったりしたの。ぼくは東宝だから非公式にね。向うは巨匠だった。ぼくはペエペエだ。それでも音楽のことはぼくの方が知ってたから教えたりしてね。彼は正月映画を三日か四日で撮ったりしてた」

マキノ正博のミュージカルというのは「鴛鴦《おしどり》歌合戦」（一九三九年）である。

「その次にぼくがプロデュースした『恋愛台風圏』っていうのは、砧の撮影所で撮った。もう撮影所も落ちついてきていた。監督の野村浩将っていう人は松竹の監督だった人で、松竹をやめて新東宝に行ってそれから東宝に来た。東宝に入ってまもなく使ったんだと思う」

一九五〇年に山本紫朗のプロデュースした映画は三本である。会社が落ち着いた後、しばらく映画からは離れていたが、取締役の森岩雄に呼ばれて、正式に映画のプロデュースを担当するように言われる。

「森岩雄さんがぼくに、映画のスターに舞台の経験をさせるために舞台に出したい、舞台から出たスターを、映画の方のスターにもしたい、その両方の橋渡しをしろ、と言ったんだ。いい映画を作らなくていい、プログラム・ピクチャーでいいから、その目的にかなったプロデューサーになってくれ、というんだ。それで映画と演劇と両方の契約をして、両方から月給を貰うことになった。水陸両用だって言われた。

映画のプロデューサーは舞台をあんまり観てなかった。コーちゃん（越路吹雪）が撮影所へ初めて行ったら、〝越路吹雪って何だい〟なんて言ってたんだから。その時コーちゃんは舞台では大スターだよ。それほど撮影所の連中は舞台を知らなかったんだね。それで森さんが、監督もキャメラマンも舞台を観てないから、君はできるだけこっちへ来て、舞台ってこういうもんだっていう話をしてやってくれって言う。舞台の役者をこっちへ持ってきて、こっちの役者を舞台へ乗っける、そういう役をしろと言うわけだね。だんだん加山雄三とか、宝田明とかっていう連中が日劇に来て歌ったりするようになったのは、そういうきっかけがあるんだ。『歌う不夜城』とか、『新春スタアパレード』とか、毎年お正月にぼくがやってたわけなんだけど。そんなわけで、ぼくは普通のプロデューサーと違う扱いを受けた。

森岩雄さんは映画の方の人だけど、舞台が好きだった。藤本真澄もそうだった。映画の人なのに自分の藤本プロへコーちゃんを入れたくらいだから、舞台が好きなんだ。森さんも藤本さんも日劇へいつも観に来てた。その人たちが死んじゃって、日劇に関心のある重役がいなくなっちゃった。それも日劇が衰退する原因の一つになったと思う」

一九五三年にプロデュースしたもの。
「総理大臣の恋文《ラブレター》」（斎藤寅次郎監督）
「トンチンカン怪盗火の玉小僧」（斎藤寅次郎監督）
「亭主の祭典」（渡辺邦男監督）
「かっぱ六銃士」（斎藤寅次郎監督）

「『総理大臣の恋文《ラブレター》』は斎藤寅次郎でね、これは面白かった。原作の館直《たて》志ってのは渋谷天外のペンネームだ。松竹新喜劇でやったものだね。プロデューサー会議で、ぼくはこういうのやりたい、『総理大臣の恋文《ラブレター》』だ、って言ったら、面白いね、それやろう、ってすぐ通っちゃった。題名だけで、内容も説明しないのに通っちゃった。映画もよく入った時代だからね。渋谷天外んとこ行くとね、彼は関西弁でとっても早い言葉なんだよ。ぼくは江戸っ子で早口だ。二人が会うとぜんぜんわかんない。両方で。だから間に通訳が入ってやっと話ができた。
その次の『トンチンカン怪盗火の玉小僧』。斎藤寅次郎が監督で、伴淳三郎と田端義夫。これが大当りだった。可笑しいシャシンで、大笑いの連続だったんだ。これは宝塚映画だった。それから『トンチンカン八犬伝』とかトンチンカンなんとかって、ぼくじゃないけど、トンチンカンとつくやつを宝塚映画が何本も作った。

宝塚で映画を撮ってると、小林一三さんがよく見にくるわけだ。で、ぼくに〝プロデューサー料は月給のほかだろ〟って言う。〝そうですよ〟って答えたら、〝月給は本社から家へ入ってるんだから、プロデューサー料は生活には関係ないだろ。だからこの金は宝塚に置いて行きなさい。宝塚にひばりヶ丘という土地があるから、私が買っといてやる。何年かすればよくなるよ〟って言うんだ。ぼくは向うで宿屋に泊ってるし、夜になると皆で大阪へ遊びに行ったりするもんだから、金が要るわけ。〝いやいや、社長に預けるわけにいかない、金がなくて困ってるんですから〟って言った。〝そうか。でも預けとくと得なんだよ〟って言ってくれたことがあるんだ。今は、ひばりヶ丘っていうのは大へんな土地になってて、言われた通り金を預けて買って貰ってたら、今ごろぼくは億万長者だよ。当時は草ぼうぼうで、あんなとこ買ってどうすんだっていうような所だった。やっぱりあの人は先見の明があった人だね。十年二十年先のことをいつも考えてた。

あの人はコマ劇場を作ったね。それが完成しないうちに死んじゃった（一九五七年没）。ぼくらが今やってるコマ劇場の使い方と違うことを考えてたに違いない。おじいさんは、ギリシャの野外劇場にヒントを得て発想したわけだね。三段のコマが回るようになってる。それをプロセニアム作って普通の芝居してるんだから、おじいさんは今頃向うで〝馬鹿野郎、俺の考えてたことと違うじゃないか〟って言ってるだろう。

宝塚映画というのもね、小林一三さんが宝塚歌劇をやってた頃、東宝映画とまだ合併しないうちに、自分たちで映画を作ろうと思ってたんだ。それで宝塚にスタジオを作ってた。そのうち東宝と合併したもんだから、映画の経験のある者を呼んで映画を作るようになった。それが宝塚映画なんだ。それでぼくも呼ばれて行ったわけ。
　安手の映画、添え物だね、安手で面白い映画を宝塚ではいっぱい作ってた。『かっぱ六銃士』はハッパ六十四の洒落で、これは伴淳三郎が出てる。この撮影中に伴淳が血を吐いて倒れて、一週間くらい撮影を休んだことがあるんだ。最近伴淳は死んだけども、肝臓から食道静脈瘤になるには十年も二十年もかかるって言うことだ。それを考えてみると、この時にすでにその根があったのかも知れない」

　一九五四年。
「この恋五千万円」（佐伯幸三監督）
「家庭の事情」シリーズ四本（小田基義監督・「馬っ鹿じゃなかろかの巻」「さいざんすの巻」「おこんばんわの巻」「ネチョリンコンの巻」。第八章のトニー谷のくだり、家の中に電車が通るという映画は「馬っ鹿じゃなかろかの巻」である）
「恋愛特急」（鈴木英夫・杉江敏男監督）
　一九五五年。
「ジャズ娘乾杯」（井上梅次監督）
「みんな早撮りでね、斎藤寅次郎も、渡辺邦男も。小田基義は斎藤寅次郎の弟子で、これも早撮りだった。トニー谷はこの頃飛ぶ鳥落とす勢いだったからね、『家庭の事情』は営業の注文で作った映画だった。

『ジャズ娘乾杯』は時間をかけたシャシンだった。井上梅次は頑張る人だしね。ぼくもしっかりしたミュージカルのようなものを作りたかったし、それなりの予算も組んだんだよ」

今回、「ジャズ娘乾杯」を観ようということになり、東宝に交渉して試写室を借りて映写して貰った。山本紫朗、振付の県洋二（この映画でも振付を担当している）と一緒に観た。

曲芸師伴淳三郎に三人の娘（寿美花代、朝丘雪路、雪村いづみ）がいる。この三人娘が映画撮影所の若手のスタッフたち（中山昭二、柳沢真一、高英男、ペギー葉山、羽鳥永一など）と一緒にミュージカル映画を作る物語で、ほかに江利チエミ、フランキー堺、トニー谷も出る。オールスター・キャストである。撮影所のシーンでは井上梅次監督と山本紫朗もちらりと登場した。

観終って山本紫朗は「一所懸命作ったんだけど、日本のミュージカルってのは、この程度のものだったんだなあ」と、ちょっと寂しそうに言っていた。ぼくも封切当時観ているのだが、ほとんど印象に残っていない。なにしろアメリカからフレッド・アステア、ジーン・ケリイなどの絢爛豪華なミュージカル映画がどっと入ってきていた時代だ。どうしても見劣りがしてしまう。それに「ジャズ娘乾杯」はモノクロームである。しかし、現在はアメリカでもミュージカルはほとんど作られていないし、テレビで観る日本のショウ番組は見事にワンパターンを繰り返している。だから今「ジャズ娘乾杯」を観て、意外な密度の濃さに、ぼくは感心した。伴淳扮する父親が目を患い、若い仲間が名医を捜すなど、客を泣かせようとするエピソードも通俗的ではあるが、それなりに手堅く脚本が書かれていると思った（脚本は井上梅次と高木史郎）。

一九五六年には十本の映画をプロデュースしている。「アチャラカ誕生」の映画化とその続篇や、第一回東宝ミュージカルの「恋すれど恋すれど物語」の映画化、宮城まり子主演の「てんてん娘」とその続篇など。監督は「アチャラカ誕生」が小田基義、「恋すれど恋すれど物語」が斎藤寅次郎、「てんてん娘」が青柳信雄である。

「『アチャラカ誕生』は舞台と同じエノケン、緑波、金語楼に、のり平、トニー谷なんかが出た。ここでも舞台と映画の橋渡しをしてるわけだね。エノケンも緑波も映画にはたくさん出てるけど、もともと舞台人で、ぼくは特殊なプロデューサーだから、映画でも舞台人ばかり使ってるわけなんだ。『アチャラカ誕生』は白坂依志夫が脚本《ほん》書いた。白坂依志夫もずいぶん使ったけど、彼は八住利雄の息子で、ぼくは八住利雄のうちへよく頼みに行ってたからね、そしたら、〝たまには息子も使ってくれよ〟って言うんで使い出したんだ」

一九五七年には五本プロデュース。東宝ミュージカルの「極楽島物語」（佐伯幸三監督）、ほかの四本（「ますらを派出夫会」など）はすべて柳家金語楼が主演（小田基義監督）。

一九五八年は七本。三橋美智也に主演させた「草笛の丘」、春日八郎に主演させた「別れの波止場」、「弥次喜多道中記」とその続篇。ほかに「東京の休日」のショウ場面の構成・演出を担当した。

「東京の休日」は山口淑子の映画生活二十年の記念映画で、堀江史朗プロデュース、山本嘉次郎監督。ストーリーよりも映画のあちこちに出てくるショウ場面と、東宝専属スターたちが大勢、お付き合いにちょい役で出てくるのを楽しむ映画だった。ショウ場面では越路吹雪、雪村いづみ、宮城まり子などが歌い、根岸明美、中田康子、重山規子、草笛光子などが踊る。振付は県洋二。日劇の名作と言われる「椅子」の一部も紹介された。

「添え物ばっかり作ってたけど、中にはメインのものもある。『極楽島物語』なんかそうだ。『弥次喜多道中記』も大きなものだった。『弥次喜多』は小林桂樹と加東大介。千葉泰樹監督で、ぼくは藤本さんと一緒にプロデュースしたんだけどね。ずいぶんかかった。三月《みつき》くらいかかった。東海道をずーっとロケして。ぼくも一緒に行ったんだ。千葉泰樹は巨匠でね。こういう人を使う時はこっちが神経使うよ。

山本嘉次郎ももちろん巨匠だ。巨匠を使うのは藤本真澄とか田中友幸とか、そういう人になるね。ぼくはプロデューサーとしては山本嘉次郎は使えない。でも『東京の休日』の時はぼくはショウの演出家として行ったから、この場合は同格なんだ。あの人もショウが好きで、よく日劇にも観に来てたもんだ」

「極楽島物語」

一九五九年には七本。「まり子自叙伝・花咲く星座」（松林宗恵監督）、「やりくりアパート」（竹前重吉監督）、「青春を賭けろ」（日高繁明監督）、「檻の中の野郎たち」（川崎徹広監督）、「アイ・ラブ・ユウ」（古沢憲吾監督）など。

『花咲く星座』は宮城まり子の半生記で、まり子は自分の役をやった。菊田さんが書いて前の年に芸術座でやったものを映画にしたんだ。この映画でまり子の少女時代をやったのが中山千夏なんだ。ぼくは北野劇場や梅田劇場の仕事で大阪へ打ち合わせに行く。そういう劇場に彼女は子役で出てた。目立ってうまかった。それを憶えてたんで、『花咲く星座』の時にすぐ中山千夏がいいや、と思ったんだ。それで大阪へ行って、おっ母さんに会って、こういうわけだと話

「花咲く星座」

して東京に連れて来て貰った」

それが中山千夏小学校四年生の時。しかしこれが彼女の映画デビューではなく、それより一年以上前、児童劇団の仲間と花菱アチャコの「お父さんはお人好し」とその続篇に出演しているのだ。ただしセリフもない大勢の子どもたちの一人。セリフらしいセリフのある映画は「花咲く星座」が最初だった。しかも「お父さんはお人好し」は宝塚映画、「花咲く星座」は砧撮影所で作られたから、彼女はこの映画のために、初めて東京の土を踏んだのである。この映画の封切は一九五九年四月。中山千夏が天才子役として名を挙げた、あの「がめつい奴」が芸術座で幕を上げたのが同じ年の十月。作者はどちらも菊田一夫である。

「『やりくりアパート』の脚本《ほん》は花登筐。まだそんなに売れてなかった頃だったね。『青春を賭けろ』と『檻の中の野郎たち』はロカビリーだ。ミッキー・カーチス、山下敬二郎が出てる。その前の年からウェスタン・カーニバルをやって、大当りで一年に三回もやってた頃。連中も一躍スターになって、それで映画を作ったというわけだね。今みたいにすぐテレビに出るという時代じゃないから、あの連中は舞台には出ててもキャメラの前では演《や》ってなかった。それをキャメラに慣れさせたという、ここでもひとつ橋渡しをしたわけだ。

『アイ・ラブ・ユウ』っていうのはちょっと面白いシャシンだった。これにもミッキー・カーチスが出てる。松山善三が書いてね、古沢憲吾が監督。古沢憲吾はこれが監督になって二本目。パレンバンの生き残りの勇士だっていうんで、みんなパレって呼んでた。渡辺邦男の弟子でね、このあと〝弟子を使ってくれてありがとう、今度お返しするよ〟っていう手紙が来たくらい、渡辺邦男は喜んでくれた。その後パレンバンはだんだん売れちゃって、植木等の無責任ものやなんか、渡辺プロ作品にはなくてはならない監督になった」

「青春を賭けろ」と「檻の中の野郎たち」には、ミッキー・カーチス、山下敬二郎、寺本圭一、水原弘、釜萢ヒロシ、井上ひろし、坂本九、ジェリー藤尾、が共通して出ている。「青春を賭けろ」はロカビリアンたちの物語。シリアスなドラマで、白川由美が扮する女マネージャーは、渡辺美佐を思わせた。「檻の中の野郎たち」は少年院を脱走する少年たちの話だが、喜劇仕立てである。

一九六〇年は「落語天国紳士録」（青柳信雄監督）、「大学の山賊たち」（岡本喜八監督）、「拳銃よさらば」（須川栄三監督）の三本。

一九六一年は守屋浩の「三度笠」シリーズを二本（福田純監督）。坂本九の「アワモリ

「拳銃よさらば」

君」シリーズを三本（古沢憲吾監督）。

一九六二年は「雲の上団五郎一座」（青柳信雄監督）、「私と私」（杉江敏男監督）、「若い季節」（古沢憲吾監督）。

一九六三年は「続・雲の上団五郎一座」（青柳信雄監督）、「丼池」（久松静児監督）。

「『大学の山賊たち』、これは面白かった。岡本喜八。彼は雪が好きでね、八方尾根に二カ月くらいこもって、自家発電機を上まで持って行って撮った。ぼくもあそこに一カ月くらいいいたよ。一個所じゃなくて蔵王に行ったりね。

『拳銃よさらば』っていうのは水原弘が出た。『黒い花びら』がはやった頃だね。監督は須川栄三。寺山修司が脚本《ほん》を書いた。新宿の何とかいう宿屋に彼がこもって書いていた。ぼくも少しつき合ってね。

『泣きとうござんす』、『有難や三度笠』、

「アワモリ君西へ行く」

これは守屋浩。『アワモリ君売出す』、『アワモリ君乾杯！』、『アワモリ君西へ行く』、これは坂本九。『私と私』がピーナッツだ。『若い季節』はもとはNHKのテレビドラマで、小野田勇はこれで売り出した。それを映画にしたんだ。これは渡辺美佐と共同でプロデュースした。監督は古沢憲吾。古沢憲吾パレンバンだね。古沢憲吾と渡辺プロのつながりはこれからだろう。『丼池』は藤本義一が脚本《ほん》を書いた。宝塚映画では藤本義一をずいぶん使っている。まだ若かったよ。

プロデューサー会議で企画が通ると、営業会議に持って行く。この作品で行こうってことになって予算を出す。配役を営業に持って行くと、これよりももう少しいい役者を使え、そうじゃないと売れないとか、色気が足りないから女優をもっと使えとか言われる。じゃこれ使おうって言うと、それじゃ高くてダメだって言われて予算の喧

「大学の山賊たち」撮影風景

嘩になる。いちばん高いのが俳優費だよ。映画俳優は高い。ロカビリーの連中は安く使えた。ロカビリーを使おうって言うと、営業はわからないんだ。わかんないけど日劇であれだけ入っているから、好きなようにやってくれって言う。今の〝たのきん〟と同じだよ。

予算は安い時で一千万くらい。今はすぐ何億だけど、ぼくの作ってたのは一時間二十分くらいのやつが多かったからね。一千万で撮れよって言われると、じゃやろうかってやったもんだよ。

プロデューサーは監督がお金を使い過ぎないように、監督についてるわけだけど、ぼくの場合はこれだけの予算でこれだけの日数で撮るんだよって言うと、納得する監督ばっかりだから。黒沢明のような人は使ってないから、オーケーオーケーもっと安くあげてやるよ、って言うのが多かった。だから監督と予算で喧嘩したことはないんだ。岡本喜八とだけはちょっとあった。どうしても雪崩を撮りたいって言う。撮影所で雪崩を作って撮ったんだ。雪は塩で作る。塩を山と積んでダーッと落とす。それをスローモーションやなんかで撮るんだ。これに百五十万も二百万もかかった。その分予算がオーバーして、それを貰いに行くと、とてもそんな金は出せないからお前の月給から差し引くぞなんて文句言われて、それでもいいからって強引に貰ってきた。

たいていのプロデューサーは撮影所の所長と喧嘩する。所長が全部の予算を見てるからね。特にその頃は映画の本数も多いしね、割りふりが大変なんだよ。いつセットを作ってこわすかも問題で、早くセットこわしてくれ、次のが待ってるってことで、マゴマゴしてられないわけだ。ぼくはラッシュを見て、面白くないと、あそこを撮り直してくれ、とか言うけども、撮影所は忙しいから、終ったらすぐセットをこわしちゃう。次に入ってる。面白くなくてもセットこわしちゃったからもうしょうがないっていうわけだ。だからそういうことがないような監督を使った方がいい。ポンと一発で面白いのを撮るような人ね。斎藤寅次郎とか、青柳信雄とか、早撮りシャシンで必ず面白いやつ。撮影見てて、ぼくらも笑うからね。それだとお客も笑う。ぼくのは早撮りシャシンがほとんどだったから日数の問題はあんまりなかった。ねばるやつと一緒だと大変なんだけど、ぼくのは予定より二日か三日早く終っちゃうくらい。

青柳信雄も早撮りの人だった。一日に五十カットくらい撮っちゃう。キャメラをあんまり動かさない。キャメラを動かすと照明から何から動かさなきゃならない。彼はキャメラはそのままにしておいて、人の方を動かす。だからほかのプロデューサーも彼をずいぶん使ってるよ。早いから。だから忙しい監督だったね。

ぼくも忙しかった。ラッシュを毎日見るから。砧で撮る時は午前中に行ってラッシュを見て、ラッシュを見ると出来上がりがだいたいわかるから、笑いが足りないと思うと、今日撮る分にもう少し笑いをふやしてくれとか注文を出して日劇に帰る。午後から砧では撮影をやって、ぼくは日劇の仕事をするわけ。東京ではそれができるんだ。でも宝塚映画の時はずっと向うに行ってなきゃなんない。どうやってたかねえ。日劇も毎週のようにやって忙しかったし、宝塚へもずいぶん行ったから。ほとんどうちにいたことがないよね。日劇で大きなものやるときは泊り込みでやってたし。

昔は泊り込みも平気だった。最近はそんなことすると高くなるから会社がさせない。時間外手当ってやつ。昔はそんなものなかった。

映画を作るのも、ぼくはプロデューサーとしては特殊な立場だったから、舞台人ばかりを映画に出して、映画に使うから今度はこっちへ出てくれというような、足がかりを作ってた。だから名作を作ろうという気はなかったんだ。『丼池』を最後に映画はやっていない。日劇もますます忙しいし、東宝歌舞伎も始まってたしね」

東宝歌舞伎は、一九五五年に東京宝塚劇場で幕を開けた。

「おじいさん――小林一三が歌舞伎をやろう、って言い出した。長谷川一夫を中心にするから、プロデューサーはお前やれっていうおじいさんの命令だった。ぼくが東宝に入社したのと長谷川一夫が東宝に入ったのが同じ時だったから、長谷川一夫とは仲がよかったからね。これは舞台だから、ぼくにとっては映画よりこっちが本筋だ。第一回は長谷川一夫と中村扇雀は決まってた。それだけじゃまだ弱い、何か人を驚かすことをしなきゃいけないっていうんでね、歌右衛門と勘三郎のうちへ、毎晩毎晩、こういう大きなものやるから出てくれって頼みに行ったんだ。あの人たちは松竹だから、普通じゃ出ないところなんだけど、強引に口説き落として連れ

「東宝歌舞伎」のプログラム

て来たわけだ。それで大物が四人揃った。これは画期的なことだよ。で、前売りを始めたら一日でひと月分全部売れちゃった。

演《や》ったのは谷崎潤一郎の『盲目物語』。『春夏秋冬』っていう踊り。川口松太郎の『帰って来た男』。『春夏秋冬』で、四つのセリを使って四人が一度に上がって来た。これはいまだに語り草で、歌右衛門と勘三郎と長谷川一夫と扇雀が同時に上がってくる。みんなウワーッと言って拍手鳴りやまず。あの華やかさをもう一回やってくれってその後よく言われたけども、これだけ格が揃った大スターを四人集めるというのはなかなかできない。長谷川と八重子さんという時もあったけど、二人だよね。セリは使えるけど、無理にあと二人乗せてもほかは格が少し下がる。

この年に東宝劇場（東京宝塚劇場）は進駐軍から返ってきた。返ってきたばっかりなんだ。それまで十年間アーニー・パイルだったんだから、大道具は歌舞伎なんかやったことがない。初日開けたら、大道具が慣れないから時間がかかっちゃった。五時開演で、『盲目物語』やって、『春夏秋冬』で沸きに沸いて、終ったら十時になっちゃった。休憩とって『帰って来た男』の道具を組むのに三十分かかる。それで全部やったら十二時過ぎちゃう。どうしようかって言ってたら、小林一三が〝よし、俺がうまくやってやる〟ってステッキついて幕の前に出て行って、〝私は小林一三です。こういうことになってご迷惑おかけしました。まことに相すみませんが、今日はこれで打ちきります。今日いらしたお客さまには、もう一ぺん全部お観せします〟って言った。みんなあと一つ観ればいいところを、もう一ぺんタダで全部観られるっていうんで、喜んで大拍手になっちゃった。おじいさんは拍手で舞台からおりて来て、〝ほら見ろ、俺がうまくまとめてやった。みんな喜んで帰るよ〟って言うんだけど、切符はもう一枚もないんだ。〝冗談じゃない。

二千八百人どこへどうして入れるんです〟ってぼくたちが言うと、〝それはお前たちが考えるんだ〟って帰っちゃった。社長が言ったことだからね、取り消すわけにもいかない。それから毎日毎日補助席作ったり大騒ぎして何とか二千八百人入れたことがあるんだ。二日目からはもう段取りがわかるからちゃんとできたけどね。

この時長谷川一夫は大映にいたんだ。小林一三さんが大映の永田雅一さんと話し合いをして、一年に一ぺんだけ舞台のために貸してくれることになったんだけど、客が入るもんだから、次の年から一年に二回ずつになった」

第二回東宝歌舞伎には、長谷川一夫、中村扇雀に加えて、越路吹雪が出た。越路吹雪は第三回にも出ている。第四回には水谷八重子、水谷良重、第五回も続いて水谷八重子が出演した。美空ひばりが出たのは第十三回、一九六三年である。

「美空ひばりに、芝居やんないかって言ったことがあるんだ。コロムビアの会かなにかを見に行って、楽屋でそういう話をしたら、ひばりも芝居やりたいって言う。映画はやっても舞台では歌しかやってない頃だった。そのうち、東宝歌舞伎で何をやろうかっていう時にそれを思い出して、美空ひばりどうだってぼくが言ったら、みんながいいねえって言う。営業部なんか喜んで、是非願いたいって。その時は長谷川一夫と松本幸四郎で『明治の兄弟』っていうのが決まってて、それに出そうということで、美空ひばりのうちに行ったらオーケーだった。そしたら幸四郎から苦情が出た。私は歌舞伎役者だ、歌手と一緒じゃ芝居はできないから、おりますって言うんだ。それじゃ困るから、大丈夫です、同時に出ないようにしますからって言って残ってもらった。それで回り舞台にしてね、幸四郎がいる所にひばりが訪ねて来る、盆（回り舞台）をずーっと回すと幸四郎は向うへ回ってひばりが出てきて長谷川一夫と芝居をする。そういう仕掛で幸四郎からはひばりは見えない、セリフでからむところもない、でもお客さんからは両方見えるようにこしらえた。脚本《ほん》は川口松太郎だからね、わけを話すと〝よしよし、まかせとけ、そういうふうに書くよ〟って。ぼくがセリや盆をこうしましょうって言う。〝それはうまい考えだ〟って書いてくれた。川口松太郎はそういうのはうまいんだ。

なにしろあの時代は歌舞伎役者って言えば大変なものだったからね。流行歌手と芝居はできないと言うのも無理もないんだ。今は歌手でも橋幸夫やなんか芝居をするけど、当時は誰もやってなかった。美空ひばりが最初だろうね。

東宝歌舞伎には京マチ子、春日野八千代も出てる。三益愛子も出た。山田五十鈴も出た。藤純子が出た話はもうしたね。そういうわけで、ぼくは東宝歌舞伎は第一回から十八年間、東宝劇場で三十一回、帝劇で四回、計三十五回分のプロデュースをしたんだ」

山本紫朗は一九七三年の一月を最後に、東宝歌舞伎から離れた。東宝を退社したのである。東宝歌舞伎は長谷川一夫を中心に据え、それに大物ゲストを加えるという方針を今日まで貫き、一九八二年一月には五十三回を迎える。

（一九八一年十一月）

第十二章　ウェスタン・カーニバル

東宝を退いた山本紫朗は、その後フリーの演出家として今日に至っているが、フリーの立場だから松竹の仕事もするようになった。ある日、仕事で一緒になった松竹の重役の一人から、「あなたには二度驚かされましたよ」と言われた。一度は「東宝歌舞伎」、二度目は「ウェスタン・カーニバル」だという。東宝歌舞伎は松竹の大物役者を口説き落として出演させた上に、前売開始即日売切れという成績だったから、松竹側が驚いたのも無理はない。

東宝歌舞伎旗揚げの三年後に、山本紫朗構成・演出の「ウェスタン・カーニバル」は幕を開けた。このショウを観に日劇に押し寄せた若者たちの熱狂ぶりを、マスコミは社会現象として大きく報じたのだった。松竹の大谷竹次郎は、日劇で大騒ぎをやっているらしいから、お前見て来い、と重役に命じた。言われて日劇に行った重役は、「ワーワーやってて何だかちっともわからない。頭が痛くなって帰ってきたけど、とにかく大変なことやってますよ」と報告した。自分も行こうか、と言う大谷竹次郎を、「いやいや、行ったってわかりませんよ」と言って止めた、という話である。

一九八〇年十二月、山本紫朗はテレビ朝日「徹子の部屋」で、「ウェスタン・カーニバル」の思い出を、次のように語っている。

黒柳　日劇のウェスタン・カーニバルって言ったら、一つの言葉になってるくらいですけど、あれは、渡辺美佐さんと山本さんでああいうものを始めてみようと……
山本　そうなんです。
黒柳　ニッパチとか言って二月八月はダメな月、お客さんが入らない……
山本　結局ね、日劇でずっと企画やってたでしょ。これやろうって言ったら、こんなもの何だって言うわけ。みんな名前知らないでしょ。
黒柳　ああ、ロカビリアンの名前を。
山本　みんな方々のジャズ喫茶なんかに出てただけだから。それを美佐さんと二人で、今度ああいうのやろうじゃないかって言って、会社に話したら、ニッパチだからどうせ入んないから何やってもいいよって言うんで、やり出したんです。
黒柳　その時楽屋へ泊ってらしたでしょう。山本さんは。
山本　そうそう。
黒柳　そしたら警察から電話がかかってきたんですって？
山本　そうなんですよ。稽古やるのにね、その連中はロカビリーですからね、出てるわけですよ、ジャズ喫茶に。十二時ごろじゃなきゃ、帰って来ないわけ。
黒柳　夜中。
山本　ええ。十二時ごろ全部集めて、それから舞台稽古したんです。みんなを大階段の上に並べたらね、ブルブルふるえちゃったの。こんな大きなところへ出られるんですかって言うわけ。

ジャズ喫茶なんかちっちゃいとこでしょ。びっくりしちゃってね。いや大丈夫だ、大丈夫だ、って言って、そこでいろいろやったんですよ。それで寝ちゃったら、夜中……明け方ですね、五時か六時ごろ。丸の内署から電話がかかってきて、あんたんとこは一体何してんだって言うわけですよ。何してんだって何ですか、って言ったらね、おもて見たかって言うんです。いやまだ見ません。ちょっとおもて行ってごらん。何だと思って行ってみたら、大変な人なんです。若い女の子がいっぱいいるんですよ。キャーキャー言ってる。こりゃ大変だ、何だ何だって言うことになっちゃった。丸の内署は、こんなの交通妨害になるから早く開けて入れてくださいって言うわけ。

黒柳　中へ入ろうという若い人たちがそんな明け方から来ちゃって待ってた……

山本　始発でみんな来たらしいんですね。

黒柳　始発で！（笑）

山本　何千と並んじゃって、いっぱいになって、びっくりしちゃった。

黒柳　じゃ東宝の上の方《かた》たちもびっくりなさった、何だこれはとおっしゃった方も。

山本　そう。それで開けたらワーッと入って来ちゃってね。九時ごろ開けたんですよ。普通十一時に開けるのをね、交通妨害になるから開けろって言うんで。開けたらもうキャーキャーキャーキャー。そしたら美佐さんがこいつは面白い、何か作戦ないかって、テープ作戦やろうってことになって、みんな歌手に親衛隊がいるわけでしょ。それにテープを拋らせようじゃないか、って言うんで、浅草橋のテープの問屋へ行って、こんなにいっぱい買って来たんですよ。買ってみんなに分けた。

黒柳　だからギターにものすごかったですね、当時。
山本　それまではテープなんか撒いたのないんですよ。まん中にシンがあるでしょう。あれぶつかると目やられるからね、シンだけ抜けって言って、みんなシンを抜いてズーッとやったわけ。
黒柳　なるほど。あれは派手でねえ。舞台と客席が一体になるハシリでしたね。

曲直瀬《まなせ》美佐は、一九三〇年、横浜で製箱問屋を経営していた曲直瀬正雄、花子夫妻の長女に生まれた。戦争で一家は宮城県に疎開。終戦後、曲直瀬正雄は英語を話すことが巧みな夫人（その両親はともに、イギリス人と日本人、アメリカ人と日本人との混血であった）と一緒に商売を変え、仙台を中心とするアメリカ駐留軍のキャンプに東京で編成したジャズバンドを送り込む仕事を始めた。長女の美佐は日本女子大に入学、一人で上京した。ジャズファンだった彼女は両親を真似て学生バンドを組織し、やはり米軍キャンプに売り込んで小遣銭を稼いだこともあった。ジャズ・コンサートに通ううち、コンサートの進行を手伝ったりするようにもなった。また、クール・ノーツという学生バンドのマネージャーにもなった。
渡辺晋は一九二七年生まれ。父親は銀行員だった。早稲田時代から学生アルバイトで演奏していた。一九四九年からいくつかのバンドを編成したが、シックス・ジョーズを作ったのは一九五一年。渡辺晋（ベース）、安藤八郎（ヴァイブ）、宮川協三（ギター）、南広（ドラムス）、中村八大（ピアノ）、松本英彦（テナー・サックス）というメンバー。折から空前のジャズブームが到来して、シックス・ジョーズは爆発的な人気を呼んだ。

曲直瀬美佐は、学生マネージャーであり、コンサートに始終顔を出すファンとして、ジャズメンの間でも知られる顔となっていた。ある日彼女は渡辺晋から、シックス・ジョーズが空く日があるから仕事をとってこないか、と言われた。彼女にとって本格的なマネージメント活動の始まりであった。

一九五二年に美佐は女子大を卒業。一九五三年、ベース奏者でありバンドリーダーとしての演奏活動と同時にビジネスとしてマネージメント業務を考えていた渡辺晋と結婚した。渡辺プロダクション副社長渡辺美佐の誕生である。

一九五五年に株式組織となった渡辺プロダクションは、本格的な活動を始め、有名なジャズバンドをいくつも傘下に収めた。

曲直瀬正雄は長女が嫁いだ年に東京に進出。オリエンタル・プロダクションを作った。現在のマナセプロである。曲直瀬家には五人の娘がいて、長女美佐は渡辺晋夫人でプロダクション副社長、次女美枝子はトランペッター小俣尚也夫人、三女みどりは鈴木章治とリズム・エースのマネージャー、四女信子は父親のプロダクション専属のウェスタン・キャラバンのマネージメント助手、というのが一九五七年の状況であった（五女道枝はこの時点ではまだ学生。二十数年後にマナセプロの代表取締役となる）。

その一九五七年の秋、渡辺美佐は妹の信子に誘われてロカビリーを聴くために、有楽町のヴィデオホールに行った。山下敬二郎が歌っていた。信子はウェスタン・キャラバンの歌手として、山下敬二郎を引き抜こうとしていた。四人姉妹のうち上三人はジャズ関係だったが、四女は仕事に加えて年齢の若さ（その時二十一歳）もあってロカビリーが好きだった。四女が長女にロカビリー熱を吹き込んだ形になったのである。

大劇場におけるジャズブームはすでに去っていた。日劇では江利チエミのショウは根強い人気を持っていたが、楽団中心のショウはなくなっている。ワゴンマスターズと小坂一也が日劇に登場するのは一九五六年。ウェスタン歌手小坂一也の人気が高かった。

一九五六年と言えば、エルヴィス・プレスリーが「ハウンド・ドッグ」「ハートブレイク・ホテル」「アイ・ウォント・ユー・アイ・ニード・ユー・アイ・ラブ・ユー」「ラブ・ミー・テンダー」などの大ヒットを矢つぎ早に放っていた年である。一九五五年にビル・ヘイリーとザ・コメッツの「ロック・アラウンド・ザ・クロック」が映画「暴力教室」に使われて大評判となり、ロックン・ロールの土壌ができつつあるところにプレスリーが登場したから、世界でロックのブームが巻き起こった。チャック・ベリーが「ロール・オーヴァー・ベートーヴェン」を発表したのもこの年である。ジーン・ヴィンセントは、「ビ・パップ・ア・ルーラ」を歌った。もちろんロック一色で塗られていたわけではない。甘い歌声ではパット・ブーンがなかなかの人気であったし、ハリー・ベラフォンテは「バナナ・ボート・ソング」という大ヒットを飛ばし、日本ではカリプソ娘という異名を持って浜村美智子が登場した。映画音楽では「八十日間世界一周」があり、「黄金の腕」があり、ミュージカルは「マイ・フェア・レディ」がブロードウェイで幕を開けた。

一九五七年にはポール・アンカが「ダイアナ」を歌い、プレスリーは「ジェイルハウス・ロック」「オール・シュック・アップ」を歌い、チャック・ベリーは「ロック・アンド・ロール・ミュージック」を出した。ブロードウェイでは「ウエストサイド物語」が幕を開け、映画音楽では「戦場にかける橋」の「クワイ河マーチ」や「昼下りの情事」の「ファッシネーション」がヒットし、パット・ブーンは古い「砂に書いたラブレター」をリヴァイヴァル・ヒットさせた。混沌とした時代ではあったが、ロックが世界の若者をとらえていたことは確かである。日本にもロカビリアンたちが生まれていた。小坂一也が日本のプレスリーというキャッチフレーズを貰ったこともあったが、彼の歌はロックと言うよりウェスタンであり、プレスリーの持つアクの強さには欠けていた。浜村美智子のカリプソ・ブームがひと山過ぎた頃、曲直瀬信子は、姉の美佐に日本のロカビリーを教えたのだった。ロカビリアンたちは、ジャズ喫茶を中心に活動しており、すでに根強いファンを摑んでいた。ただし大人たちはまだそのことを知らなかった。

渡辺美佐は、彼らを集めて大劇場の舞台に乗せたいと思った。まず国際劇場に話をしに行って、あっさり断られた。そこで山本紫朗に相談を持ちかけたのである。山本紫朗はプロデューサー・演出家として、彼らの擡頭に気づいていた。それですぐこの話に乗り、会社側を説得にかかった。これが「徹子の部屋」のニッパチの話につながるわけである。

シックス・ジョーズは日劇に何度も出演しているから、山本紫朗は渡辺夫妻をよく知っていた。クラブに誘われてシックス・ジョーズを聴く時は、夫はステージで演奏、妻はこっちのテーブルで一緒に聴くという仲だから気心は知れていたのだという。

「ウェスタン・カーニバル」は一九五八年二月八日から十四日までの一週間。「ロッカビリー・ショウ」というサブタイトルが一回目にはつけられている。ロカビリーなのに、なぜウェスタン・カーニバルなのかという疑問も湧くが、当時は、少くとも第一回ウェスタン・カーニバルの前までは、ロカビリーという言葉が一般にはなじみがなかった。それにロカビリーというのはロックン・ロールとヒルビリーが結合した言葉である。ヒルビリーはウェスタン・ミュージックのことだから、半分は正確なのである。また、ウェスタン歌手の寺本圭一がトップに名を出しており、ショウの中では「ロンサム・カウボーイ」や「OK牧場の決闘」が歌われたし、日劇ダンシングチームによるインディアンの踊り、カウボーイの踊りなどがあって、「ウェスタン」の看板に偽りはないのだ。ロックン・ロールの定義はむずかしいけれども、一口で言うなら、黒人たちが持っていた音楽であるブルースに激しいリズムを加えて新しい音楽形式としたリズム・アンド・ブルースを、白人たちがコマーシャル化したもの。ヒルビリーも厳密に言うなら、ウェスタンそのものではなく、ウェスタンの中のコマーシャルの色合いの強いものということになろう。

山本紫朗の話。

「ウェスタン・カーニバルを始めた頃の、一番の功労者はのーちゃん（曲直瀬信子）だったね。彼女は今結婚してロスアンジェルスにいるけど、彼女がロカビリーのファンで、みんなと友だちだった。親衛隊の親分とも友だちだったね。だから初日も大活躍したんだ。お客様とわれわれのつながりの上で。みんなにテープを抛るのを頼んだりしてくれた。

ロカビリーの連中は銀座のテネシー、美松、ACB《アシベ》、新宿のオペラハウスとか、池袋のスワンとかでやってたわけだ。そこへ何べんも何べんも、のーちゃんと美佐とぼくの三人で聴きに行った。その時分は大きいとこには連中は出てないから、ぼくは名前も知らないわけ。それでも聴いてるうちに、だんだん、あいつは出してみようじゃないか、ってチェックしだした。それから裏（楽屋）へ行ってその連中に話をした。それが前の年の暮だね。来年あたりやろうや、なんていう話をして、それから会社に持ってって二月に決めて、今度は正式にみんなに日劇に出ないか、って話しに行ったわけだ」

初日の前日の夜中にリハーサルが始まった。ロカビリアンたちは、それぞれ親衛隊の女の子たちをひき連れて日劇にやって来た。深夜の大ステージの大階段を、彼らはギターを持って降りて来る。そこで足がすくんだ。山本紫朗も渡辺美佐も励ましの声をかける。何よりもロカビリアンたちをひらき直らせたのは客席からの親衛隊の声援だった。客席と舞台の交流は、リハーサルの時すでに始まっていたのである。

渡辺美佐の書いた「ナベプロ奮戦記・オタマジャクシと私」（一九六七年「週刊朝日」連載）から。

——日劇は映画の方が先で、アトラクションはそのあとに続く。だが、

第一回「ウェスタン・カーニバル」のプログラム

この日は、開館と同時に、ハイティーンの女の子でたちまち満員になった。指定席はないから、座席の争奪戦がハデに行われたが、幸い、事故一つなくてすんだ。予想外の入りだったから、私たちも劇場側も、手を打つひまがなく、あれよ、あれよ、というばかり。

とにかく、映画が終って、いよいよ、ロカビリーの登場。さあ大変、幕があがり始めた途端、低いモーターのようなどよめきが、急ピッチで高音に変った。文字通り館内をゆるがすばかりの大喚声、大嬌声である。その中を、大階段から、トップを切って、山下敬二郎たちが堂々と降りてくる。数時間前とは、うって変った貫禄。満面に笑みをたたえ、客席に手をふる。そのたびに黄色い声がとび、七色の紙テープが客席から飛んだ。

「大成功だね」

紫朗さんが握手しながら言った。いつ来ていたのか、後ろに主人がいた。不覚にも私は涙をこぼしていた。――

このようにしてロカビリーはブームを迎えた。渡辺美佐は、マスコミからマダム・ロカビリーという当人のあまり喜ばないニックネームを貰った。この日の出演者は、寺本圭一、ミッキー・カーチス、岡田朝光、関口悦郎、山下敬二郎、平尾昌章、水谷良重、中島そのみ、朝比奈愛子、スウィング・ウェスト、ウェスタン・キャラバン、オールスターズ・ワゴン、クレージイ・ウェスト、それに日劇ダンシングチーム。スウィング・ウェストには寺本圭一、ウェスタン・キャラバンには山下敬二郎、オールスターズ・ワゴンには平尾昌章が属し、クレージイ・ウェストはミッキー・カーチスのバンドであった。バンドの名前からもウェスタンの名残りがはっきり見られる。スウィング・ウェストのリーダー堀威夫は、ウェスタン・バンドのワゴンマスターズにいたのだが、よりロックに近い演奏がしたくて独立したのだった。今はホリプロダクションの社長である。

水谷良重はこの時点ですでに名の知れたタレントだった。その辺りの事情を山本紫朗にきく。

「男ばっかりで色気がないから、水谷良重と中島そのみと朝比奈愛子を出したんだ。ぼくが勝手にね。ところがお客さんはほとんど女なんだ。この連中が出るとね、みんなが〝ひっこめーひっこめー〟って言う。泣いて帰ってきたよ。良重も中島そのみもロカビリーじゃないけど、若くてほかの連中と年が似合うんで出したんだ。もう二度と出るのいやだって言ってたよ」

結局、山下敬二郎、ミッキー・カーチス、平尾昌章の三人が、ロカビリー三人男として圧倒的な人気を得た。

日劇の成功があって、すぐ翌月に、渡辺美佐は新宿コマ劇場に、四月には大阪北野劇場にロカビリーをかけた。構成・演出はいずれも山本紫朗。

「コマ劇場の時はテレビに流した。ところが客が舞台の上にあがるのよ。歌手をひきずりおろしたりなんかする。日劇でそうだったからね。テレビにそれが出たらきっと問題になるだろう、ってことで、舞台に客をあがらせないようにすることを考えた。コマはこういう丸い舞台でしょ。その舞台の端にずらーっと花の植木鉢を置いたわけ。花屋とタイアップしてね。そういう装飾にして、客席と舞台を仕切るようにした。見るときれいなんだよね。これでよし、って幕開けて、ひょっと見たら、花がひとつもなくなっちゃった。それでみんな、ワーワーキャーキャーあがって来ちゃった。コマは日劇の袖と違って、奥が深くて舞台の前が見られないんだ。おかしいな、花はどこ行っちゃったんだろうってんで一回目が終って、前に回って見たら、舞台の下にみんな置いてあった。客が全部下におろしちゃったんだ。持ってかれちゃったとも思ったんだけど、そんなことはなかった。でも仕切りを考えたのは何にもならなかったわけだ」

コマ劇場での阿鼻叫喚がテレビを通じて茶の間に流れ、世の親たちの顰蹙《ひんしゅく》を買った。これを未成年の非行と結びつける論評も多く、ついにロカビリーはテレビから閉め出されることになった。このパージは二年間解けなかったのである。

「親と言えば、山下敬二郎のおとっつあんは金語楼でね、うちの息子がこういうの歌ってて、ウエスタン・カーニバルに出ますからよろしく、なんて言われたもんだ。それから面白いのは加賀四郎っていうぼくの古い友だち、昔一緒に『新風ショウ』ってのをやった仲間だけど、それがぼくのところに電話してきて、実は頼みがある、うちの娘が日劇のロカビリーの楽屋にしょっちゅう出入りしてて困るから、断ってくれよって言うんだ。娘というのは加賀まりこだよ。彼女は六本木で野獣会とか何とかいうグループを作って遊んでたんだね。で、ロカビリーと友だちになって楽屋へ遊びに来る。それでぼくが楽屋の者にこういうのが来たら入れないでくれって言った。ずっと後になって、加賀まりこと一回仕事をしたことがあって、昔こういうことがあったって話したら、そうか、そう言えば断られたことがあった。あれは親父だったのか、なんて言ってたよ」

大人の批判をよそに、若者に好評の「日劇ウェスタン・カーニバル」は一九五八年だけで四回行われている。第二回が五月、第三回が八月、第四回が十二月。すでにニッパチとは関係がない。

第二回の出演者は、山下敬二郎、ミッキー・カーチス、寺本圭一、平尾昌章、山名義三、山室信一郎、清野太郎、菊地正夫、大野義夫、岡田朝光、水谷良重、朝比奈愛子、井上ひろし、水原弘、守屋浩、高見純、オールスターズ・ワゴン、スウィング・ウェスト、アイビー・ファイブ、プラネッツ、ウェスタン・キャラバン、日劇ダンシングチーム。

山下敬二郎の名前がトップに上がっている。一回目における彼の人気を物語るものであろう。井上ひろし、水原弘、守屋浩の名があるが、これは後の〝三人ひろし〟の布石で、スウィング・ウェストのバンドボーイをしていた守屋邦彦を歌手として独立させる時に、山本紫朗が守屋浩の名をつけたものだ。第三回、第四回には水原弘は出演していない。第四回に釜范ヒロシが初登場、プログラムの上からも、〝三人ひろし〟（井上ひろし、守屋浩、釜范ヒロシ）が意識的に使われ出した。

第三回には坂本九が初登場。坂本九に話をきいてみた。

「一回目から観てます。名前は出てないけど二回目にはうしろの方でギターだけ弾いて出てるんです。三回目から名前が出ました。

三回目の時は半分ドリフターズのバンドボーイだったんです。その前はバンドの名前もサンズ・オブ・ドリフターズって言ってて、敬ちゃん（山下敬二郎）がいたんですけど、敬ちゃんがマナセへ行って抜けたんで、ロカビリー歌うやつがいないんです。ぼくがたまたま歌やりたいってことで、テスト受けてバンドボーイとして入ったんです。歌も歌わせるから、その代り月給三千円と。ジーパン買ったらおしまいですよね。でも歌わせてやるんだからそれでいいだろうって。このドリフターズが途中で名前が変わってコミックバンドになって、それから今のドリフターズになったんですね。

それで、敬ちゃんがマナセから渡辺プロへ行って、今度はマナセにロカビリー・シンガーがいないからっていうんで、ぼくがマナセにスカウトされた。いつも敬ちゃんがやめたあとに入ったというわけです。それでパラダイス・キングと歌ったんですね。

第四回からはパラキンと出てます。第五回にはロカビリー五人男に入りました。三人男に寺本さんとぼくが加わって五人男。

すごい熱気でしたねえ。客席へ引きずり落とされて、楽器持ったまま人の上を客席一周して帰って来たこともありました。休憩時間に外に出ると、中へ入れないんです。取り囲んでて。客を入れてからでないと楽屋入りできないの。

ぼくは十五回（一九六一年）くらいまで出てました。そのうちぼくはウェスタン・カーニバルにふさわしくなくなってきたんですね。歌の内容が。ロカビリーでなくオリジナルになりましたから。

三回目の時、ぼくは看板に名前が出ましたけど写真は出なかった。四回目で日劇の前の看板に写真が出ました。でもぼくはいちばん端だったんで切られちゃって足しか見えないの。それでもこれが俺なんだ、って指さして言ったの憶えてますよ。

バンドボーイの頃から基地《ベース》の仕事（米軍慰問）はたくさんありました。弘田三枝子、伊東ゆかりは基地《ベース》の大スターでしたね。一緒に回ったこともあります。ジャズ喫茶を昼夜やるでしょ。それから基地《ベース》に行くんですよ。終るのは三時くらい。新宿のローズハウス、これはナイトクラブですね、これをやると二時。たまに日比谷イン。次の日は十二時からジャズ喫茶。そのたんびに楽器運びやるんですから。ドリフターズの頃はほとんど軍隊《キャンプ》ばかりでした。

ぼくが初めて歌ったのは立川の将校《オフィサーズ》クラブ。『ハウンド・ドッグ』が最初。終って便所に入ってると、でっかいまっ黒な兵隊から、ハイ、エルヴィス！なんて言われるんです。プレスリーばっかり歌ってましたから。結構面白いって言われましたよ。言葉がわかんなくて、わかるのはハウンド・ドッグだけ。全部耳から憶えるんですから。外人は何言ってるかわかんないでしょ。それが面白いらしいんですよね。外人にもてましたよ。

レコードは溝がひろがってくのがわかるくらい聴きました。78回転を45にしたりして。昔は歌詞カードがついてなかったり、ついててもプレスリーは歌詞通り歌ってないんです。それに歌詞通りやると、曲の中に入んないんです。言葉が多くて間に合わない。

歌詞をいちばん先に聴き取って歌うのは、ミッキー・カーチスです。当然。当時烏山の不良外人て言われてたんだから。歌いたいけど歌詞がはまらないっていう時、ミッキーさんに頼むんです。でも当時は彼もいい加減なところがあって適当に省略しちゃう。『ロング・トール・サリー』って歌があるんですよ。その歌詞をぼくはミッキーさんに教わったんです。カタカナで書いてもらって。お前これは大変なことなんだって言われて。今でもその歌詞で歌ってますけど、もう目茶苦茶。それでも歌うと、外人にはその歌を歌ってるように聞こえるらしいですね。

えらい人っていうか、売れてる人から、歌いたい歌を紫朗先生に提出するわけ。われわれのところに来ると歌いたい歌は全部なくなってるんです。だから歌えるのはとび抜けて早く仕入れた歌か、古い歌ですね。『ローディ・ミス・クローディ』なんて歌を歌えるのは敬ちゃんとかミッキーさんなんです。ぼくは四回目か五回目で歌ってますから、人気が出てきたんでしょう。

曲直瀬さんの奥さんは英語ができるから、レコード聴いてもらって、歌詞を取って貰うんです。スラングが多くてとてもじゃないって言うのを、頼みこんで。誰も知らないうちに早く取って歌わないと持ってかれちゃうでしょ。初日の二日くらい前に曲目提出するんで、それまで大事にするんです。ほかの曲を言っといて本番で変えたりする。だからプログラムなんか残ってるけど、実際にやったのと違うことが多いんですよ。バンドはそれぞれのバンドですから、こっそり練習できるわけ。

バンドが多いから人数が多くて大変でしたよ。日劇のせまい楽屋につめこまれてね。上の人は三人で一つの楽屋だったかな。上の人はサンダーバード、MG、当時憧れの車に乗ってね。ぼくは一緒のお風呂に入るの、嬉しかったですもんね。ところがぼくらが順番じゃなく先にお風呂に入っちゃうと機嫌悪くてね。ぼくが頭洗っていると、〝九坊、流してやろうか〟って頭からションベンかけられちゃう。そんなことよくやられましたよ。

日劇に出るんで、初めておふくろから歌手になってもいいという許しが出たんです。日劇に出られるくらいならいいだろう、と。それまでは駄目だったんです。日劇の初日におふくろが腕輪をくれました。芸能界ってのは変なとこだから、地方へ行ってお金をとられちゃって帰って来られないと可哀そうだからって、14金で腕輪を作ってくれて、これはどこでもお金になるから、肌身離さず持ってろって。〝昭和三十三年八月二十八日・母〟って書いてある。今も持ってます。ということはヤバイ目に会ってないわけですね」

「ウェスタン・カーニバル」の成功をきっかけに、多くのロカビリアンと契約をした渡辺プロダクションは、急速に発展した。

山本紫朗の話。

「渡辺プロはロカビリー歌手を土台にして、全部月給制度に切りかえたわけだ。新しい組織のプロダクションを作ったんだね。その時分のプロダクションというのは月給制度じゃないんだ。みんな一回出たらいくらいくらっていうふうにやってた。仕事が忙しい時は百万入ると思うと、ヒマな時は十万とかね。それだと生活の保障がない。安定ができない。それで月給二十万、とかっていうふうにしちゃった。そのかわり、二十万のやつが五十万も百万も稼ぐことがあるわけだ。それまで日本ではそういうやり方はなかった。プロダクションはたくさんあったけど、みんな仕事をとってきて、出演料を貰って、その中から歩《ぶ》をとってたわけだ。それを月給制にしたのが、渡辺プロが成功したきっかけになった。それまでは渡辺プロは普通のいわゆる芸能プロダクションと同じで、小さなもんだった。組織立ってなかったんだよ。組織をしっかりするには土台がなきゃいけない。そのためにロカビリーの歌手を、たくさん引き受けたんだ」

渡辺晋は社長業務が忙しくなったので一九五八年九月、「秋の日劇ジャズフェスティバル」を最後にバンドリーダーを引退した。

「ウェスタン・カーニバル」第四回に田代みどりが初登場。六回にはジェリー藤尾、森山加代子が出て、平尾昌章は出ていない。平尾は三回目ですでに「星は何でも知っている」を歌い、流行歌の方向に進む兆しを見せている。七回目にジーン・ヴィンセントをゲストに迎えた。八回目のミッキー・カーチスは三喜亭歌痴寿の名で落語をやっている。水原弘は「黒い花びら」を歌った。これは時期を同じくして封切られた映画「青春を賭けろ」の主題歌でもあり、永六輔・中村八大コンビが生み出すヒットソングの第一作でもあった。第十回から内田裕也が登場。この頃は平尾昌章は別格という感じで出たり出なかったり。十二回には佐々木功、佐川ミツオ、飯田久彦。十三回に克美しげる。十四回に藤木孝、鹿内タカシ、十五回にスリー・ファンキーズが初登場。十五回と言ってもまだ一九六一年八月のことである。十六回になると田辺靖雄、中尾ミエ、伊東ゆかり、沢リリ子。十七回の第一景はツイストである。この頃から山下敬二郎もミッキー・カーチスも登場しなくなった。十八回もツイストがたくさん使われ、三人娘としてセットされている中尾、伊東、沢はチャールストン、水原弘は自分のヒットソングメドレーと、この頃からロカビリーとは離れてゆく感じがわかる。十九回に尾藤イサオが登場、園まりが沢リリ子に代わって三人娘の一員となる。ジャニーズも登場した。二十一回から寺本圭一が出なくなる。二十二回には西郷輝彦登場。二十四回にはペギー・マーチがゲスト出演。内田裕也はずっと頑張っているが、内容は初期の「ウェスタン・カーニバル」とはすっかり変わった。

山本紫朗は二十四回までの構成・演出を担当、二十五回からは松尾准光が引き継いだ。二十五回目は一九六五年一月である。

ビートルズが初めてレコーディングをしたのが一九六二年。一九六四年に映画「ビートルズがやってくるヤア!ヤア!ヤア!」が作られ、日本でも公開された。この時すでにビートルズは世界のスターになっていた。一九六六年に来日。熱狂的に迎えられた。ビートルズは世界の音楽に影響を与えた。音楽だけではなく、ヘアスタイルやファッションや、若者の生き方そのものにも影響をおよぼした。

「ウェスタン・カーニバル」が山本紫朗の手を離れてから、グループ・サウンズ全盛の時代になって、もう一つの大きな山場を迎えた。音響装置が発達し、楽器に電気的処理が導入される。当然、音楽的なサウンドも変化してゆく。

スウィング・ウェストのドラマーだった田辺昭知は、かまやつひろし（釜范ヒロシ）たちとザ・スパイダースを結成した。ザ・スパイダース、ザ・テンプターズ、ザ・ワイルドワンズ、ザ・カーナビーツなどが生まれた。一九六七年にザ・タイガースは「ウェスタン・カーニバル」に初出演。爆発的な人気を呼んだ。ザ・タイガースから沢田研二、ザ・テンプターズから萩原健一というスターが躍り出た。ジャッキー吉川とブルーコメッ

最終回「ウェスタン・カーニバル」のプログラム

ツ、寺内タケシとブルージーンズもすでに活躍していた。彼らが「ウェスタン・カーニバル」の主流になり、また去って行った。平尾昌章は昌晃と名を変えて、作曲家に転向している。

第一回「ウェスタン・カーニバル」の時、沢田研二は十歳、萩原健一は八歳だったのである。「ウェスタン・カーニバル」が変わってゆくのも当然であろう。

「ウェスタン・カーニバル」は、若者たちの音楽的嗜好を先取りしながら続いていた。しかし、グループ・サウンズのブームが過ぎてから熱気がなくなったことは否定できない。「ウェスタン・カーニバル」は一九七七年八月の五十七回で幕を閉じた。

そして一九八一年一月二十二日から二十五日まで、「サヨナラ日劇」のショウの一環として最後の「ウェスタン・カーニバル」が開かれた。構成・演出には、久しぶりに山本紫朗が参加している。メンバーの中心は内田裕也、そしてグループ・サウンズの連中だった。ザ・スパイダース、ブルーコメッツ、ザ・ワイルドワンズなどが旧メンバーを揃えた。沢田研二は、初日は現在のバックバンドと出演したが、旧メンバーで登場した連中に刺激されて、急遽タイガースのメンバーを集めた。来年、タイガースは旧メンバーで活動するという噂だが、それは最後の「ウェスタン・カーニバル」に端を発しているのだろうと思う。平尾昌晃、ミッキー・カーチス、坂本九は出なかったが、山下敬二郎、小坂一也、寺本圭一、ジェリー藤尾、パラダイス・キングなどが日替りゲストで出演した。

このショウの前売りは初日の一カ月前に売り切れた。

日劇は今や、跡形もない。

（一九八一年十二月）

第十三章　チャリティショウ・博覧会

伴淳三郎（1965年）

一九八一年十月二十六日、伴淳三郎が死んだ。七十三歳だった。〝伴淳〟の名で親しまれた彼は、喜劇役者として数々のギャグの思い出を、アジャパーなる珍語を、映画「飢餓海峡」などのシリアスな演技を残したが、もう一つ、〝伴淳〟を語る上で忘れられないのは、心身障害児のための募金運動〝あゆみの箱〟の推進者であったことである。

伴淳三郎が毎日新聞の「めぐりあい」（一九七九年十二月）に書いた文章によれば、〝あゆみの箱〟の誕生は伴淳と川島雄三の出会いに端を発している。川島雄三は「幕末太陽伝」や「雁の寺」など多くの話題作を作った映画監督である。川島雄三には、小児麻痺の後遺症があった。一九六二年、川島監督は当時伴淳が経営していた赤坂のおでん屋に立ち寄った。酒が入ると、伴淳に「伴さん、あなたは五体満足で幸せだねえ」と言った。

「何の気なしに出たその言葉の鋭さに、私は慄然とした」

と、伴淳三郎は記している。

監督は伴淳に障害を持つことの苦しさを語り、さらに重症心身障害児が全国にどれほど多くいるかについて語った。その日の話が、伴淳の心に深く残った。

翌年、川島雄三は世を去った。四十五歳。

その直後、伴淳は「飢餓海峡」に出演が決まった。ロケのため青森に出かけ、撮影のかたわら重症児の施設を見て回った。その施設のひどさに、彼は怒りを覚えた。

――私は青森にある故川島監督の墓前にぬかずき「先生、私やりますヨ」と、心から誓ったものであった。

東京に帰った私は、早速行動へと移っていき、松竹京都撮影所の大道具の人に頼んで、板の切れっぱしで募金箱を作っていただき、「飢餓海峡」のスタッフや役者仲間に、善意のご協力を、頭を下げながら歩いて回ったのが、後年「あゆみの箱」運動への誕生であった。（略）

こうして、「小児マヒの子供達にお力をお貸し下さい」という募金運動は、芸人同士の間に大きく広がり、芸友、森繁久弥君をはじめとして多くの仲間達が参加してくれた。こうした芸能人だけの募金運動は活発となり、ロケ先や巡業地、また公演の先々で行われた。――

最初の募金箱ができたのが一九六三年。この箱の数が増えてゆき、一九六五年に初めての〝あゆみの箱〟の大会が厚生年金ホールで開かれた。これは寄付金の入った箱を集め、公の場で開く〝開箱式〟で、それ以後毎年一回東京大会が開かれ、地方での大会も催されるようになった。

一九六六年には、〝あゆみの箱〟は社団法人として正式に発足。その年に第二回東京大会が日本武道館で行われ、〝開箱式〟に盛大なヴァラエティショウが加わった。この入場料は〝箱〟の募金に上のせされるわけで、当然出演の芸能人たちは無料出演。〝あゆみの箱〟の活動は、募金箱による日常の募金運動と、年数回のチャリティショウの二本立ということになる。第一回にも大勢の芸能人が参加したが、ショウではなく、品物を持ち寄ってオークションをしたのであった。

武道館のショウから、構成演出家として、山本紫朗が参加している。

このショウの話をききに行くと、山本紫朗は、「〝あゆみの箱〟のショウのことなら、チャックがいちばんよく知っている」と言う。

そこでチャックこと黒柳徹子を訪ねた。第一回からの出演者リストがぼくの手許にあるが、黒柳徹子の名は十回目、つまり十年目からしか載っていない。しかし彼女は第一回から参加している。彼女は九回目までは出演者ではなく、裏方だったのである。


黒柳徹子の話。

「私、第一回から行ったと思うけど、よく憶えているのは武道館からね。ある日、伴淳さんから電話がかかってきて、自分の知っているライオンズ・クラブの人が武道館を一日借りたんだけど、昼間使ったら夜はあいちゃうから使わないか、って言ってきたから、何かやろう、って言ったわけ。

その頃は何かやろうって言えばみんな来る、っていう横の連絡がとれている感じじゃなかったのね。初めのうちは、私たち箱持って街頭に立ったりしたの。伴さん、森繁さん、三木のり平さんなんかと一緒に立ったわよ。まだ〝あゆみの箱〟って知られていなかったから、通る人が笑ったりしてね。手のあいている人が銀座通りなんかに立って、〝あゆみの箱〟っていうのを芸能人がみんなでやっているんですけど障害を持った子どもたちのためにお願いします、って呼びかけてお金を集めてたのね。それを伴淳さんの事務所に預けてたの。よそからも伴淳さんの事務所に送られてくるようになったりして。そうなると、伴淳さんの事務所も大変だし、不慮のことがあるといけないから、きちんとした方がいいってことになって、平和相互銀行にお話を持って行って、集まったお金はそこに入れることにして、〝あゆみの箱〟の事務所を銀行の中に作る、という形にしたの。それから箱を作って方々のお店に置いてもらうようにして、集まるお金は銀行の人に扱ってもらうことにしたのね。私たちだけだと、悪意はなくても、ちょっとそこに置いて忘れちゃったりして、善意が伝わらないことがあるかも知れないでしょ。

その頃は年一回大きなチャリティショウをやるって形じゃなくて、それぞれに行動をしてたみたいだったわけ。それで、ある日伴淳さんから電話がかかってきたわけなんだけど、とにかくやろう、っていうことになったの。その時にいたのは、私と、水谷良重ちゃんと、雪村いづみちゃんと、芳村真理さん。不思議な顔合わせなんだけど、この四人が伴さんから集まってくれって言われたのね。で、とにかく事務所に集まって、芸能人名簿を買ってきて、ショウに出てくれそうな人に私たちが直接電話したの。何時間かぶっ通しで電話して、はじめは事務所、夜になったら自宅に電話して、何人かずつつかまえたわけ。時間のない人は当日駆け込みでもいいから、箱を持って行進してくださいって、無料でやっていただかなきゃなんないから、そのことも説明するわけね。

その時に山本紫朗さんがいたの。私たちがどんどん電話をかけるうしろで、献立を作ってるわけ。もう歌手はそのくらいでいいよ、とかね、司会者が要るよ、とか、喜劇の人がほしいとか言うの。一覧表作って、ここんとこは歌手が続くから、このへんに手品がほしいとか。そうすると、私たちが名簿の中から、それに該当する人を探して頼むわけ。

歌が多いから、バンドが二つ要る、とも言ったわね。でもバンドは無料にできないよ、って。

それでリーダーはともかく、バンドには実費を払うことにしたの。

それから大変だったのは、切符にスタンプ押すでしょ。あれ私たちでやったんですもん。武道館だから東西南北あって、大変な数なのね。番号を押して、いくらにするかも決めて。

それから今度は、当日来たお客さんが飲んだり食べたりするものをどっかからタダで貰うことができれば、それを売ればお金になるって考えたわけ。四人で手分けしたのね。良重ちゃんが私のマンションにペプシコーラの日本の社長が住んでいるって言うわけよ。話したら会いましょうって言ってくれて、どっかホテルのロビーに四人で会いに行ってね、これこれこういうわけでって頼んだら、いいです、寄付しましょうって。何月何日武道館に何十カートン届けましょうって言ってくださって、それが最初だったのね。

それから私のうちのそばのパン屋さんに、大きなトラックが止まってんの、ヤマザキパンて書いてあるわけ。そのパン屋さんに入って行って、ヤマザキパンておいしい？ってきいたら、おいしいですよ、って言うの。それで今度はヤマザキパンに電話してね、社長さんいらっしゃいますか、って呼び出して、こういうわけでパンほしいんですけど少し寄付していただけますかって言ったら、じゃ話を聞くから来てくださいって言うんで、出かけて行ったの。そしたらこの社長さんが立志伝中の方なんだって。よくわかりました。あげましょうって。

手分けして誰かはおイナリさんがほしいって貰いに行ったり、アイスクリームがほしいって言ったりするわけね。私が上向いて歩いていたら、雪印って大きなマークがあったの。それでまた雪印に電話して、社長さんいらっしゃいますかってやって、とにかく電話したとこ全部くれたわね。それから何年間かは毎年電話してたの。去年と同じにくださいって。そのうちに、もう予算で組みますから、黙ってても〝あゆみの箱〟に行くようにしますからって、何社かは今だに継続してくれてるのね。ヤクルトとか。

それから切符を売ることになったら、ソニーが前でやっていいっていうんで、私たちみんなで銀座ソニーの角に立って売ったの。

それで当日になったわけ。当日のあの混乱というものは、私の生涯の中でいちばんの混乱だったわね。とにかくものすごい数の芸能人が来てくれたんだけど、バンドの位置とか組み合わせとかいろんなことで、山本さん大変だったと思うの。なにしろ広くて、私も、誰とかさんが来てるんだけど、どこに行っていいかわかんないって言ってます、って聞くと、じゃ私が迎えに行って来ますって走ってくんだけど、北か南かわかんなかったりしてまごまごして。

みんな、何するの？ってきくわけね。そのたんびに私が山本紫朗さんのとこに走って行くのね。勝新太郎さんも来たし、市川雷蔵さんも来たの。雷蔵さんが、〝何したらいいんですか〟って言ったの。私、優しい人だな、こんな有名なスターなのに、と思ったその印象が強いわね。こういう人が来てくださると、歌なんか歌わなくても、市川雷蔵さんも来てくださってます、って舞台で言うだけでもいいから、その時も舞台の袖の山本さんのところまで走って行ったと思う。そういう時にやっぱり場数踏んでる人は違うのね、気が狂ったようにならないのは山本紫朗さん一人だけだった。

とにかく芸能人がどんどん来ちゃうわけでしょ。私、みんなに箱渡して、こっちから一列に並んでこう行ってくださいとか言ってるんだけど。そうかと思うと、遅れて来る歌手の人なんかいるわけね。音合わせしてないんだけどどうしましょうって。私、その人と手つないで山本紫朗さんのとこ行くわけね。山本紫朗さんに引き渡しちゃえば安心なの。ただでさえ盛り沢山なのにプログラムにないスターも来るわけだから、それをショウの中にはめ込むかどうするかは山本紫朗さんに決めて貰って、とにかく私は何十回山本さんとこに走ってったかわかんない。

ぴっちり始まって、ショウをやって、みんなで行進して、食べ物もみんな売れて、すごくうまくいったの。その時植木等さんがいたなあ。大きな声で『スーダラ節』かなにか、当時すごくヒットしてた歌を歌ったんで印象が強いの。とにかく阿鼻叫喚みたいな中で、失礼なこともなく――今は〝あゆみの箱〟っていうと知られてるけど、初めの頃は知ってる人も少いんだから、何だかよくわかんないけど、とにかく来た、っていう人も多いのね――箱持って行進して貰って、司会の人が誰が来てる、誰が来てるって名前を呼びあげて、すごく盛り上がった記憶があるわね。

行進というのは、一年間にお金をためた箱が一個所に集まってきたわけでしょ、それを芸能人に一つずつ渡して、歩いて貰って、舞台の上に大きな箱を置いて、年間に集まったお金を全部その中に入れるの。それを銀行の人が勘定して、今年一年間にこれだけ集まったっていうのを発表するわけ。初めの頃は木の箱だったけど、今はプラスチックになってるの。直接銀行に送られて来るのもあるし、なにしろ年間、多い時は一億円近く集まるのよ。少い時でも七千万か八千万集まるでしょう。

それでその日は出た人も多いし、三時間くらいのショウになったかなあ。私、生まれて初めての経験だけど、足の裏にマメができたわね。なにしろショウやってる間、私は出てなくて上から下まで駆けずり回って、自分の出番が終って帰るっていう芸能人がいると、入口まで送ってったりね。私もまだ若かったからできたんだけど。お客さんは上から下まで一杯だったの。大成功だったわね」

その日の出演者名簿から。

高橋圭三、小川宏、コロムビア・トップ・ライト、E・H・エリック、志摩夕起夫、伴淳三郎、高島忠夫、スタジオNO・1ダンサーズ、トニー・ダララ、石井好子、坂本博士、園まり、由利徹、関敬六、海野かつを、九重佑三子、パラダイス・キング、エミー・ジャクソン、ゴールデン・アームズ、田宮二郎、市川雷蔵、勝新太郎、弘田三枝子、大津美子、永田キング・チーム、ウィリー沖山、植木等、バーブ佐竹、浜田光夫、山内賢、横山道代、藤村有弘、市川染五郎、中村万之助、新川二郎、森繁久弥、春日八郎、フランキー堺、有島一郎、中村勘九郎、曽我町子、木馬座、坂本九、小林武とザ・フレッシュメン、江戸火消保存会、海上自衛隊東京音楽隊。

黒柳徹子によれば、このほかにも来た芸能人はいる筈だと言う。少くとも、黒柳徹子、水谷良重、雪村いづみ、芳村真理は現場にいたのだが、裏方であったために名前が記録されていないのだ。


「その次の年も、私、いろいろ電話したわね。それで山本紫朗さんがまた、〝チャック、歌手はそのくらいでいいよ〟と言ったりして。それが何年も続いたのね。私は出てくれる芸能人の数を勘定したりとか、みんなに箱を渡したりとか、こっちから出て行くんですっていうような説明をしたりとか、もう帰っていいですとか、いてくださいとか、司会者と司会者の間に人が足りなくなると誰かいませんかとか、そんなことやってたの。ショウのない時は寄付をくれるっていう会社に貰いに行ったり――九州へも行ったわよ――スキャンダルがあっちゃいけないから、みんなにお願いして気をつけてくださいとか、そんなことずーっとやってたの。

　それで、いつだったか、来るって言った司会者が来ないことがあったの。困っちゃうんで、山本紫朗さんが〝チャック、出てよ〟、って言ったの。その頃私は司会者じゃなかったんだけど、誰かが来るまでつないだわけね。

　山本紫朗さんが大変だと思うのは、当日の処理ね。お仕事として来る人もいるし、行けたら行こうっていう人もいるのね。当日になってみなければわからない人もいるの。それから年に一度のお祭りっていう気分で、来てても仕度してなくて、やあしばらく、なんて話してたりして、出るんだよって言っても仕度できてません、なんて言う人がいるわけ。

　ここに歌がきて、ここに日本舞踊が入って、ってきちんと構成ができてるでしょ。歌が続けばそこにバンドがいればいいし、踊りになるとバンドがどいて所作台にするとか、今度はすごい勢いで所作台をどかしてコーラスが入るとか、そういうふうに全部作ってあっても、その人が来ないとか、仕度が間に合わないとかした時に、〝いないんだって〟って私が言うわけ。山本さんが、〝チャック出てってつないでて〟って言う、私が出たり、伴淳さんでも森繁さんでも、おしゃべりのできる人に出て貰ってつなぐわけ。もういいって指示が出たらひっこむとか、和気アイアイとしてすごくいいんだけど、山本先生、具合悪くならないかっていうくらい大変なのよ。

　狂言の人が間に合わない時に、じゃ歌を先にやっちゃおうよ、って私が言っても、だめだよ、バンドがすぐ入らないもん、て山本さんが言うの。もちろん経験もあるんだろうけど、歌ならバンド、そのバンドはこの人の練習している、舞台をひっくり返した時にどう、とか、全部頭の中に入っているのね。あれをどかさなきゃバンドは入らないよ、って言うのが瞬間なのよね。私そこでプロってすごいなーっていつも言うんだけど。みんなが来て次々出るのを、短い時間にプロの段取りでやるの。だから歌手たちも舞い上がらないですむのよね。

筋ジストロフィーで年々身体が弱ってく男の子がいたの。自分はドラマーになりたいって言ってたのね。ジョージ川口さんが一緒に出てくれて、最後にドラムを叩いているその子にスポットが当たって、それを助けてジョージ川口さんが一緒にやってね、ものすごいいい演出だったんだけど、こういうのも山本紫朗さんが考えて、ジョージ川口さんに交渉してくださったりしてるのね。

私、このごろ忙しくなっちゃって、前みたいにみんなに電話かけたりしてないんだけど、山本さんはずーっとやっていてくれてるのよねえ。地方にも海外にも全部行ってるでしょ。舞台の下《しも》手《て》にずーっと立ってね。

ショウって押す（時間がのびる）でしょ、どうしても。そうすると次の仕事に行かなきゃならない、とか、汽車が出ちゃう、とか、心残りでも帰る人がいるわけ。そういうのはゴメンナ、ゴメンナって山本紫朗さんが謝ってくれるの。交渉から、当日のスケジュール、実際に舞台に上がる時のきっかけ、幕の上げ下げ、謝りまで全部やってくれるのね。

それから、もうこれ以上は時間が長くなるからだめだよ、っていう判断ね、それをビシッとやるの。だらだら三時間半も四時間もやってたら、見に来てる障害の子どもたちも疲れちゃうし。うしろをカットしよう、というのも山本紫朗さんが決めるの。あの方がいてくださるのでプロの舞台になってるのよ。いなくなったら、代わってやれる人はいないんじゃない。あれだけの悪条件で、いやな顔ひとつしないでずーっとやれるっていうのは大変なことだと思う。プロということだけじゃなくて、本当にチャリティっていうことを理解して、本腰いれてくださってると思うの。長生きしてくれなきゃ困るよ、って私、山本紫朗さんにいつも言うの。あの方に演出を頼んだのは誰か知らないけど、それが正解だったと思うのね」

山本紫朗にきくと、「もう二十年近く前のことだから、はっきり憶えてないけど、たしか第一回の厚生年金ホールを見に行って、楽屋で伴淳や森繁に会った時に、来年はひとつ頼むよ、と言われたんだと思う」とのこと。

一九七〇年に〝あゆみの箱〟チャリティショウはハワイに遠征している。伴淳三郎、森繁久弥、坂東三津五郎、若山富三郎、宮城まり子、村田英雄、朝丘雪路、由紀さおり、ほか多数のそうそうたる芸能人たちが、このために一緒に渡航したのである。

一九七一年にはブラジル、七三年にハワイ、ブラジル、七六年と七八年にロスアンジェルス、サンフランシスコでチャリティショウを催した。メンバーはそれぞれ違うが、長谷川一夫、京マチ子、勝新太郎、鶴田浩二、淡島千景、高田浩吉、中村扇雀などの大スターたちが参加している。売り上げの半分を現地の施設に寄付するシステムである。

山本紫朗の話。

「ハワイではホノルルのH・I・Cっていうホールでやった。四千人も入るホールだよ。こっちからも客が大勢行った。出演者は二十人以上で行って、飛行機代がタダになるくらいだったんだ。

それでも節約のために付き人なんかなしで、一人ずつで行くんだけど、ホテルに入ってもらったら、雷門助六なんかは英語がわからないから、こっちから電話するまで飯も食わないでホテルの部屋でじーっとしてたって言うんだね。

その時、舞台で変わった演出しようとした。ちょうど日本では万博をやってた時で、どこかのパビリオンに踊りに行ってるハワイの女の子がいるんだ。そのお父さんお母さんをホールに呼んだわけ。宮城まり子は電電公社のパビリオンに出てたんだけど、この時だけ休んでハワイに来てもらった。ハワイの女の子を電電公社のパビリオンに呼んで、そこからハワイのホールに電話をさせたわけ。舞台に電話を置いて、宮城まり子が出た時に、その電話がかかってくるようにきちっと計算した。こういうショウだから時間がずれたりするんだけど、それをずれないように苦労して、きちっと予定通りに宮城まり子をあげるようにした。ほかの人はそんなこと知らないからね。それで日本から電話がかかってきて、宮城まり子が電話をとってフラの娘から電話だと、お父さんお母さんいますかって言うと、呼んであるんだからいるよね、客席から舞台に出てくる。電話で親子が話をする。ところがこれがまるで話題にならないんだ。感激もなにもない。これほど時間計って大演出をしたのに、あんまりうまくいっちゃったんで、仕掛けたことが何もわからないんだ。裏にいる連中は成功したって喜んだんだけど、客席に通じない。演出なんてものは凝ってうまくいきすぎるとだめだっていう例を見せちゃったわけだ。

ハワイは、照明でも何でも日系人でできる。ブラジル行ったら照明なんかできるやつがいない。照明変えたいっていうと、ライトに色のゼラチンを直接巻くんだ。そんなことしたら燃えちゃうぞって言うと、大丈夫だ、なんて言ってる。点けたらボーッとみんな燃えちゃった。照明のあるショウをやってないのかって言ったらね、アメリカからミュージカルが来るんだけど、アメリカのやつが器材から何から全部持って来てやるんだそうだ。終ったら持って帰っちゃう。移民援護会が主催だから、そこに頼んで、ピンスポットが要るから買おうってことになったんだけど、終ってからこんなものが残ったってしょうがないって言う。

サンパウロの八千人入る体育館でやったんだよ。それを四回やった。その次行った時は六回やった。そのくらい日系人がいるんだね。アマゾンの奥から三日くらい自動車に乗って来る人もいる。長谷川一夫も行ったんだけど、向うの一世は長谷川一夫を知らないんだ。林長二郎時代に向うへ行ってて、林長二郎なら知ってる。あの人長谷川一夫って言ってるけど、林長二郎じゃないかね、なんて言うわけだ。そしたら長谷川一夫は、私は林長二郎の伜の長谷川一夫ですなんて挨拶してた。

どこでも、また来てくれって言う。滞在費は持つから飛行機代は持ってくれって言うんだ。みんな無料出演してる上に飛行機代まで出させるわけにはいかない。そこがむずかしいね。中には客が入らなくて損した場合、〝あゆみの箱〟で負担してくれ、なんて言うところもある。興行じゃないんだから、そんな考えでチャリティはできない。

興行でブラジルなどへ行く人もいる。出演料はなくても飛行機代もってくれれば、遊びに行くつもりで行くというわけだ。音楽なんかテープですましちゃう。ブラジルはテープでいいけど、アメリカはテープはだめだ。ユニオンがあるからね。

ずいぶん前の話だけど、一九六四年にニューヨークで博覧会があって、日本館ができた。スキヤキやテンプラを食べさせて、日本のショウを見せるレストラン・シアター。それをフジテレビと東宝が引き受けて、ぼくが日劇と梅田コマと新宿コマから集めて踊り子二十人くらい連れて行った。六カ月やったの。ぼくは一カ月で帰って来たんだけどもね。

　オーケストラまで連れて行けないからテープとって行ったんだ。そしたらユニオンが、音楽に何人使ったかきくんだ。四十人のオーケストラだって言うと、そしたら四十人オーケストラを毎日使ったとして、六カ月分全部演奏家のギャラをくれって言うんだ。冗談言っちゃいけない、尺八や琴や三味線が弾けるのか、弾けるなら弾いてみろ、って交渉を始めたら、向うでも困っちゃって、そんならテープは認めると。認めるからディナーミュージックに六人使ってくれって言う。ヴァイオリン弾く年寄りを。それで話がついたの。こういうこともあった。東京から舞台装置を送ったのがニューヨークの波止場へ着いた。それを船から降ろすユニオンがあるんだ。それをトラックに積みこむユニオンがある。トラックを運転するユニオンがある。博覧会へ着くと、今度は降ろすユニオ

日本館レストラン・シアターのプログラム

ンがある。降ろすだけ降ろすと、ここで初めて小屋の大道具が中へ入れる。ところがトラックが着いたら雨が降ってきちゃった。降ろすユニオンがまだ来ないんだ。日本なら大道具の人が臨機応変に降ろすじゃないの。目の前にあるんだし、手で降ろせるんだから。でもやってくれない。濡れるのどうすんだって言うと、ユニオン違うからしょうがないだろうって。融通がきかない。装置がぐしょぐしょになって、頭に来てた頃に、日本から博覧会を取材に来た飯沢匡に会って、その話をしたことがある」

——日本館の食堂ではショウがあるので、その演出に来た山本紫朗氏は私の顔を見るなり、「いやはやユニオンには散々な目に会いましたよ。『ユニオン・ユニオン』というミュージカルを作ってやろうかと思ってるくらいです」と苦笑していた。——

飯沢匡、ニューヨーク世界博ルポの一節。（一九六四年五月、週刊朝日）

「踊り子もユニオンに入んなきゃいけない。そこで貰った金から税金をアメリカに収めなきゃいけない、っていうわけだ。ユニオンに入る費用は安いもんだ。それで入った。今度はぼくにお前は何だって言う。俺は演出家だって言うと、お前も入んなきゃいけないって言う。入ったんだ。入ったらとたんに演出料が十倍になっちゃった。ユニオンてのは互助会だね。今日からお前はうちの人間だ、交渉はこっちでやる、助け合って待遇をよくしなきゃいけない、っていうわけだ。会場のそばにマンション借りて、女の子たちみんないてね、ぼくもそこにいたんだけど、お前こんなとこにいちゃだめだって言うんだ。金やってるんだから、演出家は一流のところに泊らなきゃいけないって言って、ブロードウェイのいちばんいいホテルをとってくれる。毎日会場へ自動車で通うわけだ。それでも充分なほど金をくれる。それで、いいだろ、な、ユニオンてのはこういうもんだ、って言うわけ。

小道具のユニオンもきちっとあって、ぼくが椅子なんかちょっと運ぶと、いじっちゃいけない、お前、演出家だろ、小道具運ぶのは俺だ、って言うんだ。

舞台いっぱいに提灯つけた。何百って提灯がわーっと上がるようにしたんだけど、そんなの向うはやったことない。とってもノロいんだ。幾日かかるってきいたら一週間だって言う。日本じゃどうだってきくから、日本じゃこんなの徹夜で一晩でできるよって言ったら、ハーなんて言ってる。そんなことやってたら間に合わない。じゃしょうがない、ユニオンの本部に黙ってるからやっていいよ、って言うんで、みんなで一晩でやった。何でもない、球つけて線つなげばいいんだ。日本人は働きすぎるってことなんだろうけどね。

椅子を持ってくるっていうだけで一人小道具がつくんだ。これに日当を払う。じゃ椅子なしにしちゃおうって言ったら、それはそれでいいわけ。明日から来なくていいって、はっきりしてる。椅子があるからお前が要るんだけども、演出家が椅子は要らないって言ったんだから、お前も必要ないっていうわけだ。逆に仕掛が大きいとたくさん人間がつくから、ラスヴェガスなんてユニオンに払うのが大変だろうと思うね。

舞台監督も向うの人だから、打ち合わせが大変だった。打ち合わせが二日も三日もかかる。やり出すとすぐにティータイムになって、一時間くらい休み。またやり出すと、ランチタイム。ぜんぜんはかどらない。その代りきちっとノートをとって、打ち合わせがすんだら、まかせてくれって、その通りやるね。そのために金貰ってるんだって言うわけだ。納得のいくまで打ち合わせするよ。何故ここでこの色がつくんだっていうところまで言う。だからつけて見せるんだ。この衣裳だから、この色を当てるとこうなる、だからこの色じゃないとだめだろうって説明して、初めて納得するんだ。開けたあとは、キューだけできちんとやる。そこは日本と違うね。

博覧会と言えば、ぼくは大阪の万博の時に、お祭り広場を担当した。三月十五日に『日本の太鼓』で幕を開けたんだけど。御諏訪太鼓、湯女追太鼓、八丈太鼓、北海太鼓、御陣乗太鼓、祇園太鼓。これだけが一つに集まったのは初めてだった。

万博ホールもやった。ディートリッヒも出たんでその演出もやったり、チンクエッティやなんかカンツォーネの連中が来た時もやったんだよ。

万博ホールをこしらえる時に、ぼくは、お祭り広場とホールが背中合わせになってるから、ホールのホリゾントをガラスにしようって言ったんだ。はじめカーテン閉めといて、最後にカーテン開けるとお祭り広場が見えるようにしたらどうだって。そしたら建築家がそれは面白いからやろうって言ったんだけど、だんだんお金がなくなっちゃって、全部ガラスにすることができなくなった。このくらいでどうでしょうって言うから、それでも面白いからやってくださいって言って、思ったより半分くらいのガラスになったんだけども、それを作った。それでも、こんなの世界に一つもないっていうわけだ。サンレモのフェスティバルの時にホリゾントのうしろに仕掛花火を置いた。フィナーレにカーテンを開けて花火を見せた。〝サヨナラまた会いましょう〟って字を出したりして。歌ってる連中がびっくりしてね、こんなの初めてだって、うしろ向いて見ちゃうんだ。前向かないんだ、みんな。そういう面白いこともあった。これが一九七〇年だから、

〝あゆみの箱〟のハワイ大会と、万博の会場を電話でつないだっていうのはこの時期の話だね」

一九八二年一月三十一日、新宿コマ劇場で「伴淳三郎追悼チャリティ公演」が開かれた。主催は〝あゆみの箱〟、協賛が日本喜劇人協会。森繁久弥、清川虹子、曽我廼家明蝶ほか大勢の芸能人が出演した。構成は山本紫朗。この公演の収益金は、伴淳三郎の死を契機として計画されている、芸能人碑の設立のための資金の一部に当てられる。

〝あゆみの箱〟第十八回東京大会は、四月二十六日に国立劇場で開かれることが決まっている。〝あゆみの箱〟発足から二十年目を迎えていることもあって、芸能人のトップクラスを集めたい、国宝級の人たちに出演を依頼しよう、というのが山本紫朗の構想である。

（一九八二年一月）

第十四章　そして、レヴューは

山本紫朗

いよいよ最終回である。始めてから一年と二カ月。その間、この連載に名前が出た人で、他界してしまった人もいる。

加藤喜美枝（美空ひばりの母）　一九八一年七月
伴淳三郎　十月
渡辺邦男　十一月
佐谷功　一九八二年一月
松本幸四郎（白鸚）　一月
三益愛子　一月
志村喬　二月
江利チエミ　二月

特に江利チエミは、この連載のための話を聞かせてくれたのがつい最近だっただけに、ぼくにとってショックであった。それに江利チエミはぼくと同年代、ぼくの青春は、江利チエミが人スターであった時期とちょうど重なるのだ。

時は流れてゆく。

山本紫朗の話。

「去年の暮の三十日に佐谷功から久しぶりに電話がかかってきた。日劇のものを整理して、名簿を作ったりなんかするんで、日劇の最後の頃のことを原稿に書いてくれないかって言うんで、いいよって言ったら、正月の五日か六日までに書いてくれ、書けたら電話で知らせてくれ、どっかで会おうって。そしたら正月の二日に日劇の人から電話があって、佐谷さんが今朝死んだって言うんだ。何言ってんだ、三日ばかり前に電話で話したばかりだって言ったんだけど、とにかく死んだんです、お通夜やるから来てくださいって言うんだ。佐谷功はダンシングチームの支配人もやってたから、一期生から最後までの住所録と、出来事の記録をまとめようとしてたらしいね。古い卒業生の住所なんか今わからないからね。

チエミとは去年の七月に梅田コマをやるんで、久しぶりに打ち合わせしたりなんかして、向うへ行って稽古して、初日開けてぼくは帰ってきた。それが最後になった。チーちゃんのヒットを全部踊りにしたし、扇雀が好きだったから一緒にマンボを踊らせたりして、彼女は満足してくれたんじゃないかな。

博品館の人が、頼みたいものがあるんだけど、まだ本決まりになってないから決まったら頼みますって言ってたことがあるんだ。この間、チエミのお葬式に行ったら、実はチエミが『春香伝』をやりたがってた、例の話はそれだったんだって言う。これは朝鮮のミュージカルで、もとはゴーゴリの『検察官』だね。チエミは前にコマ劇場で一度やってヒットしてるんだ。チエミはもう一ぺんやりたかったらしい。決まったらぼくに演出やらせようとしてたんだね」

現在、浅草国際劇場ではＳＫＤが「東京踊り」を公演している。四月五日が千秋楽だが、その日はＳＫＤが国際劇場の舞台を踏む最後の日となるのだ。すでに一九八一年九月にＳＫＤは松竹から松竹土地興行株式会社に移籍している。大資本から切り離され、独立採算制を余儀なくされたわけである。そして松竹は国際劇場を貸し小屋に切り換える。国際は客席三千六百、舞台のプロセニアムは間口十三間、高さ三十尺、奥行十間（これに花道やオーケストラ・ボックスが加わる）のマンモス劇場である。運営するには莫大な金がかかる。舞台を飾るだけでも大変だ。客が入れば問題はないのだが、数年前から一階席しか使っていない状態だ。それでも一階二千席を満員にするのは容易ではない（因みに、日劇は間口九間、高さ三十三尺。ＮＨＫホールは間口十一間、高さ三十六尺。渋谷公会堂、間口十一間、高さ二十六尺。西武劇場、間口七間半、高さ二十尺。博品館劇場、間口五間半、高さ二十尺。いずれも裸にした状態の数字で、実際にはもう少しつめた形で使われることが多い。なお、舞台関係は今でも尺貫法が使われる）。

ＳＫＤは一九二八年に浅草松竹座で誕生した。第一期生に水の江瀧子がいる。国際劇場が建てられたのは一九三七年。以来ＳＫＤはここが本拠地となった。ＳＫＤと国際劇場の関係は四十五年続いたわけである。

スターもたくさん出た。川路龍子、小月冴子、草笛光子、淡路恵子、芦川いづみ、野添ひとみ、姫ゆり子、倍賞千恵子、倍賞美津子、春日宏美、などなど。グループとしては歴代のエイトピーチェス、ラインダンスのアトミックガールズ……。

去年の「夏のおどり」を観た時、日劇はすでになく、国際の方も噂はいろいろあったけれども、舞台は派手で、大仕掛で、頑張っているなあ、とぼくは思ったのだった。今回の「東京踊り」も、ずいぶん贅沢にやっている、と感じたのだが、制作室を訪ねたところ、衣裳担当の所治海によれば、「これでもいい時に比べたら、ずいぶん切りつめてるんです。なにしろ大きいですからね、めいっぱいやろうと思うとすごく金がかかります。人数も一時より少くなりましたし、当然衣裳も少くなってるわけです」ということであった。

所治海は戦後まもなく国際劇場に入り、当時ここで振付を担当していた県洋二にショウというものを教えられたという。同じ衣裳担当であった武藤哲は、後に制作室長になり、去年、組織が変わった時にＳＫＤ団長に就任した。

武藤哲の話。

「日劇がなくなった時は、ショックでしたねえ。同じ仲間だし、いい意味でライバルですしね。こっちは何とか頑張らなきゃいかん、と思ってたんですが。

劇場の中に劇団があったんですけど、劇団が松竹を離れたと同時に劇場とも離れた、ということですね。身軽に動ける劇団になったとも言えるわけです。

『東京踊り』のあと、第一班は三十五名編成で、ソ連と東ドイツの公演に行きます。第二班がやはり三十五名で国内を巡業します。第二班とあと十五名が船橋で一緒になって、二十五日間やろうと。それが終るとソ連からも帰って来ますから、また一緒になって八月に歌舞伎座を一ヵ月借りてやろうというのが今のプランです。

春日宏美はレコーディングのスケジュールがあって、旅には行きません。レコーディングのために舞台を休ませる、というケースは今までにもありました。大阪（大阪松竹歌劇団）との合同公演以外はよその劇団と一緒になるということはありませんでしたし、ゲストを招《よ》んだこともありませんでしたけど、これからはいろんなケースが考えられるんじゃないでしょうか。中央の劇場に、小劇場であっても出て行くとか。実験的なものにもトライしていって、ミュージカルに出たり、ドラマに出たりしながら、これからの新しいレヴューって何だろう、ということを手さぐりでも考えていきたいと思います。

現在七十八名で、四月に学校（松竹音楽舞踊学校）を卒業して十七名入ってきます。去年の八月に契約制に切り換えたんです。組織が変わりましたから。その時は全員残りました。それで現在に至っているわけです。今回国際劇場と離れる時に退団するのが二名いますが、これは劇場のことと関係なく、今までも年に十名から十五名ぐらい、結婚だの何かで退団しているのが普通の状態なんですよ。それからこの間入学試験がありまして、六十名くらい受けに来たんですが、本人たちに国際劇場というフランチャイズがなくなるのを知ってるのかときいたんです。全部知ってるんですね。だけどSKDに入って何かやりたい、と言うわけです。

新聞などでは今度のことをセンチメンタルな書き方してますけど、センチメンタルになってるのは古いファンやOBであって、今いる人たちはスターでも若いですから、むしろいい条件のフランチャイズを、みんなで頑張って勝ち取ろうじゃないか、みたいな考え方をしてますね」

所治海も「日劇の場合は物理的に劇場を壊して、それによってレヴューもなくなるという形になりましたが、うちの場合はちょっと違うんですね。国際劇場はあるわけだし、SKDもまとまった形でスケジュールがありますから。われわれスタッフもセンチメンタルじゃありませんよ。

これから新しいところで違う形で仕事ができたら面白い、という感覚を持ってますし」と言う。そして、「劇場が変われば内容も変わってきますよ。この劇場のグランドレヴューと、小さいところでやるものとは違わなきゃならないでしょうね。この縮小版やっても新しい人はついてかないでしょう」

武藤団長は「いろんなものに挑戦していくことになりますが、基本的にレヴューという形は残るだろうし、残さなきゃいけないと思いますね」と語る。

逆にSKDが金を払って国際劇場を借りる、あるいは極端な話、日劇ダンシングチームが国際を借りるということはあり得るか、ときいてみた。理屈ではそういうことがあってもいいが、この大劇場を借りて採算をとることは、これからは考えられない、ということだった。

山本紫朗は言う。

「しかし松竹は、歌舞伎座でSKDに有終の美を飾らせてやろうという思いやりがあるね。松竹は体質が古いと言われることもあるけど、その古さがかえっていいこともある。体質が新しいという東宝は、日劇を壊してそれっきりだものね。前にも言ったけど、東宝は舞台を愛する重役がいなくなっちゃった。松竹にはまだいるということだろう」

一九八一年七月、新倉まり子（現在はまりこ）は「マリコ・キープ・オン・ダンシン」というダンス・リサイタルをラフォーレ原宿で開いた。彼女は最後まで日劇で踊っていた一人だった。現在も名日上は日劇ダンシングチームの一員であるが、リサイタルは個人で開いた。演出・振付は川西清彦。

ぼくも出かけた。実は開演時間ギリギリに行っても大丈夫だろうと高を括《くく》っていたのだが、会場は満員で、切符を買うのにキャンセル待ちをしなければならなかった。

新倉まりこと十人のダンサーによる、踊りだけのショウである。歌もお話も最後の挨拶もない。それがかえって清々しく、好きだから踊るんだ、という気持がよく伝わっていたと思う。ぼくは新倉まりこと面識はなかったが、今回会って、リサイタルのことなどを話して貰った。

「リサイタル、観てくださったんですか。わー嬉しい。私、これしかないから。やることは踊りしかないから。

私、ダンシングチームにまだいるんですけど、一緒に踊れるってことはないんですね。去年の最後の日劇以来、一回もありません。寂しいですねえ。でもみなさんそれぞれ個人個人で努力しているし。私、日劇の人たちと一緒にやりたかったんですね。でも芝居の方に行った人もいるし、テレビの方に行った人もいるし、今まとめるのはむずかしいことなんですよね。だからほかの人に頼んで。もと日劇にいた人が二人出ましたけど。女の人八人と男の人二人頼んだんです。

いろんな面で勉強になりました。日劇はお客さん入っても入んなくても、自分は踊ってりゃいいって気持だったでしょ。そうじゃなくて、私を観に来てくれる人を呼ばなくちゃいけないし、自分で切符配って、お金を貰って。そういうの初めてだったんです。貯金はたいて、家にも迷惑かけて、ファンの方にも助けて貰って。立見が出たって楽屋で聞いた時は涙が出ました。もちろん黒字にはなりませんけど。

無理してリサイタルやったおかげで、いろんな方が観に来てくれて、名古屋のレストラン・シアターに呼ばれて一カ月出たり、名古屋タイムズの方が名古屋公会堂で私のショウをやってくださったし、それからシンガポールからお呼びがかかって、『マリコ・プラス8』というのを、私と八人の女の人と、二カ月向うでやってきました。帰ってきてすぐラテン・クォーターには日劇のある時から出てたんです。だからみんな、まりこ恵まれてるって言ってくれるんだけど、日劇のあった頃に比べてぜんぜんヒマです。もっともっと出たいですね。

教えることもやってますけど、つらいんですよね。自分がまだ動ける立場だから、自分が踊ってた方がぜんぜん楽しいし。ジャズダンス・ブームだから、素人に教えるんです。私が習いに行く時は動き易い恰好でファッションに関係ないんですけど、教えに行く時は、先生の恰好に憧れて生徒が来るんです。だから、レオタードとか、ファッションも気にして行かないと。今特にそうなんです。

振付の仕事もたまにやってます。まだ勉強足りないし、おこがましいですけどね、自分が踊ることと振付はぜんぜん違います。ちゃんと踊れる人って少いですからね。いかに踊れるように見せるかっていうのをしなくちゃいけないし、それがむずかしいですね。

父が好きで、日劇、国際、宝塚と、いつも日曜日に私を連れてってくれたんです。レコード屋の前で、レコードに合わせて私が踊るんですって。それが三つの時で、この子は好きなんだろうって。それで六つの時に踊りの学校に入ったんです。その頃父が、まり子はどこが好きなの、ってきいたら、私は日劇に入るって言ったらしいんです。自分では憶えてないんですけど、日劇は男の子がいるから本当の踊りができるんだ、って言ったらしいんです。わかってて言ったのかどうかわかりませんけど。でも、だんだん大きくなって、日劇だけは欠かさず観てました。中学出てすぐ日劇に入ったんです。こうやって話してくると、ジーンと来ますね。青春ですもの、日劇が。

憧れたのは立川真理（現在は磨李）さん。入ってからも素敵だなーと思ってました。三回公演の全部、ツン子さんのお姉さん（立川真理のこと）の出番は絶対、袖で見てたんです。私、八年目で大看板になったんですけど、お姉さん辞めて、初めて振付してくれたものが良くて、それがきっかけでなれたんです。〝キャンディ・ガール〟っていう、幕前の私と男の人三人だけの踊り。もう蹴とばされ、殴られね。それでもついていこうと思って。お姉さんはできちゃうから私は何も言えなくなっちゃう。あとは私のショウを担当してくださる川西先生。二人のおかげです。

私が観てた頃は、日劇は満員で、休憩時間になると席の取り合い。立って観たこともあるし。入ってからも三年くらいは凄かったけど、だんだん少くなってきて。日劇の最後の日、三階まであんなにいっぱい入ったでしょ。初めてあんなの見たような気がします。今こんなにダンスのブームなのにね。

最後の日も悲しかったけど、ＯＢの方がワーッと上がって来たでしょ。あ、お花どこへやろうとか、どこにいたらいいんだろうとか、そういうこと考えてて、あまり泣くという感じじゃなかったんです。そのあと、ファンの方が長岡温泉にホテルを持ってて、そこに招待してくれて、何人かで行ったんですけど、三日間みんなで浴衣着たままで飲んで、泣いて。その時、本当になくなったんだなーと思いましたね。あとはしばらく有楽町に行かなかったです。いやで。用事があっても、遠まわりするんです。日劇が壊されていくのなんか絶対見たくなかった。今、囲いがあるだけで何もないでしょ。今でも通るのはつらいけど。浮かんでくるんですよね。日劇に入りたいって言って、朝起きて十時から水着を着て試験。私が一番先に行ったんです。百何人いて、自分の番号が貼り出された時は嬉しくてねー。十五の時に入って、十五年間いました。この齢になって放り出されて、初めて世間ていうものを知ったんです。驚くことばっかりです、今。それが面白いけど、常識はないんじゃないかと思うんです。あの館内が全世界で、スポットに当たることしか頭になかったから」

山本紫朗は「小さな劇場でできるショウを研究しようと思ってる」と語っている（第三章参照）。その後の考えをきいてみた。

「フランチャイズの日劇を離れて、いろいろやってみると、ショウビジネスは二通りにはっきり分かれてきたようだね。安い料金で客を大勢集めるか、少い客から高くとるか。つまり、〝たのきん〟とか〝ブリッ子〟たち、子ども相手のものを、千円から千五百円くらいの入場券で、武道館のようなところでやるか、ホテルのディナーショウ形式のものを五、六百人を相手に二万円もとってやるか、ということなんだ。中間のものは非常にむずかしい。

ホテルのディナーショウと言えば、今までの話に出なかったぼくの仕事には、このジャンルがあるね。帝国ホテルのディナーショウを、最近まで五年くらいやってる。主に三浦布美子ショウ、小野由紀子ショウ。今、帝国ホテルは改築してるので、この舞台がまたできるかどうか。華麗なものを作ってたんだけど。

ぼくが理想にしていた洒落たレヴューは、残念ながら今は望み薄だ。しかし、腐っても鯛の精神で、どんなショウをやっても、今までにないような構成で、お客様も喜び、出演者も納得するものを、一つ一つ、こしらえてるつもりでいるんだけどね」

井原高忠に会う。テレビの「光子の窓」や「九ちゃん！」、「11PM」、「ゲバゲバ90分」を作ったディレクターとして有名だが、コルドンブルーとクリスタルルームという、小さなレストラン・シアターのショウを手がけた人でもある。

第一章に井原高忠の名前が出た。山本紫朗の話の中で、彼が慶応の学生の頃、日劇によく遊びに来た、というくだり。本人にきくと、正確には遊びに行ったのはもっと前の中学（旧制）時代。慶応の頃は出演者として日劇の舞台を踏んでいるのだ。

「同級生の友だちに日劇の男の踊り手がいて、日劇にはよく行ってました。学校の帰りに。裏から入れてもらって、楽屋へ行ったり、袖から覗いたり。ジーン・クルーパが来た頃は、ぼくは日劇に入りびたってましたね。その頃、紫朗先生にもお目にかかった。

ぼくは学習院に旧制の高等科の一年までいたんだけど、終戦で大改革があって、大学ができる時に追ん出されて、それで一年遊んだ時に楽隊を作ったんです。チャックワゴンボーイズ。それから慶応へ入って、慶応の四年間、遊んでた一年間、五年だけ楽隊をやってました。日劇に初めて出たのは一九五〇年の八月ですね。翌年の五月と十二月に出てる。そのうちにぼくは日本テレビに入っちゃったんです。一九五三年に日本テレビは開局したんですが、その年からアルバイトで行ってたんです。慶応と、バンドと、テレビと、三本立てでです。翌年卒業したので正式に社員になれた。でもアルバイトのうちから、ちゃんとディレクターやってた。どういうわけですか。

この間、小坂一也と昔の話をしたんですが、彼がぼくのことを非常にプロデューサー的だったって言うんです。彼もぼくのバンドにいたことがありましてね。あの頃、ジャズ、タンゴ、シャンソン、ハワイアン、いろんなものがあった中で、何でカントリーをやったかと言うと、当時日本に進駐してたアメリカ軍のほとんどが、オクラホマとかテキサスとか、ウェスタンなんです。カントリーやったら受けるに決まってるわけですね。それで日本のカントリーの第一号をやった。

それと、ジャズっていうのは、音楽的に非常に進んでいくわけですね。非常に単純なものから始まって、ディキシーになって、スウィングになって、モダンになって、そのうちあんまりむずかしくなって、みんな聴かなくなっちゃった。プレイヤーは、どうしたってインプルーヴしていきますから、むずかしい方に進む。そうすると聴く方がついていけなくなるということがあります。ジャズっていうのはやればやるほど高みに行く。ぼくの場合は一生やるものではないと最初から決めてたわけですね。何の世界でもそうだけれども、超一流ならいい。一緒にやってて、どこへ行ったかわからん人も大勢いるわけですよ。ぼくはどこへ行ったかわからん人になるのはいやだし、音楽的に素晴らしい才能に恵まれてたわけでもないから、学生の間だけエンジョイできればいいと思ってた。お金儲けてね。儲かりましたから。日本テレビに入ったら収入が十分の一になっちゃった。

ジャーナリストになりたかったんですよ。新聞社に入りたかった。実は。そしたらテレビができた。テレビってのは突然できたんですね。前ぶれもなく。これも何だか面白そうですよね。でもあの頃はよくわからない。いつつぶれるかもわからない。当時日本テレビに藤井肇さんという音楽評論家が音楽班長でいたわけです。その藤井先生のところに配属されて、いい按配に音楽番組についたんです。そのままずるずるべったり二十七年間いたわけです。

ぼくは結局すごい幸せでね、楽隊も進駐軍で受けてお金いっぱい貰って楽しかったし、テレビというのがまたバカに面白かったんですね。それはね、今と違ってテレビというのは一望の曠野だったわけだから。そこで馬に乗ってインディアンをやっつけに行くような話ですから。そうしてドッジ・シティを建てたところまでなんです。今の人はその町に行くんだから、もう面白くもなんともない。さりとて、町を出て、またインディアン攻めに行くような気概もないのね、安住しちゃって。ぼくらはのるかそるかでしたからね。

最後の何年間かは、制作次長、局長と、管理職になったんだけど、ぼくみたいに最前線で鉄砲撃ってた人間は撃たなくなるとダメですね。アイゼンハワーとパットンの差ですね。ぼくはパットンという人はマンガティックで大好きなの。自己顕示欲が強くて、戦争やらせるとうまくて、自分は特製の軍服作ってね、金メッキのヘルメットかぶって、象牙のピストルなんか吊って、面白いでしょ。あれだと大本営では顰蹙《ひんしゅく》を買うわけですよ。

局長もオペレーションですから同じことかと思ったの。ディレクターは現場の大将ですよね。ところが局長になると、いちばん偉いグループ、つまり社長や重役のいるグループの二等兵なんです。何にも決められない。やっぱり現場でお山の大将で、金色のヘルメットがいいわけね、ぼくなんかには。弾はくるけどね。びゅんびゅん。

ぼくはまったく無趣味。酒も飲まないし、麻雀もやったことがない。というのは、テレビがいちばん面白かった。ほかにやる必要がないんです。ほんとに面白がってやってたのが、現場じゃなくなって、つまんないから辞めたんだけども、これが誰にも理解して貰えないのね。週刊誌が何かあったろう、喧嘩をしたんだろう、と勘ぐるわけですよ。ぼくは非常に単純で、あんなに楽しかったことが、楽しくなくなったから辞めただけなんです。辞めたのは一九八〇年の六月。五十になる前の日です。それでハワイに行った。

辞める時に、辞めて制作プロダクションでもやるんだろうと言う人もいました。やるわけがない。テレビやるなら日本テレビを辞めない。こんなに優遇されて、好き勝手にやらせて貰ってる人って、まあいないんだから。

今度『ゲバゲバ』を特別番組でやるんで、呼び出されて、一本やるんです。退役した人が元の軍隊でやる。ぼくは古いからすぐ戦争のたとえになっちゃうけど、放送局にいて、やるってことは、戦艦大和に乗って戦争するようなもんで、水兵さん一人にいたるまでトレーニングされてて、司令長官の意向がわかって、大砲を撃つ。外へ出ると、急に弁慶橋のボートに山本五十六が乗るような話になるわけですな。乗った方も困るし、乗られたボート屋も困るのね。テレビ屋が外で仕事をしてあまりうまくいかないのは、そこなんですよ。今度は、そういう意味ではまた戦艦大和でやろうという話だから、いいんだけれども、日がたってますから、宇宙戦艦ヤマトであって欲しいわけ。今度乗るやつは。

ぼくは踊りというものを武器に使ったディレクターですね。だからぼくが作ったものはレヴューっぽいのが多かった。スタジオNO・1ダンサーズっていうのもテレビ局の中でぼくが作ったわけですから。踊りとか、照明ってものを最初から大事にしてました。これはやっぱり小さいうちから舞台を観てて、明りだとか、そういうものの大事なことを何となく認識してたせいだろうと思います。

『光子の窓』が終って『あなたとよしえ』が始まる間に少し『スタジオNO・1』というのをやったんです。これでスタジオNO・1ダンサーズを作った。ぼくはプレイヤーとしてじゃなくて、ファンとしてジャズが好きで、モダン、スウィング辺りが一番好きなんです。フルバンドですね。スタジオNO・1ダンサーズは、形の違うフルバンドだと思ってるわけ。アンサンブルで訴えたい。個人プレイじゃなくて、全員がスターだっていう感じでものを作りたいって気持が、前からあったみたいです。

同じ踊りでも、テレビと舞台は違いますね。スタジオNO・1は十人ですから、国際のラインダンスとは違う。それとテレビは〝寄り〟（カメラが寄ること。クローズアップ）のものですから、振付自体がまったく違います。やっぱり振付家と演出家がガッチリ組んで作らないとダメですね。

昔は音楽番組と言えば、例えばTBSなら渡辺正文が演出してるとか、フジなら誰とか、日本テレビなら井原だろうとか、わかったもんですよ。あの頃だから例えば旗照夫でもペギー葉山でも、井原がやってる時はやっぱりわかるわけです。何故かと言うと、同じ歌をやっても、コスチュームから、振付から、アレンジから違うんだから。今は同じ衣裳着て、同じ振りで、同じアレンジで、どこへ行ってもやってるんだから、まず演出家の個性はないんですね。今は『ザ・マンザイ』でも何でも、出る人の個性に頼ってて、演出家の個性が要らないわけですよ。それがいやなのね。演出家の個性を守るのは、やっぱり演出家だと思うんですね。

赤坂でコルドンブルーというのをちょうど十年やりました。なぜやってたかというと、開局の頃というのは、テレビは相当趣味のものだったわけね。視聴者も少ないし。ところがだんだん視聴者が増えるにしたがって、商売になってきますから、そう好きなことはできない。それで、テレビでやれない趣味の部分をちょっと発散したいという気持があってやったんです。なおかつサイズが非常に小さいでしょ。ぼくはテレビ屋ですから、テレビ屋の感覚を生かしたショウがやりたかった。大きいステージっていうのは、やっぱりロングのものなんですね。コルドンのサイズっていうのは、〝寄り〟の、アップのものなんです。だからぼくは非常に好きでやってたんですけどね。

それから、あれは一時間足らずのショウで二十六シーンから三十シーンぐらいあるんです。一シーンが非常に短い。とっととっと行っちゃうから、言い方は悪いけども技術のない人が出てももたせられる。これはコマーシャルのテンポですね。

日本テレビを辞めた翌年、同じオーナーがニューオータニでクリスタルルームも始めるというんで、ぼくはホノルルにいたんだけど、呼ばれて、帰ってきて、オープンの時から四本、間をおいて一本、五本やりましたけど、それでやめちゃった。やめたのは、ショウビジネスと水商売のジョイントはむずかしいっていうことですね。水商売は酒一杯でも多く飲ませて儲けようというのが当り前。ですからクリスタルルームにしてもコルドンにしても、一人二万五千円くらいかかる。二人で行くと五万円になる。五万円払える人っていうのは十万円でも払える人ですが、ただしそれは、ショウは関係ない人ね。演歌でも同じわけ。ぼくらは一所懸命作ったものを理解してくれる人に観て貰いたい。でもそういう人は五万円払ってくれない。やっぱりリーズナブルな値段でやりたい、となると舞台しかない。だからぼくは本当にやるんだったら、小さい舞台でレヴューをやりたいと思いますね。

ただ、ぼくの好きなショウビジネスっていうのは日本ではむずかしい。パーフェクションでないでしょう。アメリカと比較するのは意味ないことだけど、アメリカのショウビジネスには人様に御覧に入れて夢を売ってるんだから、根本的に、時間と金と才能の三つは欠くべからざるものだ、という基本があるでしょ。日本の場合は時間はない、お金はない、馬鹿ばっかり。何もないんだから成り立つわけがない。だから寂しいんです。やってて。

ショウビジネスっていうのは、みんながピリピリしてやりたいわけ。一兵にいたるまで。一人でピリピリしているとそいつが馬鹿になっちゃう。ぼくは仕事がホビーですから、やるとことんやっちゃう。それがやれないなら、ハワイで寝ていたい。

ブロードウェイのミュージカルも、一時つまらなくなりましたね。ミュージカルというのはもともと音楽家のものだったですよ。ガーシュインだってコール・ポーターだって。今はハロルド・プリンスなんていう演出家のものでしょう。どうして彼はドラマをやんないんだ。もういっぺん音楽家の手に取り戻さない限り、ミュージカルの存在価値はなくなると思う。ジャズと同じです。むずかしくなっちゃって客はついてこない。もういっぺん、ディキシーに戻すべきだと思う。事実、回帰現象がブロードウェイで起きてるわけです。『ソフィスティケイテッド・レディ』だってそうだし、『バブリング・ブラウン・シュガー』だってそうだし、レヴューのようなのが出てきたでしょう。

レヴューっていうのは、基本的に、ショウビジネスの素だと思うんですね。あれを勉強しないで急にミュージカルって言ってもむずかしい。明らかにアメリカでもリターンしているわけだけど、日本の場合はリターンもへったくれもなくて、基礎になるものからやらなきゃ本当はいけないんじゃないか。それにはレヴューというもので、演出家も、振付家も、照明家も、衣裳も、全部もういっぺんショウビジネスのイロハからやらないと。もういっぺん基本の、球が来たら正面で捕る、打ったら一塁まで全力で走るっていう精神を持たないとね。今どうも、スタンドプレイの下手なものばっかり見せられてるような気がする。

ぼくは五十歳を境に何もしないって決めたんですよ。でも幸せなことに、何かやらないかって誘われることはあります。今、自分がホノルルに居を構えていますけど、ホノルルでショウをやらないか、という話がきてます。来年はやろうと思ってるんです。ぼくは今はテレビより舞台の方が面白いと思ってるものですから。

やっぱり自分が楽しめないことはやっちゃいけないと思うんです。正力松太郎って人はいろんなものを当てたわけですね。読売をやったら新聞が大きくなった。職業野球やったら野球があんなになった。テレビ始めたら、テレビが当たった。やることが全部当たる。ある人が正力さんに、あなたはどうして大衆の好きなことをやろうと思うんですかってきいたら、正力さんは、そうじゃない、俺の好きなことを偶然大衆が好きなんだって言ったって。ぼくはそれがプロデューサーだと思うの。

よく午後は主婦が見てるから主婦向けの番組を作らなきゃって言うでしょ。あれはぼく一番嫌いなのね。主婦向けのくだらない番組作るよりね、一番主婦向けじゃなくて面白い番組作った方が主婦は見ます。絶対に。相手のことを考えて作ってるやつはプロデューサー失格だと思うの。自分の好きなものを作ったら絶対客が喜ぶっていう人こそ、プロデューサーとして生き残るんだとぼくは思う。今ぼくは、自分の好きなことを、自分のできる範囲で、パーフェクトに近いところでやれたら嬉しいなと思います」

串田和美。「自由劇場」の主宰者であり俳優であり作者であり演出家である。自由劇場は若者に人気のある地下小劇場、近頃は「上海バンスキング」が大評判で、地下演劇に縁のなかった人たちにも、自由劇場の名が知られるようになった。「上海バンスキング」の作者は斎藤憐だが、この芝居の成功は串田和美の演出に負うところが大きいと思う。俳優たちすべてにジャズを演奏させることで、ジャズメンを主人公とする物語に生命を吹き込んだ。素人の演奏が、これほどの感動を生むとは誰も考えなかっただろう。このほかにも「もっと泣いてよ、フラッパー」や「黄昏のボードビル」など、串田演出作品には音楽的、ショウ的な要素の強いものが多いのだ。それに去年はクリスタルルームで吉田日出子を中心とするショウを演出した。

彼は井原高忠同様、レストラン・シアターの料金システムには疑問を持ち、「若い人が三カ月にいっぺんは観られるようでなくちゃ」と言うが、「場としては可能性が大きいから、長い時間かけても人を惹きつけてゆけるようになればいいと思う」とも言った。

串田和美の話。

「ぼくは佐藤信なんかと俳優座養成所同期で、授業さぼって、一緒に日劇へ行ったり国際へ行ったりしてました。新劇よりむしろそっちの方を観てましたね。高校時代から養成所に入って仲間ができた頃、ちょうどアンチ・テアトルが出てきた時代で、それまでの新劇に対して何か違うもの、と目を向けてた年頃でね、時代もそうだったと思います。演劇史の本を見てもレヴューは載ってない。何故載せないんだろうということなんかが気になり出したんですね。

日劇がなくなった時に、それに代わる何かが何故出てこないのかな、って不思議に思うんだけども、入るか入らないか、時代に合ってるか合ってないかは別として、そういうものをやりたいという、やる方の欲求っていうのが必ずある筈なんですね。そういうものを求めてる。今は求める方が強いのに、商売にならないからやらないという、バランスのいい状態じゃないんじゃないかな。実際、いいものをやれば人は必ず観ると思うし。

新劇も、かつては新劇ファンと言われる特定の人がいて、『新劇』とか『テアトロ』とかっていう雑誌を見て、労演とか、そういうのに入って、そういう人たちが観てたんだけど、今は『ぴあ』とか、いろんな情報誌が出てきて、ロックのコンサートの案内を見てたら隣のページに自由劇場が出てたというんで来る人もいる。俳優座、民芸を知らないで自由劇場を観てる人もいる。広がってるんですね。当然、求めるものも変わってくるし、やる側も別の意味で変わってくる。新劇とか軽演劇とか、アングラとか、分類するでしょ。本当は線を引くものじゃないと思うんです。どの分野も変わらなきゃいけない時代に来てる。

そういうふうに日劇なんかも、本来は変わらなきゃいけなかった。それまでのファンと違う人をつかまえていかなきゃいけなかった。そういう努力を、生意気な言い方をすれば、怠ってたんじゃないかなあ。

ぼくは何度も行って日劇の雰囲気は好きだったけど、何かパターン化してきちゃう。舞台の、ナマじゃなきゃできないムンムンする感じがいいんだけど、入らなくなると例えば音楽がテープになる。そういう時にどこかで無理をしないといけないんです。ぼくらの場合だと、バンドを雇うことができない。だから自分たちで演奏しちゃう。テープにするか、下手でもナマの方がいいか。お金のかかるうまい人を三人呼んでやるか、下手でもみんなでワッとやるか。ハカリにかけて、どちらがお客さんとして楽しめるか、いろいろ考えてやっぱり後者じゃないかと思ったんですね。でも芝居をやりに来た役者たちに、楽器吹けって命令するのは大変なことなんです。命令っていうより、何故その方がいいかっていうことを少しずつ話をして説得するわけですけど。自分だって下手な演奏するのは恥かしいんですよ。何故ナマの方がいいか、自分も含めて納得させる。

それに舞台の演技ってただリアリズムを追ってるだけではなくて、映画やテレビの演技と違うものがでてこなくちゃいけない。歌うってことや踊るってことがすでにプラスされてるんだから、演奏するってことが俳優にプラスされてもいいんじゃないか、という気持がすごくあったんです。演技ってものが確立される前は、あらゆることをやって、そのへんを叩きながらしゃべった人もいたろうし、できることは何でもやって客の気をひいていた時期もあるんじゃないですかね。

今度やる『もっと泣いてよ、フラッパー』（六月・博品館劇場）は再演ですけど、前の時は演奏はしなかった。今度は演奏します。『上海バンスキング』は演奏家という役だから演奏した。今度は役と関係なく、表現として楽器を使えるか、というのが問題なんですね。ミュージカルではギャングでもお巡りさんでも床屋でも、ある高まりへきたら歌い出しちゃうんだから、同じように傍らから楽器を出して吹くみたいなことがあってもいいでしょ。それを観てる方に抵抗なく納得して貰えるか、その方法を考えてるんですけど。

世の中がどんどん変わって、音楽もテクノとか無機的なもの、非人間的なものがでてきて、それと同時にノスタルジックなものがある、かわりばんこに来るんじゃなくて、いつも同時にあるんですね。新しいヴィジョンを見ようとする時に、未来のイメージっていうのは、物質的なものだけじゃなくて、先の方にあるくせにノスタルジイのあるもの、そういう匂いのあるものを想定しないといられない、そんなふうにみんながそろそろ感じてきていると思うんです。それは旅芸だったり、レヴューだったり、ナマの人間がどうしてこんなことをムキになって見せようとするんだろう、そういうものの存在が大事になってくる。

ショウビジネスって言葉を聞くと、ショウとビジネスがどういうふうに結びついてるんだろうって思うけど、レヴューとかショウビジネスって損得ぬきにムキになっちゃう興行主の話とかあるでしょ。カンカンを作った人とか。当てよう、儲けよう、と思ってやり始めるんだけど、止まらなくなっちゃって、損してもいいからやろうってふうに変わっていく。そういうのがないと成り立たないんじゃないか。馬鹿なことがないといけない。拍手されちゃ乗りすぎる、いくらしか貰ってないからそれ以上はやれない、っていう人たちじゃ絶対できないのがショウビジネスで、ビジネスって言葉がつきながら、ビジネスじゃ割り切れない。そういう人たちがいなくなっちゃうと、ショウビジネスにならない。日劇や国際を動かしてた大きな資本がだめだっていうことになっても、それでもいいから、今度は小さなとこでいいからやろうよって人がいる筈だと思うんですね。それが必要なんじゃないかなあ。実際に目的にたどりつかなくても、目標があって、やろう、っていうものに対して敏感なお客さんはたくさんいると思うんです。本当はこうしたいんだろ、俺たちも本当はそういうのが観たい、お前らもそうやりたいんだろ、って、そこまで行ってないんだけど両方が上を目指して出会う。『上海バンスキング』はそういう要素があったんです。演奏に関して、みんなが補ってくれてる。レヴューでもそれが可能だと思います。

今はロックのコンサートなんかでもショウアップするようになってますし、音楽の要素の入ったヴァラエティというものが、これからも考えられるでしょ。しかしレヴューって言うと、若い人たちには彼らの言葉で、ダサイっていうイメージがあるんじゃないでしょうかね。だから羽根つけて歩いてるっていうイメージじゃなくて、当然、何かプラスしていかなくちゃいけないんだろうと思います」

新倉まりこの話にも出てきたが、今、ジャズダンス・ブームである。日劇がなくなり、SKDが国際劇場から離れるという時代に、皮肉な話でもある。ぼくの友人の奥さんも、ジャズダンスを始めた。この間までテニスを習っていたが、テニスブームが去ったので、流行のジャズダンスに切り換えた、ということだ。レオタードとレッグウォーマーが恰好いいと思うこともジャズダンスを始めた理由の一つ。この例でもわかるように、ジャズダンス・ブームは一つのファッションであって、ショウビジネスには結びつかない。プロになろうと思ってダンス教室に行く人はほとんどいない。

しかし、「それでもいいんです」と県洋二は言う。「底辺が広くなって、ダンスに理解が深まれば、ショウビジネスにとってもプラスになるでしょう。次の世代でね。この間、名倉加代子さんのリサイタルがあったんです。彼女も教室を持ってるんだけど、何と生徒が百人ぐらい出たんですよ。それでラインダンスをやったんです。劇場でもできないことを個人でね。あれはジャズダンス・ブームのお陰ですね。普通の人たちですから、ぼくらが見るとちょっとダメですけど、みんな嬉しそうにワッと足を上げるんです。楽しいから、力いっぱいやってますよ。気持よかったですよ」

名倉加代子はスタジオNO・1ダンサーズのオリジナル・メンバーの一人であった。

県洋二は今、振付の仲間と語らって、ショウダンス関係者の協会を作ろうと努力しているところだ。俳優、演出家、日本舞踊家、クラシックバレエ、それぞれに協会が存在するが、ショウ関係の人たちにはまだ協会がないのである。

「振付家とプロのダンサーの協会です。日本ダンサーズ・アンド・ディレクターズ協会。四月には発足させたいと考えています。プロの振付家は五十人近くいるんです。ダンサーはその五倍はいるんじゃないですか。協会に入るとどういう利益があるんだってきく人もいるんですけど、とりあえず仲間が集まれば、情報を交換できます。共通の問題を話し合えます。それから文化庁がバレエやモダンダンスには助成金を出してるんです。それで公演を持ったり、若い人を海外へ派遣して勉強させたりできる。そういう資格を、われわれも一致団結すれば、得ることができるんじゃないか。それと、合同でイベントを持つという試みもやっていこうと思いますし。怪我なんかも多い職業ですしね。保障をどうするとか、あるいは老年になったらどうするとか、そういうこともだんだんそこから出てくればいいと思ってますけど。

大きな日劇や国際があゝなって、さてこれからどうなるんだ、という不安があると思うんです。こういう時に繋がりを持って、協同して何かやれば、形は変わっても、小さなステージであったり、テレビであったりするかも知れませんけど、やってゆける。今はパッと離れてしまうと拠りどころがないんですね。みんな一人で考えあぐねているところがあると思いますね。この協会が主催して、いい企画の興行が一つでも二つでも打てる、それにみんなが交替で出るようになってもいい。それと、スポンサーと結びついて作品が出せる、あるいは稽古場が持てる、そういうことも大勢の力が合わされれば、できると思うんです」

この協会ができれば、山本紫朗も相談役で加わる筈だという。山本紫朗の話では、新宿コマ劇場からも新しい動きが出てきそうだ、とのこと。

そこで新宿コマスタジアム支配人北村三郎に取材する。それによると、去年の九月から赤坂に開設されている「ADM東京」（ADMはアメリカン・ダンス・マシーンの略であり、そこのシステムを取り入れ、アメリカから教師を招いて教えさせるダンス・スタジオである）を、今年の九月に六本木に独自のビルを建てて本格的に機能させることが一つ。そして新宿コマの地下に新劇場を建てることが一つ。キャパシティ七百の劇場である。間口は八間から十間。

「私は日本のショウビジネスが衰退するとは思わない。いや衰退させちゃいけない。そのためには根っこの部分から勉強しなおす必要があると思うんです。多少時間がかかるけど、そこからやらなきゃ駄目だと。だからADM東京はその根本のところから固めていこうという気持が込められているわけです。地下劇場も、単に劇場をひとつ作るということではなく、ADM東京、地下劇場、コマ大劇場という大きな構想の中で考えています。新しいシステムを取り入れるわけですから、新劇場も新しい芝居、ショウの舞台にしたい。若い人に支持されるような都会的なものを作りだすことができればと思ってるんです。単に舞台という物理的なものではなくて、新しいシンガー、ダンサー、アクター、プロデューサーを結びつける文化センターの機能を果たすことができたらと、願っているんです」

山本紫朗のところに最近、ラスヴェガスにいる奈加英夫（第一章参照）夫妻から手紙が来た。一年ほど前にMGMグランドホテルで火事騒ぎがあり、そこでやっていたショウもなくなるのかと心配していたが、今度また新しい豪華なショウを始めた。自分たちがかつて観たショウの中で一番いいものだ。レヴューは衰退していない。是非観にいらっしゃい、と手紙には記されてあり、そのショウのプログラムが同封されていた。

そのプログラムを見せて貰った。

「サムソンとデリラ」や「タイタニック」などの景があり、いかにも豪華そうだ。ショウの題名は「ジュビリー」である。「ジュビリー」というのは、かつてコール・ポーターが「ビギン・ザ・ビギン」を発表したミュージカルのタイトルでもある。新しいショウにも「コール・

「ジュビリー」のプログラム

ポーターに捧ぐ」という景があるので、きっと「ビギン・ザ・ビギン」が歌われるのだろう。偶然に「ビギン・ザ・ビギン」の話題が出たところで、この「ビギン・ザ・ビギン」はそろそろ終ることになる。

山本紫朗の当面の予定は、美空ひばり、雪村いづみによる、江利チエミ追悼公演の演出である。日劇という建物と、山本紫朗という人物を縦糸に、直接間接に関係のある多くの人たちの談話を横糸に綴りながら、日本のショウビジネスの一つの楽屋口を覗いた。かなり広い楽屋口ではあったが、ショウビジネスの世界はまだまだ大きい。ぼくが覗いたのは楽屋口のほんの一つに過ぎないのだ。

（一九八二年二月）

あとがき

一九八〇年の九月に、ぼくの母方の祖母が死んだ。九十四歳だった。めったに会うことのない親戚が、告別式や納骨のために集まった。苦しみもせず、天寿を全うして眠るように逝った人の葬儀だから、しめっぽいムードにはならず、むしろ久々に顔を合わせた親戚一同で、楽しい昔話が交わされた。こういう席ではぼくは若い衆に属し、もっぱら聞き手である。中でも喪主である伯父の話がぼくには面白かった。伯父というのは死んだ祖母の長男で、ぼくの母の兄。この伯父が、終戦の日に越中高岡で長谷川一夫や笠置シヅ子と過ごした体験を語ったのだ。

勿体ぶった書き方になったが、山本紫朗はぼくの伯父なのである。

伯父だけれど、法事でもないと会う機会がなく、仕事の概要は知っていても、具体的なエピソードなど、それまで何一つ聞いたことはなかった。ぼくもショウビジネスは好きだが、ただの観客であって、伯父の仕事とは無関係だった。しかしこの際、話を聞いておくべきだとぼくは考えた。終戦の日以外にも、話はいろいろある筈だ。ぼく自身も興味があるし、記録として残すのも意味があるだろう。伯父が自分で書けばいちばんいいのだろうが、どうもそれはしそうにない。そこで、聞き書きで「山本紫朗伝」をこしらえようと思った。そのことを伯父に持ちかけると、「ぼくのことだけを書くこともないだろう。ショウビジネス全体のことを書くならいい。その中の一部分に、ぼくが登場するということでいいじゃないか」と言う。とりあえず、その線で話を聞き始めた。

偶然に、それが日劇がなくなる時期とぶつかった。そのため、このレポートは、「日劇伝」とも言えるものとなった。そして日劇が最後の公演を行っている最中に発売された一九八一年四月号から一年二カ月の間、「オール讀物」に連載されたのである。

ショウビジネス全体を書け、と伯父は言ったけれども、ショウビジネス全体となると恐ろしく広い間口になる。それで、やはり、山本紫朗に的を絞らざるを得なかった。しかし伯父の話のウラを取る形でいろいろな方々に会い、お話をうかがったので、単に一人の伝記にはならなかったと思う。

たくさんの方が、貴重な時間をさいて話を聞かせてくださった。その方たちを誰々さん、と書かずに呼び捨ての表記にしたのはとても心苦しかった。しかし全部をさんづけにして、山本紫朗だけを呼び捨てにするのも統一がとれなくて困るし、さりとて伯父である人をさんづけで書くのも妙だ。

伯父だということを明確にしてから書き進めればよかったのかも知れない。実は途中でさりげなくそのことに触れておこう、という計算はあったのだが、それを書くと親戚自慢をしているようになりそうな気がして、連載中はついにチャンスを失ってしまったのだ。敬称を略させて頂いたのは、こういう理由による。また、多くの方が、です・ます調で語っているのに対し、山本紫朗がざっくばらんな語り口なのは、相手が甥だから、当然なのである。

さて、ここで一冊の本になるわけだが、連載中と現在とでは、状況が変わっている事柄もないではない。記述の誤りはもちろん訂正し、説明の不充分なところは補足したけれども、それ以外は連載中の文章に手を入れることは、ほとんどしなかった。以後も状況は変化し続けるのだし、書いた時点での記録を大切にしておこうと考えるからだ。各章の終りにある数字は、連載の時の雑誌の月号ではなく、書いた月である。

表記の不統一もある。特に年号は、西暦と昭和が併用されている。ぼく自身は西暦を用いたが、語る人が昭和を使えば、そのままを記録したからである。振付師と振付家という二つの呼び方もある。これも話してくれた方の言葉を生かした。

取材しているうちに、例えば江利チエミさん（やっとさんづけができる）に進駐軍キャンプの話を聞けば、進駐軍と日本のジャズの関係に絞って聞き書きをして回りたいと思ったし、井原高忠さんに話を聞けば、テレビ草創期のエピソードを記録しておきたいという欲が湧いた。しかしそれを始めるとキリがない。レヴューに限っても、ＳＫＤや宝塚にはほとんどふれなかったし、創作、輸入を問わず、ミュージカルのこともほとんど書いていない。さらに歌手のリサイタルや、クラブのショウまで、手を広げればいくらでも広げられる世界である。いずれ機会があれば、別の楽屋口も訪ねてみたい。

その後、本書に登場する方の訃報に接した。三月に藤村有弘、五月に吉田謙吉、斎藤寅次郎、六月に小山祐士という方々である。

そのほかの後日談も記しておきたいと思う。

連載を始めてから一年と数カ月の間、ジャズダンス熱は上昇を続けた。立川磨李（真理）さんはダンス教室の先生をしているが、現在、生徒の数は自分でもわからないほどに増えたという。ジャズダンスのレッスン用のLPも三枚出した。

ザ・タイガースは、解散後十一年目の一九八二年に入って復活。これは最後のウェスタン・カーニバルが契機となっている。いくつかの公演を持った後、四月に再び解散した。

SKDが国際劇場の舞台を踏む最後の日に、ぼくも出かけた。少くともステージの上では、武藤団長の予測どおり、センチメンタルなムードはなかったようだ。

国立劇場における〝あゆみの箱〟東京大会は、古典芸能を集めて開かれ、好評。江利チエミ追悼公演はまだ開かれていないが、山本紫朗は〝あゆみの箱〟に続いて、国立劇場での「高英男オンステージ」を演出した。そのあと、秩父記念ホールの「菅原文太ショウ」、博品館劇場の「中村扇雀・扇の会」（舞踊ショウ）などがスケジュールに入っている。新しい人では、川中美幸ショウも手がける。

新宿コマの地下劇場は、「シアター・アプル」という名称で、八月に開場が決まった。アメリカン・ダンス・マシーンによる新作ミュージカル「ジャック」で幕を開けるが、それに先だってオープニング・ショウが催される。その演出を山本紫朗が担当する。

「シアター・アプルは、これからの時代に合った手頃な大きさだと思う。日劇のあとに建つビルの中にも、手頃な劇場を作るべきだ。そういう新しい形で日劇を残すことを、東宝に進言しようと思っている」と、山本紫朗は言う。

それから、これも偶然なのだが、「ビギン・ザ・ビギン」が今、リヴァイヴァル・ヒットしている。スペインのフリオ・イグレシアスが歌い、ヨーロッパ全土のビッグ・ヒットとなり、その波が日本にも寄せてきたのだ。ヨーロッパではシナトラなどが歌う古い英語版が復刻されているという。

取材に応じてくださったみなさんに、改めてお礼を申し上げたいと思う。そして取材に付き合い、尻を叩いて原稿を書かせてくれた「オール讀物」の名女川勝彦さん、資料捜しを手伝ってくれた稲田雅子さん、オツカレサマ。

一九八二年六月

和田　誠

文庫版のためのあとがき

一九八二年十二月、中野にある普門館ホールで「ビギン・ザ・ビギン」という名のショウが開かれた。この書物「ビギン・ザ・ビギン」の出版がきっかけとなったショウで、日劇ゆかりのダンサーズ、ジャズメン、シャンソン歌手、ロカビリアン、喜劇人などが集った。総花的な、いわばお祭りであったが、立川磨李を中心とした「ビギン・ザ・ビギン」の景は、ぼくを喜ばせてくれた。

このショウの準備段階の頃、山本紫朗は病気で入院中であり、スタッフに名を連ねていない。けれども当日は、退院直後の山本紫朗に捧げるショウという形になった。

ぼくにとっては、その日は角川文化振興財団がこの本に与えてくれた日本ノンフィクション賞の授賞式の日に当り、ぼくはトロフィーのみ受け取ってパーティには参加せず、中野のホールに駆けつけたのだった。

ショウのあと、三木のり平さんに紹介された。のり平さんは、自分に取材すればよかったのに、と言ってくれた。確かに第八章、第九章のためにのり平さんの話をうかがえれば、この本はもっと豊かになった筈である。今にして思えば、それぞれの章で、あの人に取材しておけばよかった、という反省がある。実現していれば膨大なページ数の本になるとしても。

この本の文庫化のお知らせを受けた直後に、日航機の大事故があった。乗客の中に坂本九がいた。

九ちゃんはこの本のためのインタビューに答えてくれた人であり、個人的にも、たまには飲み歩く仲間であった。そして去年（一九八四年）は一緒に仕事もした。名鉄ホールで開かれた「1・2・3・&九」という九ちゃんのワンマンショウである。構成・和田誠、演出・山本紫朗。こんなスタッフ編成も、この本を書いていなければ考えられなかったことだろうと思う。

打合せの時、九ちゃんが「ショウの最後に〝マイ・ウェイ〟のような曲を歌いたい」と言うから、「〝マイ・ウェイ〟というのはシナトラのように齢を食った人が過去を振り返って歌う歌だ。九ちゃんはまだ若いんだから、未来を見る歌にしようよ」とぼくが言い、「21世紀の歌」というのを作った。九ちゃんの作曲にぼくが詞をつけたもので、「21世紀にも自分は歌い続ける」という内容にした。九ちゃんも張り切って歌い、ショウの幕切れにふさわしいスケールの大きな歌となった。21世紀にも当然歌っている筈だったのだ。九ちゃんはそれを果たせなかった。残念でならない。

舞台美術と衣裳の大家である真木小太郎さんにインタビューすることができたのは、幸せなことだった。その真木さんも一九八四年七月に亡くなってしまった。最近、安手の舞台装置や舞台衣裳を見るたびに、真木さんの仕事がどうして継承されていないのかと腹立たしく思う。真木さんの時代は予算が潤沢にあったというだけではない筈である。舞台を作り上げる一員としての情熱とセンスの問題なのではないか。
ほかにも、
灰田勝彦　（一九八二年十月）
長谷川一夫（一九八四年二月）
笠置シヅ子（一九八五年三月）
といった方々が亡くなっている。特にこの三人は日劇の消える日の舞台で顔を合わせた、この「ビギン・ザ・ビギン」第二章の登場人物として重要な方々であった。

日劇の跡は有楽町マリオンとして、今や銀座の新名所である。この建物の中には映画館五館と多目的ホールが一館。ホールは有楽町朝日ホールであり、旧日劇との関係はない。日比谷映画と有楽座が取り壊され、新しいビルになる。その中に実演のための劇場が作られるという話を聞くが、ぼくには詳しいことはわからない。
東宝演芸場がなくなり、そのあとに日劇ミュージックホールが引越したことは第一章に記したけれど、ミュージックホールは不入りで、一九八四年三月に閉められてしまった。

第十四章に関しても補足をしなくてはならない。
日劇ダンシングチームは、この本を書いた時点では少くとも名称だけは存続していたが、今は解散してしまった。最後までＮＤＴに踏みとどまった新倉まりこは、この本のための取材をきっかけに活動情況を知らせてくれている。ミュージカルやダンス・ショウの出演、振付の仕事、後進の指導と、忙しそうである。

ＳＫＤは国際劇場から離れ、そして国際劇場も今は取り壊されてしまった。春日宏美はＳＫＤを退いて、独立してドラマやミュージカルに出演している。ＳＫＤは歌舞伎座での公演や、サンシャイン劇場でのミニ・レヴューなどで活躍している。

日本ジャズダンス協会が一九八四年五月に発足した。第十四章の時点ではまだ構想の段階で、県洋二さんが「日本ダンサーズ・アンド・ディレクターズ協会」と語ってくれたものである。発足時に中野サンプラザで、八五年にはシアター・アプルで、ジャズダンス協会主催のショウが開かれた。

ジャズダンス教室はあいかわらず盛んである。各教室の発表会をたまに覗いてみる。基本的にはアマチュアの発表会でも、先生がいい人の場合、ちょっとしたミニ・レヴューが見られて楽しい思いをすることもある。

「タップ・チップス」というタップのショウを見せる酒場がオープンして四年になる。この店をヒントに倉本聰が書いたＴＶドラマが「昨日、悲別で」であり、店から抜擢された天宮良が脚光を浴び、同時に「タップ・チップス」もすっかり有名になった。この店で働く青年たちを、素人から踊れるように指導したのが、中野ブラザーズである。

この本を書いた頃、シアター・アプルはまだオープニングの演《だ》し物が決まったばかりだった。ぼくも遠くから眺めていただけだったが、今はポスターをほぼ毎回描いているという関係になっている。

シアター・アプルは、ブロードウェイの劇場のようなあり方を理想として作られた（名称のアプルは、ニューヨークがビッグ・アップルと呼ばれるのに由来する)。今のところどの演し物も観客を動員できるとは限らないので、営業的には苦しいことが多いらしい。しかし当初の理念をあまり崩すことなく、劇場のイメージを堅実に定着させるべく努力をしているように見うけられる。

小劇場では、銀座博品館劇場がやはりミュージカル系統のものに力を入れ、銀座らしい洒落た劇場としての評価を固めつつある。

新しい小劇場も次々に生まれている。小劇場と言うと一昔前なら前衛的な芝居を連想したが、今はミュージカルかそれに近いものを上演する場であることが多い。東京では渋谷にワコールが作ったスパイラルホール、新宿にシアター・トップスが作られ、大阪では近鉄劇場、近鉄小劇場が最近オープンした。

また、いろいろの催しに、企業がスポンサーとなってバックアップをすることも、昨今は多くなってきている。小劇場では、満席になっても入場料だけで黒字にすることがむずかしい情況であり、経済的な支えが得られることは、新しいエンターテインメントにとって喜ぶべきことだろう。ただし、スタッフ、キャストのイメージを束縛しない限りにおいて、であるが。

山本紫朗は、前述の坂本九ワンマンショウの演出の直後、ニューヨークに飛び、カーネギーホールで日本の着物と化粧品と結髪の三つの企業が催した「ジャパン・トゥデイ」というショウを演出した。「あゆみの箱」のショウも、企画・演出を続けているし、今年(一九八五年)は演劇協会の三十五周年記念として、国立劇場で「女優まつり」の演出を手がけた。日本ジャズダンス協会の顧問でもあるところから、あちこちの小さなダンス・ショウの相談を持ちかけられ、それもなかなか忙しい。

第五章に記した映画「夜も昼も」が、この稿を書いている今、リヴァイヴァル公開されている。知らせてあげようと、電話をかけた。年齢から推して新しい情報にうとくなっているのではないかと考えたからだが、伯父は「もう二度行ったよ」と答えた。

一九八五年十月

和田 誠

日劇・1953年8月

山本紫朗

ま行

な行

は行

た行

さ行

か行

索引

装幀・挿絵　和田誠

装幀原画　所蔵及び画像提供
多摩美術大学アートアーカイヴセンター

『ビギン・ザ・ビギン――日本ショウビジネス楽屋口』
単行本一九八二年七月、文庫一九八六年二月
いずれも文藝春秋刊

装幀、挿絵、図版、索引は単行本より復刻し、本文は文春文庫版を底本としました。

本文中の諸情報は旧版刊行時のものです。今日からみれば不適切な表現が見受けられますが、取材当時の時代背景と作品の文化的価値に鑑み、また著者が故人であることを考慮しそのままとしました。

和田 誠

一九三六年生まれ。多摩美術大学卒。七七年から「週刊文春」の表紙を担当。グラフィックデザイナー、イラストレーターとして書籍の装画、装丁を数多く手がけた。デザイン、絵画の分野で文藝春秋漫画賞、講談社出版文化賞など受賞多数のほか、翻訳、映画監督、エッセイ執筆など幅広い活動により菊池寛賞を受賞。絵本を含む自著は二百冊を超える。二〇一九年一〇月死去。

ビギン・ザ・ビギン
――日本《にほん》ショウビジネス楽屋口《がくやぐち》

2024年10月10日　初版発行

著　者　和田《わだ》　誠《まこと》
発行者　安部順一
発行所　中央公論新社
〒100-8152　東京都千代田区大手町1-7-1
電話　販売 03-5299-1730　編集 03-5299-1740
URL https://www.chuko.co.jp/

DTP　嵐下英治
印　刷　TOPPANクロレ
製　本　大口製本印刷

Published by CHUOKORON-SHINSHA, INC.
Printed in Japan　ISBN978-4-12-005836-3 C0095
定価はカバーに表示してあります。落丁本・乱丁本はお手数ですが小社販売部宛お送り下さい。送料小社負担にてお取り替えいたします。

好評既刊

村上ソングス

村上春樹 著訳
和田 誠 絵

1曲読んで、ひと息入れませんか? ビーチボーイズ、ドアーズ、ホリデイ、モンク……。ジャズ、スタンダード、ロックのお気に入りを訳詞とエッセイで紹介。色彩豊かな和田さんの絵も楽しい全29曲。

〈新書判〉